KB105632

핵인종 네트워크

金泌材

조갑제닷컴

통진당 해산은 '끝'이 아니라 '시작'이어야

'민족사에서 가장 악질적 체제'

헌법재판소는 2014년 12월19일 역사적인 통합진보당(통진당) 해산을 결정했다. 憲裁는 통진당 해산 결정 선고문에서 〈피청구인(통진당)의 진정한 목적과 활동은 1차적으로 폭력에 의하여 '진보적 민주주의'를 실현하고 최종적으로 '북한식 사회주의'를 실현하는 것으로 판단된다〉는 결론을 내렸다.

CIA의 舊소련 분석팀을 이끌었던 리처드 파이프스(Richard Pipes) 美 하버드대 역사학과 교수는 《Communism: A History》에서 "역사적으로 개인의 자유를 보장해주는 전통이 없는 국가에서 공산주의가 도입될 경우, 그것은 예전 정권의 가장 나쁜 특성들을 그대로 답습한다는 결론이 나왔다"고 밝혔다.

파이프스 교수의 연구를 기초로 통진당이 실현하려 했던 '북한식 사회주의'를 해석하면 역사상 자유민주주의 전통이 전무한 북한이 조선의 前近代的(전근대적) 封建(봉건)체제와 舊일본의 天皇制(천황제)를 모방해 만든 '민족사에서 가장 악질적인 체제'라는 결론이 도출된다.

1997년 프랑스에서 출간된《공산주의 黑書》에는 이런 통계가 있다. 숙청, 집단 처형, 집단 강제이주, 정부가 만든 대기근 등을 통해 공산주의 체제로부터 죽임을 당한 무고한 사람들이 약 1억 명이란 것이다. 2500만 명을 학살한 나치(Nazi)의 범죄조차 역대 공산정권이 자행한 학살 규모에 비하면 상대적으로 적었던 것이다.

"민족반동세력을 철저하게 죽여 없애야"

전향한 左翼 사범 김정익 씨가 자신의 과거를 참회하며 쓴《囚人番號 3179: 어느 좌익사상범의 고백》에는 옥중에서 김 씨에게 사상교육을 했던 南民戰(남민전) 사건 연루자의 발언이 아래와 같이 등장한다.

〈남조선에서 민중혁명이 일어나면 최우선적으로 해야 될 일은 이 사회의 민족반동세력을 철저하게 죽여 없애야 한다. 그 숫자는 대략 200만 정도는 될 것이다. 그래야만 혁명을 완전하게 완수할 수 있기 때문이다. (중략) 200만이라는 숫자가 엄청날 것 같지만 인류역사적인 관점에서 본다면 그렇게 중요한 것이 아니다. 우리 민족 전체를 놓고 볼 때에 그것은 소수에 불과하다. (중략) 민족주의는 피를 먹고 자라온 것이다. 우리에게 적은 숫자의 반동세력의 피는 필수불가결한 것이다. 한 차원 높은 애국이요, 진정한 민족주의자의 길을 가는 숭고한 행진곡인 것이다. 우리가 있는 이 감옥은 애국 애족의 위대한 과업을 하기 위한 학교인 것이다. 버림받고 핍박받은 소외감이 눈물처럼 넘치는 우리에게 주어진 유토피아적인 학교인 것이다.〉

이것이 바로 '북한식 사회주의' 혁명의 實體이다. 이를 실현하려 했던 통진당은 역사 속으로 사라졌다. 그러나 이 黨을 만들고 이끌었던 從北세력은 여전히 우리 사회 곳곳에서 기능하고 있다.

통진당원 수사도 안해

憲裁가 통진당 해산 판결을 내리자 일각에서는 "이제 從北세력은 끝장났다"는 성급한 전망이 나오기도 했다. 筆者의 생각은 이와 다른데 그 이유는 아래와 같다.

첫째, 통진당 해산은 국회에서 활동했던 從北세력의 일부가 사라진 것에 불과하다. 〈조갑제닷컴〉 확인 결과 2015년 현재 새정치민주연합 의원 중 국보법·반공법 위반자는 21명이며, 새누리당의 국보법·반공법 위반자는 3명인 것으로 나타났다. 총 24명의 국회의원이 국보법·반공법 위반 전력이 있다는 결론이 나왔다(19대 국회 출범 당시 28명).

2013년 6월27일 19대 국회는 남로당 공산주의자들이 주도한 제주4·3사건을, 재석의원 216명 중 212명(기권 4명) 찬성으로 (4월3일을) '국가추념일'로 지정했다. 제주 4·3사건의 주동자인 김달삼(남로당원)은 폭동이 진행 중이던 1948년 8월 越北(월북), 김일성에게 4·3폭동의 전과를 보고하고 國旗勳章(국기훈장) 2급을 받았다. 김달삼은 死後(사후) 평양근교의 애국열사릉에 안장됐다.

이석기 체포동의안의 국회 통과(2013년 9월4일) 당시에는 31명의 국회의원이 이 씨의 체포에 사실상 반대 의사를 표명했다. 당시 표결은 새누리당은 물론 민주당(現 새정치민주연합), 정의당까지 '찬성 당론'을 분명히 했다. 그런데도 반대 14표, 기권 11표, 무효 6표가 나왔다. 당시 통진당 소속 국회의원 6명이 이석기 체포에 반대·기권·무효를 선택했다 하더라도 25명의 他黨(타당) 소속 정치인들이 '이석기 편'에 서거나 그 앞에서 '머뭇거린' 셈이다.

둘째, 從北세력의 활동을 제압·약화시킬 수 있는 법적·제도적 역량이 크게 미흡하다. 과거 左翼세력은 주로 학원가·노동계·재야 시민단체 등에 포진되어 있었으나 1987년 민주화 투쟁 이후 정치·경제·문화계 등 사회 全 영역에 침투해 네트워크화 됐다. 이들이 주로 활동하는 인터넷 공간은 이미 오래 전에 국보법이 무력화된 상태이다. 雪上加霜(설상가상)으로 현행 국보법은 利敵단체의 구성 및 가입에 대해 처벌할 수 있는 규정은 있지만, 利敵단체나 反국가단체에 대한 강제해산 규정이 없다.

이와 함께 9·11테러 이후 정부의 '테러방지법'을 모태로 '국가對테러활동과 피해보전 기본법(새누리 송영근 대표발의)', '국민보호와 공공안전을 위한 테러방지법(새누리 이병석 대표발의)', '사이버테러방지법(새누리 서상기 대표발의)' 등 다양한 對테러법안이 국회에 발의되어 있지만 통과는 五里霧中(오리무중)이다.

현실이 이렇다 보니 이석기가 주도했던 지하혁명 조직 RO의 비밀집회 참석자들은 아직까지 법적 제재를 받지 않고 있다. 2012년 공안당국은 통진당 부정경선 파동을 수사하는 과정에서 통진당의 黨員(당원) 명부를 확보했다. 언론 보도에 따르면 이들 당원 중에는 공무원과 군인 등 정당에 가입할 수 없는 '불법 당원'이 일부 포함된 것으로 알려졌다. '북한식 사회주의'를 실천하려는 당을 지지했던 공직자들이 아무런 수사도 받지 않고 있는 셈이다.

머리를 잘라도 몸이 다시 살아나

공산혁명은 정세의 有不利(유불리)에 따라 간조기→침체기→앙양기→만조기 등 4단계로 나뉘어져 있다. 공산주의자들은 간조기, 즉 혁명이 불리할 때에는 퇴각 및 타협전술을 구사한다. 이후 상황이 조금 나아진 시기(침체기)에는 대열정비와 역량비축을 한다. 앙양기에 들어서면 기습적 시위를 벌여 '전면공격'에 나선다. 이 과정에서 승산이 있다고 판단되면(만조기) 전면적 공격(폭동 및 테러)을 자행한다.

從北세력은 위의 全(전) 단계에 걸쳐 다양한 형태의 '통일전선전술'을 구사한다. 통일전선전술이란 공산세력이 단독으로 공산혁명을 달성할 수 없을 때, 非공산세력과 연합전선을 형성해 공동의 목표를 위해 투쟁하는 전술을 뜻한다. 북한의 對南전략·전술에 비추어 볼 때 국회 내 '혁명의 교두보'인 통진당이 해산된 이후의 현재 상황은 정세의 有不利 측면에서 간조기 또는 일시적 침체기에 해당된다. 따라서 從北세력은 또 다른 혁명의 만조기를 도모하기 위해 일시적으로 대한민국을 향한 전면공격을 지양하고, 역량축적(통일전선 형성)에 나설 것으로 예상된다.

從北세력은 동물로 치면 '아메바(amoeba)'와 같다. 아메바는 머리를 잘라도 몸의 일부가 살아남아 세포분열을 통해 일정 시간이 흐른 뒤 조직이 원상복귀된다. 공안당국은, 利敵단체가 해체되는 즉시 남은 조직원들과 殘黨(잔당)의 3분의 1 내지 절반이 이런저런 경로를 거쳐 재결집하는 재생산 구조를 가졌다고 보고 있다.

다수의 RO가 존재할 가능성

1960~2015년 현재까지 대법원에서 利敵단체, 反국가단체 확정 판결을 받은 단체 가운데 상당수 단체들이 조직을 해산하지 않고 현재까지 활동하고 있다. 해체된 일부 단체들도 기존 조직원 상당수가 참여하는 재건조직을 만들어 왔다.

이석기는 1993년 8월 당시 민혁당 중앙위원이었던 하영옥에게 보고한 〈1993년 경부남부위원회 상반기 사업총화보고〉 문건에서 지역역량(조직원 數)을 밝히면서 '기본역량 700명, 최대역량 2000명'이라고 보고했다. 구체적인 내용은 지역역량 현황으로 동창회(민혁당의 위장 명칭) 3명, 동문회(반제청년동맹의 위장 명칭) 11명, 친목회 104명이며, 기본역량은 700명이고, 최대역량은 2000명이었다.

민혁당은 '반제청년동맹'을 포함해 총18개의 RO(Revolutionary Organization·혁명조직)를 운영했다. 민혁당의 RO는 핵심간부계층(VO)의 지도를 받으면서 혁명적 대중조직(RMO)과 대중조직(MO)를 하부에 둔 중간단계 조직이었다. RMO와 MO는 VO가 누군지 알지 못했다. 이러한 민혁당 시스템을 단순대입하면 '이석기 그룹'의 핵심세력이 VO, 2012년 5월12일 회합에 모였던 인원들이 RO, 통진당에서 활동하는 핵심 활동가들이 RMO, 통진당 전체가 MO가 된다.

지하당은 '單線連繫(단선연계)'와 '複線布置(복선포치)'를 원칙으로 하고 있다. 여기서 '단선연계'란 수직조직에서 직속상급과 직속하급 두 인원만 서로를 알 수 있고, 그 이상의 상급과 하급은 절대로 알 수 없도록 엄격하게 구분 짓는 것이다. '복선포치'는 동일임무에 동일형태의 조직을 복수로 만들어 한 조직이 무너져도 다른 조직이 지령을 이행할 수 있도록 한 것이다. 따라서 또다른 형태의 RO가 얼마든지 존재할 가능성을 배제할 수 없게 된다.

從北과 北核의 결합 전략

북한의 김정은은 2012년 〈戰時사업세칙〉을 개정해 '남한 내 애국 역량의 지원 요구가 있거나 국내외에서 통일에 유리한 국면이 마련될 때' 전쟁을 선포할 수 있도록 규정했다. 여기서 말하는 '남한 내 애국 역량'은 당연히 從北세력이다. 北核의 소형화와 남한의 혁명역량(從北세력)이 결합할 때 한반도에서 어떤 상황이 벌어질 것인지 짐작할 수 있다.

유사시 북한의 지원을 받은 從北세력이 남한 곳곳에서 테러·폭동·반란을 일으켜 무정부 상태가 초래되고, 이를 진압하기 위해 계엄령이 선포되어 軍이 사태 수습에 나서려고 할 때, 從北세력은 북한에 군사개입을 요청할 가능성이 있다. 북한은 이 과정에서 핵무기를 사용하겠다면서 한국을 위협할 것이다.

공산혁명은 반드시 폭력을 수반한다. 검찰 발표문에 따르면 지하혁명 조직 왕재산은 2014년 인천을 거점으로 인천남동공업단지 등을 폭파하는 것을 필두로 인천의 주요 행정기관, 軍부대, 방송국 등을 장악한 뒤, 수도권 지역에 대한 시위 형태의 공격작전 및 궐기대회를 실시할 계획이었다. 이석기 주도의 지하혁명조직 RO는 유사시 혜화전화국, 평택 유류기지, 철도 관제시설, 미군 油類(유류)라인, 송전 철탑, 가스시설, 레이더 기지 등에 대한 타격을 모의했다. 가장 최근에 발생한 김기종의 마크 리퍼트 주한 美 대사 피습사건의 경우처럼 從北세력은 피를 부르는 사태를 마다하지 않는다. 그럼에도 우리 사회는 자유를 파괴할 자유에 대해 지나칠 정도로 관용을 베풀고 있다. 북한과 從北이 연합해 대한민국을 협공하는 한반도의 특수상황을 고려하면 심각한 문제이다.

해외사례를 보자. 독일은 국가 안전에 위협이 될 경우 변호인 접견권을 제한한다. 독일 형사소송법 138조b은 "독일연방공화국의 안전에 위험을 초래할 수 있다고 여기게 되는 특정한 사실이 존재할 때에는 변호사를 節次參與(절차참여)에서 배제할 수 있다"고 되어 있다. 이 조항이 '피의자가 변호를 받을 수 있는 권리' 자체를 박탈한 것은 아니지만 反국가사범을 비호하는 특정 변호사 내지 특정 변호사 단체를 배제할 수 있는 법적 근거가 되고 있다.

'톨레랑스(관용)의 나라'로 알려진 프랑스도 테러에 대해서는 단호하다. 2015년 1월 프랑스의 유명 코미디언 디외도네 음발라가 체포됐다. 이유는 페이스북에 "나는 오늘밤 '샤를리 쿨리발리' 같은 기분이 들어"라는 글을 썼기 때문이었다. 쿨리발리는 파리 남부에서 여성 경찰관 1명을 사살한 뒤 유대인 식료품점에서 인질극을 벌여 4명을 추가로 죽인 테러범이다.

프랑스 법원은 2015년 3월18일 디외도네에게 유죄판결을 내렸으며, 마뉘엘 발스 프랑스 총리는 "언론의 자유를 反유대주의, 인종주의, 홀로코스트(유대인 대학살) 부정과 혼동해서는 안 된다"면서 디외도네의 행태를 비판했다.

일본(형사소송법 39조 3항)도 유사한 사안에 있어서 기소 전에 변호인 접견권 자체를 제한한다. 영국(경찰 및 형사증거법 58조)은 체포 후 36시간 동안 증거인멸 및 도주예방을 위해 제한한다. 한국의 형사소송법이 내란 관련 사범에 대해 사실상 무제한의 접견권을 보장하는 것과 분명한 차이를 보이는 부분이다.

親日派보다 더 나빠

《君主論》의 저자인 니콜로 마키아벨리(Niccolo Machiavelli)는 이런 말을 했다.

〈국가는 질서에서 무질서로 이행하며 그런 다음에는 무질서에서 다시 질서로 되돌아온다. 유능함은 침묵을 낳고, 침묵은 나태를 낳는다. 나태는 무질서를 낳고, 무질서는 파괴와 파멸을 낳는다. 그리고 같은 방식으로 폐허로부터 질서가 생기고, 질서로부터 능력과 유능함이 생기고, 마지막으로 영광과 행운이 생긴다.〉

일각에서는 從北세력이 득세하는 대한민국의 現 상황을 역사발전의 한 단계로 보는 경우가 있다. 문제는 대한민국이 마키아벨리의 말처럼 이미 나태와 무질서로 진입한 상태라는 점이다. 이 상황을 방치하면 그 다음은 파괴와 파멸, 그리고 폐허의 단계가 될 수도 있을 것이다.

마키아벨리는 從北세력과 같은 집단의 해결방안에 대해서도 말을 남겼다.

〈공화국에서는 더 많은 삶이 있으면 있을수록 더 많은 증오, 복수에 대한 더 큰 욕망이 있다. 古代(고대)의 자유에 대한 기억도 그들을 멈추게 하지 못하며 멈추게 할 수도 없다. 그들의 경우 가장 확실한 길은 깨끗이 쓸어버리는 것이다.〉

人間性을 동그라미라고 한다면 理念은 네모와 같아서 이 둘의 일치는 늘 빈틈을 남긴다. 아무리 작은 불씨라 하더라도 강한 바람을 만나면 확 하고 타오르듯이 죽은 줄 알았던 사상도 예기치 않은 곳에서 느닷없이 되살아날 수가 있다.

지금이라도 늦지 않았으니 정부와 민간 애국진영은 이런 문제를 진지하게 생각하면서 從北세력에 대해 어느 정도의 적극성을 가지고, 어느 정도의 역량을 투입하여 대응할 것인지를 결정해야 할 것이다.

공포세계에 사는 사람들은 독재정권과 싸우는 내면의 용기를 가져야 하고, 자유세계에 사는 사람들은 독재국가를 바라보는 도덕적 분별력이 필요하다. 역사적으로 독재자에게 충성을 했던 세력들이 어떤 평가를 받았는지 우리는 잘 알고 있다. 남북한의 자유통일이 달성되면 從北세력은 親日派보다 더 큰 비판을 받게 될 것이다. 그런 점에서 이 책은 從北세력이 역사적으로 평가받을 시간을 앞당기고자 하는 작은 노력의 산물이다.

2014년 6월

金泌材

차 례

1
....

새정치 민주연합의 正體

①
본질은 '핵인종(核·人·從)'* 세력

통진당과 손잡고 從北 확산에 일조

새정치민주연합의 前身인 민주당은 대한민국 體制에 정면으로 반대했던 통합진보당(통진당)과 함께 2012년 총선 당시 소위 '야권연대'를 통해 지역구 공천을 함께 했다.

당시 총선에서 통진당은 지역구 7명, 비례대표 6명을 포함해 총 13명의 인원을 국회로 진출시켰다. 대중적으로 생소했던 이석기도 이때 비례대표로 국회에 진출했다. 문재인 새정치민주연합 대표는 이석기 사면(2003년)과 복권(2005년) 등 노무현 집권 시절 대통령의 사면권 행사 업무를 담당했던 청와대 실무책임자였다. 온 나라를 '從北진창'으로 만드는데 기여한 새정치민주연합은 '從北宿主(종북숙주)'라 할 만하다. 從北宿主를 Host of the North Korea Followers, 줄여서 HNKF 세력이라고 호칭하면 어떨까?

---

*핵인종(核人從): 북한의 核개발을 도와주고, 北의 인권 탄압을 비호하며, 從北세력과 협력한 세력의 준말.

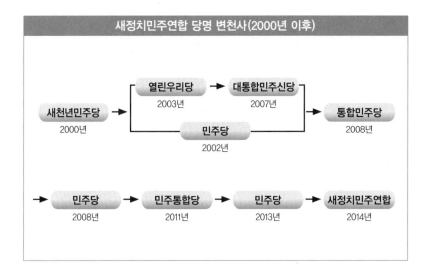

새정치민주연합 당명 변천사(2000년 이후)

새천년민주당 (2000년) → 열린우리당 (2003년) → 대통합민주신당 (2007년) → 통합민주당 (2008년)

민주당 (2002년)

민주당 (2008년) → 민주통합당 (2011년) → 민주당 (2013년) → 새정치민주연합 (2014년)

새정치민주연합의 통진당 감싸기는 19대 총선에서 양당이 한 배를 탄 이후 통진당이 해산되는 그날까지 이어졌다. 2012년 4월 19대 총선 당시 '야권연대'를 주도했던 '희망 2013·승리 2012 원탁회의(원탁회의)'의 구성원이었던 김상근 목사, 함세웅 신부, 이수호 前 민노총 위원장 등은 憲裁의 통진당 해산 심판을 앞두고 (2014년 12월9일) 문희상 당시 새정치민주연합 비상대책위원장을 만나 "통진당 해산에 반대해 달라"고 요청했다. 이후 문 위원장은 다음날 비대위 회의에서 "정당해산 결정은 선진 민주주의 국가에서는 전례가 없다"며 "대한민국의 자유민주주의와 인권수호 입장에서 헌법재판소의 현명한 결정이 꼭 이뤄지기를 간절히 바란다"고 말했다.

같은 자리에서 문재인 의원(현 새정치민주연합 대표)은 "통합진보당에 대한 정당해산 심판 청구는 정치적 결사의 자유에 대한 중대한 제약"이라고 주장했다. 이후 그는 憲裁가 통진당 해산 선고를 내리자 자신의 트위터를 통해 "정당은 국민으로부터 존재가치를 심판받는 것이 원칙"이라며 "憲裁 결정은 너무나 안타깝다"고 말했다. 그러면서 "憲裁 결정으로 통진당만 없어진 것이 아니라 민주주의도 상처를 입었다. 우리가 민주주의를 하는 이유는 다름을 포용하는 유일한 제도이기 때문"이라고 주장했다.

국보법·반공법 위반자 21명

새정치민주연합은 통진당이 해산되자 2014년 12월19일 국회에서 가진 브리핑을 통해 "통합진보당의 해산에 대한 판단은 국민의 선택에 맡겼어야 했다고 믿는다"며 "정당의 존립기반은 주권자인 국민이다. 따라서 정당의 운명은 국민의 판단에 따르는 것이 국민주권주의의 이념에 합당하다고 본다"고 밝혔다.

2015년 현재 새정치민주연합 의원 중에는 국보법·반공법 위반자만 21명이다. 새정치민주연합이 從北세력과 연대를 모색하자 새누리당의 이념조차 거침없이 左편향으로 기울어졌다. 그 결과는 정치권 전체의 이념적 방향 상실이었다. 복지 포퓰리즘 경쟁이나 경제민주화가 그 결과라 할 수 있다. 야당이 정치적 座標를 분명히 해야 여당도 제 위치를 정립하게 될 것이다.

19대 국회 국보법·집시법·반공법 위반자 현황

	국보법 위반
새정치민주연합	강기정, 김경협, 김성주, 김기식, 김태년, 민병두, 부좌현, 박홍근, 서영교, 심재권, 오영식, 윤후덕, 이인영, 이학영, 임수경, 은수미, 정청래, 진성준, 최규성, 최재성 (20명)
새누리당	정병국, 하태경 (2명)
정의당	無
	집시법 위반
새정치민주연합	강기정, 김경협, 김성주, 김윤덕, 민병두, 문재인, 박홍근, 서영교, 오영식, 우상호, 우원식, 이인영, 이원욱, 원혜영, 유기홍, 정청래, 진성준, 최민희, 최재성, 홍영표 (20명)
새누리당	無
정의당	박원석, 서기호, 정진후 (3명)

	국보법 · 집시법 모두 위반
새정치민주연합	강기정, 김경협, 김성주, 민병두, 박홍근, 서영교, 오영식, 이인영, 정청래, 진성준, 최재성 (11명)
새누리당	無
정의당	無
	반공법 (1980년 폐지)
새정치민주연합	이학영, 한명숙 (2명)
새누리당	이재오 (1명)
정의당	無
	利敵단체 · 反국가단체 연루자
	▲통일혁명당(反국가단체) 사건: 한명숙(새정치민주연합)
	▲남조선민족해방준비위원회(反국가단체) 사건: 이학영(새정치민주연합), 이재오(새누리당)
	▲남한사회주의자노동자동맹(反국가단체) 사건: 은수미(새정치민주연합)
	▲제헌의회(CA)그룹(反국가단체) 사건: 민병두(새정치민주연합)
	▲구국학생연맹(利敵단체) 사건: 김기식(새정치민주연합)
	▲三民鬪委(삼민투위, 利敵단체): 강기정 · 김경협(새정치민주연합)

8人의 전대협 출신 의원

현재 새정치민주연합 내 전국대학생대표자협의회(전대협) 출신 정치인은 김태년, 이인영, 임수경, 오영식, 우상호, 정청래, 최재성, 박홍근 의원(총8명)이다. 이들 가운데 우상호 의원을 제외한 7명의 전대협 출신 의원들이 모두 국보법 위반 경력이 있다.

이인영, 우상호, 김태년 의원은 나란히 전대협 1기 의장과 부의장, 상임운영위원을 지냈으며, 오영식 의원은 2기 전대협 의장을 지냈다. 임수경 의원은 3기 전대협 대표 신분으로 1989년 평양 세계청년학생축전에 참가해 국보법 위반으로 구속됐다. 박홍근 의원은 6기 전대협에서 의장대행을 맡았다. 정청래 의원은 '전대협 결사대' 일원으로 1989년 美 대사관저 점거농성 사건에 참여한 바 있다.

전대협은 주한미군철수·국보법철폐·평화협정체결·연방제통일이라는 북한의 對南노선을 추종하다, 1992년·1993년 핵심부서인 '정책위원회' 등이 利敵단체 판정을 받았다. 국가안전기획부(국정원 前身)의 전대협 수사결과에 따르면 전대협은 主思派(주사파) 지하조직에 장악되어 있었다. 〈주사파에 장악된 전대협의 실체 수사결과〉, 〈전대협 유인물과 북한방송 대비분석〉, 〈전대협은 순수학생운동조직인가〉, 〈전대협의 조직실체〉 등의 공안문건들은 전대협의 실체를 다음과 같이 밝히고 있다.

〈전대협은 87년과 88년 전국사상투쟁위원회와 反美청년회의 배후조종을 받은 데 이어 89~90년에는 '자주·민주·통일그룹(自民統)'의 배후조종을 받아왔고, 91년 이후에는 반제청년동맹, 조통그룹(조국통일촉진그룹) 등 주사파 지하조직에 장악됐었다. (중략) 전대협은 항상 김일성과 한민전(북한의 對南 선전매체)을 추종하는 지하혁명 조직에 의해 움직여 왔다.〉

"주사파가 만든 게 전대협"

전대협의 主體思想 추종은 전향 주사파 인사들에 의해서도 여러 차례에 걸쳐 제기되어 왔다. 1986~1990년 전국의 학생운동을 지도했던 '反美청년회'의 핵심 멤버였던 姜吉模(강길모) 前 〈프리존뉴스〉 대표는 "주사파가 만든 것이 전대협이며, 주사파가 아닌 전대협 간부는 없었다고 보는 것이 정확한 표현"이라고 지적한 바 있다.

"경험에 비추어 볼 때 과거 공안사건은 99.9% 사실이다. 하지만 수사기관이 증거가 아닌 자백에 의존하려다 보니 고문이나 가혹행위가 이뤄졌고, 이것이 '조작설'의 빌미가 되곤 했다. 주사파 운동권에서 北공작원을 만나는 일은 영광스러운 일이었다. 北과 직접 커넥션이 있다는 것은 운동권 내에서 자신의 권위와 서열을 단번에 높여주는 계기가 됐다."

전대협 連帶(연대) 사업국장 출신의 이동호 前 북한민주화포럼 사무국장은 "전대협이 북한의 주체사상을 추종했으며, 한민전(한국민족민주전선, 北노동당의 지령을 받아 움직이는 위장 단체)의 투쟁방침을 따랐다는 사실은 의심할 나위 없는 사실"이라며 이렇게 말했다.

"주체사상으로 무장한 학생운동그룹은 1987년 反美청년회·조국통일그룹·관악자주파 등을 결성했고, 이 과정에서 1987년 6월 항쟁의 성과를 바탕으로 같은 해 8월 전대협을 건설했다. 전대협을 통해 학생운동을 주도했던 反美청년회 등은 모두 한민전 지침 아래 주체사상과 북한식 투쟁노선으로 무장했다. 反美청년회 등은 自派(자파)출신을 총학생회장에 당선시키거나 활동가를 전대협 내부에 침투시켜 자신들의 지도를 관철시켜왔다. 大衆조직인 전대협은 합법조직을 지향, 사상이나 투쟁노선을 大衆的으로 서술하고 있다. 그러나 실제 전대협은 주체사상을 신봉하는 그룹에 의해서 지도됐기 때문에 그들의 노선과 자료 등 곳곳에서 주체사상과 투쟁노선이 나타나있다."

김태년, 오영식, 우상호, 이인영, 정청래, 최재성 등 전대협 출신 정치인들은 열린우리당(새정치민주연합의 前身) 의원 시절인 2004년 10월20일 국보법 폐지안에 모두 서명했다. 이들 전대협 출신들과 함께 당시 국보법 폐지안에 서명했던 정치인들로는 강기정·강창일·김영주·김재윤·김춘진·김현미·노영민·노웅래·문병호·민병두·신기남·양승조·우윤근·유기홍·유승희·윤호중·이미경·이상민·이석현·전병헌·조정식·최규성·최재천·한명숙이다. 이들은 모두 지난 19대 총선 이후 국회로 진출해 현재 새정치민주연합 의원으로 활동하고 있다.

美國의 '북한인권법' 제정에 반대한 의원들

美 하원은 2004년 7월21일 만장일치로 북한인권법(North Korean Human Rights Act of 2004)을 통과시켰다. 이 법안은 상원을 거쳐 같은 해 10월4일 하원을 재통과해 확정됐다. 법안의 주요 내용은 북한 주민의 인권신장, 인도적 지원, 탈북자 보호를 골자로 하고 있다.

미국의 북한인권법은 북한의 인권 문제에 대하여 미국 의회가 처음으로 문제를 제기한 법률이라는 점에서 세계적 관심을 끌었다. 북한인권법이 통과되자 일부 국회의원들이 "북한의 내부 사정에 대한 지나친 간섭"이라며 2004년 9월2일 주한 美 대사관에 항의 서한을 전달했다. 당시 항의 서한에 이름을 올린 정치인들의 명단은 아래와 같다.

구논회, 김교흥, 김태년, 김현미, 김형주, 백원우, 복기왕, 선병렬, 오영식, 우원식, 유승희, 이광철, 이기우, 이상민, 이인영, 이철우, 이화영, 임종석(2015년 현재 서울시 정무부시장), 임종인, 정봉주, 정청래, 지병문, 최재성, 홍미영, 한병도(이상 열린우리당), 김효석(새천년 민주당)

이들 가운데 현재 새정치민주연합 의원으로 활동 중인 정치인은 김태년, 김현미, 오영식, 우원식, 유승희, 이상민, 이인영, 정청래, 최재성(총 9명)이다.

北核 실험 후에도 '對北 포용정책 지속' 촉구한 77명

노무현 대통령 집권 시절 열린우리당 소속 의원 77명은 북한의 제1차 핵실험 직후인 2006년 10월13일 '대량살상무기 확산방지구상(PSI)' 확대 참여에 반대하고, 정부가 포용정책 기조를 흔들림 없이 유지해야 한다는 내용의 성명을 발표했다.

이들은 "PSI에 따른 해상 검문·검색과 해상봉쇄는 원치않는 물리적 충돌을 불러올 위험성이 있다"고 주장했다. 북핵문제와 관련해서는 "우리는 하루속히 미국과 북한이 대화테이블에 마주앉기를 강력히 촉구한다"며 美北 양자회담 개최를 요구했다. 이들은 또 개성공단 및 금강산관광 사업에 대해 "이 사업은 남북을 잇는 마지막 끈으로서, 중단할 경우 남북관계는 돌이킬 수 없는 상황으로까지 악화될 것임이 자명하다"며 지속적인 추진을 주장했다. 정부의 對北정책에 대해서도 "포용정책은 위기상황의 발생여부로 판단할 문제가 아니다"며 "한반도 긴장 완화와 민족통일의 물꼬를 튼 포용정책의 기조는 흔들림없이 유지돼야 한다"고 말했다.

당시 성명에 참여했던 열린우리당 정치인 가운데 현재 새정치민주연합에서 활동 중인 의원은 아래와 같다.

강기정, 강창일, 김영주, 김재윤, 김태년, 김현미, 노영민, 민병두, 박영선, 신기남, 신학용, 안민석, 양승조, 오영식, 우상호, 우원식, 우윤근, 유기홍, 유승희, 윤호중, 이목희, 이미경, 이상민, 이석현, 이인영, 이종걸, 정청래, 조정식, 주승용, 최규성, 최재성, 최재천 (총 32명)

'간첩·빨치산 추모제' 추모위원 참여

전대협 출신의 오영식, 우상호, 이인영, 정청래 의원과 함께 새정치민주연합의 강창일, 문병호, 이목희, 이상민 의원은 2007년 한국진보연대 등의 단체들이 주도한 이른바 '간첩·빨치산 추모제'(제18회 '민족민주열사·희생자 범국민 추모제') 추모위원으로 이름을 올렸다. 당시 행사에 소개됐던 소위 '열사' 중 상당수는 建國 이후 간첩·빨치산 활동으로 실형을 선고 받았던 자들이다.

1979년 검거된 共産혁명조직인 남민전(남조선민족해방애국전선) 사건의 주범 이재문·신향식을 비롯, 1968년 검거된 통혁당(통일혁명당) 간부로서 越北해 북한의 조선로동당에 입당했던 김종태·김질락·이문규 ·최영도·정태묵 등의 간첩전력자들이 포함되어 있었다.

남파간첩 출신의 김용성·박용서·신창길·진태윤·최남규·최석기, 빨치산 출신의 김광길·박판수·박현채·윤기남·정대철, 인민군·남로당 활동 중 검거되어 '비전향장기수'로 복역한 권양섭·김규호·변형만·양재영·이용운·장광명·최재필·최주백·최한석·한태갑·황필구 등도 추모대상이었다.

경기도 파주시 보광사의 자칭 '통일애국열사묘역'에 묻힌 빨치산 출신의 류낙진·정순덕·손윤규, 간첩 출신의 금재성·최남규 등도 포함되어 있었다. 이들 5人이 생전에 벌였던 대한민국 반대 활동을 일부 소개하면 아래와 같다.

▲류락진(2005년 4월 사망): 류락진은 6·25전쟁 당시 지리산 일대에서 빨치산으로 활동하다 체포되어 사형선고를 받았다. 그는 1957년 가석방된 후 1963년 '혁신정당' 사건으로 구속되어 1967년 석방됐다. 1971년 다시금 '호남통혁당재건위' 사건으로 무기징역을 선고받았으나 1988년 가석방됐다. 출소 후 운동권을 상대로 강연을 벌여 온 류락진은 1994년 '救國前衛(구국전위)' 사건으로 구속되어 8년형을 선고받고 1999년 광복절특사로 석방됐다.

1993년 1월 조직된 구국전위는 창립선언문·강령·규약에서 북한의 主體思想(주체사상)을 조직의 유일한 지도적 지침으로 삼았다. 규약 중 일부를 소개하면 아래와 같다.

〈구국전위는 위대한 김일성 동지께서 창시하시고 친애하는 지도자 김정일 동지께서 발전 풍부화시켜 오신 새로운 노동계급의 혁명적 세계관이며 남반부에서 민족해방민주주의혁명완수의 가장 정확한 학설인 주체사상을 유일한 지도이념으로 삼는 주체 형의 김일성주의 지하조직이다.〉

류락진의 反국가활동은 죽는 날까지 계속됐다. 그는 2002년 백운산지구 빨치산 위령비 碑文(비문) 작성 사건으로 불구속 입건되어 징역 8월, 집행유예 2년을 선고(국보법 위반)받았다. 류락진은 利敵단체 범민련남측본부 고문으로 활동하다 2005년 사망했다.

▲**최남규(1999년 사망)**: 생전에 "백두산 장군에 대한 충성" 때문에 전향하지 않았다고 밝혔던 최남규는 1912년 함경북도 명천 태생으로 청진교원대학 지리학 교수로 재직하다 1957년 간첩으로 남파됐다. 그는 서울서 간첩활동을 벌이다 1957년 9월12일 동료 공작원의 밀고로 체포되어 15년형을 선고받고 1973년 출소했다. 최남규는 출소 후 3년 간 엿장수 생활을 하다 1975년 7월 사회안전법 위반으로 다시금 구속되어 1989년 풀려났다. 그는 1989년 5월11일 청주보안감호소에서 '그날 그때가 올 때까지'라는 제목의 글을 통해 다음과 같이 주장했다.

〈가고픈 내 고향에 가고파도 내 못가네. 광복된 이 조국에 38선 웬 말인가 이 땅 뉘 땅인데 주인행세 누가하고 아름다운 금수강산 짓밟질랑 말고서 돌아가라, 사라져라, 어서 꺼져버려라. 고─홈 고─홈 양키 고─홈.〉

▲**정순덕(2004년 사망)**: 정순덕은 1933년 경남 산청 출신으로 6·25전쟁 발발 후 인민위원회 활동을 하던 남편을 따라 1951년 빨치산이 됐다. 정순덕은 국군의 토벌작전으로 지리산에서 덕유산으로 쫓겨 가서 빨치산 활동을 지속하다 1963년 11월 체포됐다. 이후 정순덕은 대구·공주·대전교도소에서 23년 간 복역하다 1985년 8월 가석방됐다.

김대중 집권 시기인 2000년 비전향 장기수들이 북한으로 갈 때 정순덕은 전향을 했다는 이유로 北送(북송) 대상에 포함되지 않았다. 정순덕은 2003년 7월 〈오마이뉴스〉와의 인터뷰에서 "왜 북한에 가려고 하느냐?"는 질문에

"우리가 전향서를 썼다고 하지만, 그 때는 강제로 한 거니까 인정할 수 없는 거지"라며 "북한에 가야 해"라고 말했다.

▲금재성(1998년 사망): 1924년 충남 대전 출생의 금재성은 보통학교 졸업 후 원산에서 사회주의 활동을 하다가 1944년 금촌 소년 형무소에 투옥됐다.

금재성은 출소 후 1945년 공산당에 입당해 독찰대(헌병) 원산지구 대장으로 활동하던 중 6·25전쟁 발발과 함께 인민군으로 참전했다. 停戰(정전) 후 제대해 원산 주을전기전문학교 교장으로 근무하던 중 1956년 정치공작원으로 남파되어 고향인 대전에서 간첩활동을 벌였다. 이듬해 공안당국에 체포되어 15년형을 선고받고 1972년 대전교도소에서 만기 출소했다.

▲손윤규(1976년 사망): 전북 부안 태생의 손윤규는 해방 후 남로당에 가입해 활동하다 6·25전쟁 당시 지리산에서 빨치산으로 활동했다. 이후 1955년 경찰특무대에 구속되어 육군 고등군법회의에서 사형을 선고받고 수감생활을 하던 중 1976년 獄死(옥사)했다.

'6·15선언 기념일지정촉구결의안' 서명

새정치민주연합의 前身이라 할 수 있는 열린우리당은 2007년 5월31일 배기선 의원의 대표발의로 '6·15남북공동선언 기념일 지정촉구 결의안'을 제출한 바 있다. 문제의 결의안은 6·15선언이 "(남북한) 통일의 문제를 그 주인인 '우리민족끼리' 서로 힘을 합쳐 자주적으로 해결하자는 소중한 합의"라며 "6월15일을 국가기념일로 정하자"는 것이 골자였다.

당시 결의안에 서명했던 정치인 가운데 현재 새정치민주연합 의원으로 활동 중인 정치인은 강기정, 강창일, 김동철, 김성곤, 김영주, 김우남, 김재윤, 김춘진, 김태년, 김한길, 김현미, 노영민, 노웅래, 문병호, 문희상, 민병두, 박기춘, 박병석, 박영선, 신기남, 신학용, 안민석, 양승조, 오영식, 우상호, 우원식, 우윤근, 원혜영, 유기홍, 유승희, 유인태, 윤호중, 이목희, 이미경, 이상민, 이석현, 이인영, 이종걸, 이해찬, 전병헌, 정세균, 정청래, 주승용, 최재성, 최재천, 한명숙이다(총 46명).

他黨(타당) 정치인으로는 노회찬, 심상정, 고진화, 원희룡 의원이 당시 서명에 동참했다.

'천안함 폭침 對北규탄 결의안' 반대

국회는 2010년 6월29일 천안함 폭침과 관련해 對北 대응조치를 촉구하는 결의안을 통과시켰다. 당시 한나라당(現 새누리당)이 주도했던 이 결의안은 제적의원 291명 가운데 237명이 표결에 참석해 찬성 163표, 반대 70표, 기권 4표로 통과됐다.

민노당 의원들은 전원 표결에 불참했고, 민주당 의원 대부분이 반대표를 던졌다(반대 70명 중 69명). 반대표를 던졌던 민주당 정치인들 중 현재 새정치민주연합 의원으로 활동 중인 인물들은 아래와 같다.

강기정, 강창일, 김동철, 김성곤, 김영록, 김우남, 김재윤, 문희상, 박기춘, 박지원, 백재현, 변재일, 신학용, 안규백, 안민석, 양승조, 오제세, 원혜영, 이미경, 이윤석, 이종걸, 이찬열, 전병헌, 조경태, 조정식, 최규성, 최재성, 추미애, 홍영표(총 29명)

새정치민주연합 의원 계파별 분류(소속의원 130명)

親盧계파 (60명)

원로	문희상(경기 의정부시갑), 원혜영(경기 부천시 오정구), 유인태(서울 도봉구을), 이해찬(세종특별시), 한명숙(비례). (5명)
문재인系	김경협(경기 부천시 원미구갑), 김광진(비례), 김기식(비례), 김용익(비례), 김태년(경기 성남시 수정구), 김현(비례), 남인순(비례), 노영민(충북 청주시 흥덕구을), 도종환(비례), 문재인(부산 사상구), 민홍철(김해시갑), 박남춘(인천 남동구갑), 박범계(대전 서구을), 박영선(서울 구로구을), 배재정(비례), 백군기(비례), 부좌현(경기 안산시 단원구을), 서영교(서울 중랑구갑), 신경민(서울 영등포구을), 신기남(서울 강서구갑), 우윤근(전남 광양시 구례군), 유기홍(서울 관악구갑), 윤호중(경기 구리시), 윤후덕(경기 파주시갑), 은수미(비례), 이목희(서울 금천구), 이학영(경기 군포시), 임수경(비례), 장병완(광주 남구), 전순옥(비례), 전해철(경기 안산시 상록구갑), 진선미(비례), 최동익(비례), 최민희(비례), 한정애(비례), 홍영표(인천 부평구을). (36명)
안희정系	김윤덕(전북 전주시 완산구갑), 박수현(충남 공주시). (2명)
정세균系	강기정(광주 북구갑), 김상희(경기 부천시 소사구), 김성주(전북 전주시 덕진구), 김춘진(전북 고창군·부안군), 박민수(전북 진안군·무주군·장수군·임실군), 박병석(대전 서구갑), 백재현(경기 광명시갑), 안규백(서울 동대문구갑), 오영식(서울 강북구갑), 유대운(서울 강북구을), 이미경(서울 은평구갑), 이상직(전북 전주시 완산구을), 이원욱(경기 화성시을), 전병헌(서울 동작구갑), 정세균(서울 종로구), 정호준(서울 중구), 최재성(경기 남양주시갑). (17명)

김한길系 (12명)

	김관영(전북 군산시), 김한길(서울 광진구갑), 노웅래(서울 마포구갑), 민병두(서울 동대문구을), 문병호(경기 부평구갑), 변재일(충북 청원군), 안민석(경기 오산시), 이상민(대전 유성구), 이종걸(경기 안양시 만안구), 정성호(경기 양주시 동두천시), 주승용(전남 여수시을), 최재천(서울 성동구갑). (12명)

손학규系 (12명)

	김동철(광주 광산구갑), 김우남(제주시을), 신학용(인천 계양구갑), 양승조(충남 천안시갑), 오제세(충북 청주시 흥덕구갑), 이언주(경기 광명시을), 이찬열(경기 수원시갑), 이춘석(전북 익산시갑), 임내현(광주 북구을), 전정희(전북 익산시을), 조정식(경기 시흥시을), 최원식(인천 계양구을). (12명)

박지원系 (5명)

	김영록(서울 영등포구갑), 박기춘(경기 남양주시을), 박지원(전남 목포시), 박혜자(광주 서구갑), 이윤석(전남 무안군신안군). (5명)

김근태系 (16명)

김민기(경기 용인구을), 김승남(전남 고흥군 보성군), 박완주(충남 천안시을), 설훈(경기 부천시 원미구을), 신계륜(서울 성북구을), 우원식(서울 노원구을), 유승희(서울 성북구갑), 유은혜(경기 고양시 일산동구), 윤관석(인천 남동구을), 이인영(서울 구로구갑), 인재근(서울 도봉구갑), 진성준(비례), 최규성(전북 김제시 완주군), 홍익표(서울 성동구을), 홍의학(비례), 홍종학(비례). (16명)

기타 (25명)

강동원(전북 남원시 순창군), 강창일(제주시갑), 김기준(비례), 김성곤(전남 여수시갑), 김영주(서울 영등포구갑), 김영환(경기 안산시 상록구을), 김재윤(서귀포시), 김현미(경기 고양시 일산서구), 권은희(광주 광산구을), 박광온(경기 수원시정), 박주선(광주 동구), 박홍근(서울 중랑구을), 심재권(서울 강동구을), 신정훈(전남 나주시 화순군), 송호창(경기 의왕시 과천시), 안철수(서울 노원구병), 우상호(서울 서대문구갑), 유성엽(전북 정읍시), 이개호(전남 담양군 · 함평군 · 영광군 · 장성군), 이석현(경기 안양시 동안구갑), 장하나(비례), 정청래(서울 마포구을), 조경태(부산 사하구을), 추미애(서울 광진구을), 황주홍(전남 장흥군 · 강진군 · 영암군). (25명)

* 위 자료는 〈주간동아〉 2014년 1월14일자 보도자료를 재구성한 것임.

② 黨內 주요 인사들의 행적

김광진: 백선엽 장군을 "민족 반역자"로 폄하

새민련 김광진(비례대표) 의원은 '6·25전쟁 영웅' 白善燁(백선엽) 장군에 대해 "이 민족 반역자가 대한민국 국군 지도자로 설 수 있는 것 자체가 부끄러운 일"이라고 말했던 정치인이다. 김 의원은 2012년 10월19일 국회 국방위원회 국정감사에서 김관진 당시 국방장관에게 백선엽 장군 관련 뮤지컬 제작을 국방부가 지원하고자 예산 반영을 추진하기로 한 사실을 질의했다. 이에 한기호 새누리당 의원이 백 장군의 뮤지컬 제작을 국방부가 지원하는 것을 옹호하자, 김 의원은 백 장군을 "민족의 반역자인 백선엽 장군의 뮤지컬 제작에 세금을 지원하는 것은 부당하다"고 주장했다.

김 의원이 문제 삼은 것은 백 장군이 일제시대 만주군관학교 출신으로 간도특설대 소위로 임관했다는 점이다. 백 장군은 회고록에서 간도특설대 소위로 임관했다는 사실을 스스로 밝혔고, 당시 독립군이 아니라 팔로군(중공군)을 격퇴하는 데 주로 활동했다고 밝혔다.

백선엽 장군은 미국 등 6·25전쟁 참전국 베테랑들에게 '살아있는 전설'로 불리는 인물이다. 백 장군은 1950년 6월 불과 서른 살의 나이에 1사단장으로 6·25를 맞았다. 1950년 8월 낙동강 방어선상의 '多富洞(다부동) 전투'를 승리로 이끈 주역이다. 백 장군이 지휘한 1사단은 '다부동 전투'에서 8000명 가량의 병력으로 북한군 2만여 명의 총공세를 한 달 이상 막아 냈다.

6·25전쟁 발발부터 휴전까지 3년 1개월 2일 17시간을 戰場(전장)에서 보낸 백 장군은 1951년 휴전협상에도 참여했다. 이어 사단장·군단장을 거쳐 32세의 나이에 최연소 육군참모총장의 자리에 올랐고, 한국군 최초로 육군대장에 임관됐다.

백 장군은 韓美상호방위조약 체결의 일등공신이다. 그는 1953년 1월 콜린스 참모총장의 초청으로 워싱턴을 방문해 아이젠하워 대통령에게 "한국 국민들은 안전보장을 위해 미국의 방위조약을 원한다"고 요청했었다.

백 장군에 대한 예우는 한국보다 미국이 더 극진한 것으로 알려져 있다. 역대 주한미군 사령관들은 이·취임사를 하면서 "존경하는 백선엽 장군님"이란 말로 시작하는 전통을 이어 가고 있다. 해마다 주한미군 소속 장군 전원이 참석하는 6·25전적지 여행에 백 장군을 초대하고, 역대 사령관들은 그가 1992년 펴낸 영문판《From Pusan to Panmunjom》을 필독서로 여기고 있다.

새정치민주연합의 前身인 민주당은 이런 김 의원에게 2012년도 '국정감사 최우수 의원상'을 수여(11월23일)했다. 김 의원이 "남다른 사명감과 성실한 준비를 바탕으로 정부정책 문제점을 지적하고 창의적인 대안을 제시해 국민의 삶의 질 향상에 기여하고 당의 위상을 드높였다"는 것이 선정 이유였다.

강기정·김경협: 利敵단체 '삼민투위' 출신

강기정(광주광역시 북구갑) 의원은 1985년 전남대 三民鬪委(삼민투위, 利

敵단체) 위원장 출신으로 1985년 국보법 위반으로 징역 7년, 자격정지 5년을 선고받았다. 같은 黨 김경협(경기도 부천시 원미구갑) 의원은 성균관대 삼민투위 산하 민족자주수호위원회 위원장 출신으로 1985년 집시법과 국보법을 위반해 실형을 선고받았다.

삼민투위는 1983년 학원자율화 조치 이후 대학가 투쟁을 주도했던 전대협과 한총련의 뿌리 조직으로 알려져 있다. 민족통일·민주쟁취·민중해방투쟁 노선을 따랐던 삼민투위는 1985년 美 문화원 점거농성 사건을 벌이기도 했다.

삼민투위 핵심세력은 전국학생총연합(전학련) 명의로 배포된 〈광주민중항쟁의 민족운동사적 조명〉이라는 유인물 등을 통해 日帝시대 공산세력을 독립운동의 주체로 평가하고, 해방 후에는 조선공산당과 조선노동조합전국평의회(전평) 등 左翼단체를 민족해방투쟁의 정통 승계자로 보았다. 삼민투위는 대구10·1폭동사건과 제주4·3사건, 여순반란사건 등을 '민중항쟁'으로 규정했다. 고려대 총학생회 및 언론출판 연합체 명의로 된 〈일보전진〉이라는 유인물에서는, 전두환 정부는 미국에 종속된 예속정권이고 한국은 미국의 '新식민지'이기 때문에 미국을 축출하는 것이 통일의 첫 걸음이라고 주장했다.

공안당국은 이 같은 주장들이 북한의 對南혁명전략전술과 부합되는 容共·利敵 이념이 분명하므로 삼민투위를 利敵단체로 규정했고 법원 판결도 확정되었다. 삼민투위 잔존 세력 가운데 '민족해방 인민민주주의 혁명(NLPDR)'을 추종했던 활동가들은 1986년 3월 지하조직인 구국학생연맹(구학련)을 결성했다. 같은 해 4월에는 공개조직으로 '反美자주화·反파쇼·민주화투쟁위원회'(자민투)를 결성했으며, 기관지인 〈해방선언〉을 통해 북한의 對南방송 내용을 수록·전파하면서 대학가에 主思派(주사파)를 확산시켰다.

김기식: 김일성주의 조직 '구국학생연맹' 출신

김기식(비례대표) 의원은 참여연대 사무처장 출신으로 줄곧 운동권에서 활동했던 인물이다. 김 의원은 2011년 1월25일 인터넷 블로그에 올린 글에서 다음과 같이 자신의 운동권 경력을 밝힌 바 있다.

〈서울대 인류학과 재학 중 두 차례 구속된 적이 있다. 2학년 때인 1986년 11월 '구학련 사건'에 연루돼 국가보안법 위반 혐의로 구속된 것이 첫 번째였다. (중략) 캠퍼스로 돌아온 지 6개월 후, 이번에는 1987년 6월 항쟁 때 집회 및 시위에 관한 법률 위반으로 두 번째로 구속됐다.〉

김 의원이 활동했던 구국학생연맹(구학련)은 서울대 내 김일성주의 조직이었다. 사법부는 '99노122' 판결 등을 통해 "서울대 구국학생연맹 등은 민족해방(NL)계열 主思派(주사파) 학생운동권 지하조직"이라는 점을 분명히 했다. 구학련은 서울대 양대 운동권 세력 가운데 하나인 '反美자주화·反파쇼민주화 투쟁위원회(自民鬪)'의 상위 지하조직으로 표면적으로는 '반미구국'과 '군부파쇼타도'를 내세웠다.

김두희 법무부 장관은 1994년 8월29일 국회 법사위 현안보고를 통해 〈주사파의 실상과 대책〉을 공개한 적이 있다. 이 문건에는 "주사파의 뿌리는 1986년 결성된 지하조직 구국학생연맹으로 파악된다. (중략) 1985년 10월부터 서울법대, 서울공대의 운동권 학생들이 〈구국의 소리방송〉에서 보내는 '정치사상강좌', '정치철학강좌' 등을 집중적으로 듣고 북한의 對南혁명노선인 민족해방인민민주주의혁명론(NLPDR)을 학습하면서 주사파의 실체가 형성되기 시작했다"는 내용이 나온다. 구학련은 서울대생 5명이 네 차례 회합을 갖고 강령·규약 등을 논의한 뒤, 1986년 3월29일 서울대 자연대 22동 404호실에서 약 70

명의 회원들이 참석한 가운데 결성됐다. 당시 결성식에서 학생들은 손가락을 깨물어 '반미구국', '반미투쟁' 등의 글을 혈서로 쓰기도 했다.

구학련의 조직은 중앙위원회 아래 조직부, 투쟁부, 대외사업부, 선전부 등 4개 부서를 두고 조직부 산하에 각 단과대 단위의 '地域(지역)', 그 아래 '支隊(지대)'를 두었다. 지역은 사회대를 제1지역으로 하는 등 모두 5~6개가 있었으며, 각 지역마다 다시 3~4개의 지대를 두었으며, 투쟁부 산하에는 自民鬪를 두었다.

구학련의 강령은 ▲美帝 식민주의와 파쇼통치체제를 분쇄, 민족의 자주적 독립국가 건설 ▲모든 국민의 민주적 諸(제) 권리 쟁취 ▲진보적이고 민족·민주적인 교육제도 확립 ▲민중생존권쟁취 ▲조국의 자주적 통일 ▲제국주의의 모든 침략전쟁 반대와 한반도의 평화옹호를 위해 투쟁한다 등 6가지를 내세웠다.

구학련은 1986년 5월 自民鬪 산하에 5월 特委(특위)를 두고 학살원흉 처단 투쟁 및 민주제 개헌 투쟁을 벌였다. 같은 해 5월21일에는 부산 美 문화원 점거투쟁을 전개했다. 1986년 10월28일 건국대에서 벌어진 '전국 反외세·反독재·애국학생 투쟁연합(애학투련)' 발대식에서 공안당국의 진압 및 검거로 조직이 일망타진됐다.

민병두: 反국가단체 제헌의회(CA)그룹 사건 연루

민병두(서울 동대문구을) 의원은 1982년 學林(학림)사건, 1987년 제헌의회 (CA) 그룹 사건에 연루되어 실형을 선고받은 전력이 있다. 학림사건은 1981년 8월 적발된 전국민주학생연맹(전민학련)과 전국민주노동자연맹(전민노련) 사건을 지칭하는 것이다. 제헌의회(CA)는 1985년 5월 서울대 출신의 학생운동이론가인 崔民(최민)의 주도하에 레닌(Lenin)의 폭력혁명노선에 입각해 조직된 직업혁명가 조직이다. 당시 검찰 발표에 따르면, 제헌의회(CA) 조직원들은 혁명의식 등 여건 미성숙으로 인한 '민중'들의 거부와 반발을 우려해 이른바 '민주주의민중공화국' 건설을 1단계 투쟁목표로 삼았다. 이어 2단계 혁명론에 입각해 '제헌의회 소집'을 당면투쟁전술로 채택했다.

제헌의회(CA)는 최민(조직총책)이 '중앙사령탑(실천적 지도부)'과 '강령기초위원회(사상적 지도부)'를 동시에 장악하고, 산하에 지방조직(경인지방위원회, 영남지방위원회), 학생지도부, 그리고 공장(工場)위원회(성남·안양·인천 등지의 工團에 설치) 등의 조직을 두었다. 검찰 수사발표(1987년 2월)에 따르면 제헌의회(CA) 지도부는 1986년 5월 당시 단체 산하 경인지방위원장으로 활동 중이던 민병두와 학생지도책 강○○에게 서울대 등 8개 대학의 민민투 조직과 성남, 안양, 인천 등 공단지구그룹 노동자조직을 연계시켜 모두 1만 명을 동원하라는 지령을 내렸었다.

제헌의회(CA)는 1986년 5월~12월 기간 조직원 각자 수입의 20%이상을 납부하는 재정의무금 1,066만원과 가정이 부유한 최민과 재정책 박○○ 등이 낸 후원금 8,260만 원 등 9,326만원을 확보. 사업부 주관으로 〈평양고을식당〉과 〈일원출판사〉를 직영하고 전국장의사 등의 업자와 동업하는 등 위장업체를 운영했다.

이들은 레닌의 논문에서 발췌한 利敵표현물과 투쟁선동유인물 15종 20여 만부를 제작해 학원가, 노동현장, 시위현장 등에 살포하는 한편 '反帝·反파쇼·민족민주화 투쟁위원회(民民鬪)' 기관지 〈민족민주선언〉을 흡수해 자신들의 노선에 따라 6호부터 13호까지 8회에 걸쳐 2만부를 발간 배포했다(이상 '제헌의회 그룹' 사전 검찰 발표요지 인용).

제헌의회(CA)는 노동자해방투쟁동맹 등과 연계, 신길동 가두투쟁 등 각종 시위를 배후조종했으며 '임시혁명정부 결성 및 제헌의회 소집' 등 폭력시위를 선동하다 1986년 10월 공안 당국에 검거됐다. 이 조직의 잔존세력은 이후 지하조직 남한사회주의노동자동맹(사노맹)과 혁명적노동자계급투쟁동맹(혁노맹)을 결성했다.

문재인: 反헌법적 '낮은단계연방제' 주장

문재인(부산 사상구) 새정치민주연합 대표는 지난 18대 대선 기간 동안 아래와 같이 여러 차례에 걸쳐 낮은단계연방제 및 국가연합과 관련된 발언을 했다.

▲"김대중 노무현 정부를 거치면서 남북이 평화통일에 가까워졌다. '국가연합' 혹은 '낮은 단계의 연방제'에 이를 수 있다는 희망을 품을 정도가 됐다. 하지만 지금은 통일은 커녕 전쟁을 걱정해야 할 지경이다." (2011년 2월12일, 〈한국일보〉 인터뷰)

▲"김대중 대통령이 꿈꾸셨던 국가연합 또는 낮은단계연방제 정도는 다음 정부 때 정권 교체를 통해 반드시 이루겠다." (2011년 8월20일, 현충원 김대중 3주기 추도식)

▲"6·15선언을 통해서 남북 간에 합의했던 통일방안이 국가연합인데, 이 국가연합을 경제 분야에서 부터 먼저 이루자는 것이다. 경제적인 국가연합을 먼저 이루고 나면 그 뒤에 군사, 외교, 정치, 이런 분야의 합의가 추가되면 그것이 국가연합이 되는 것이다." (2012년 10월4일, 문재인 후보·문정인 교수 대담 발언)

대한민국 憲法은 건국 憲法부터 '대한민국의 영토는 한반도와 그 부속도서로 한다(憲法 제3조)'고 규정하고 있다. 憲法에 따르면 북한은 대한민국 영토 내에서 국가를 僭稱(참칭)하고 있는 反국가단체이다. 따라서 북한을 국가로 인정하거나 대한민국과 대등한 통일의 주체로 보는 것은 憲法위반일 뿐만 아니라 憲法파괴행위라 할 수 있다.

북한에서 낮은단계연방제의 기본 골격은 2001년 10월6일 '고려민주연방공화국창립방안 제20주년 평양시 보고회'에서 공식 등장했는데, 주요 내용은 아래와 같다.

〈낮은단계연방제안은 하나의 민족, 하나의 국가, 두 개의 제도, 두 개의 정부의 원칙에 기초해 북과 남에 존재하는 두 개의 정부가 정치, 군사, 외교권을 비롯한 현재의 기능과 권한을 그대로 가지게 하고 그 위에 민족통일기구를 내오는 방법으로 북남관계를 통일적으로 조정해 나가는 것을 기본내용으로 하고 있다.〉

낮은단계연방제는 기존의 연방제(높은단계연방제)와 달리 연방정부가 행사하던 외교, 군사권을 각 지역자치 정부가 행사하도록 했다. 그러면서 연방정부인 민족통일기구에서 민족공동의 이익에 맞게 통일적으로 남북관계를 조절하는 역할을 한다고 밝히고 있다. 여기서 주목해야 할 점은 북한이 6·15선언 직후 각종 언론보도 등을 통해 6·15선언이 자신들의 연방제안에 남한이 합의해준 것이라고 일관되게 선전해왔다는 점이다. 북한의 낮은단계연방제를 경계해야 하는 이유는 기존의 연방제와 달리 선결조건을 제시하지 않고 있다는 점이다.

그동안 북한의 연방제 통일방안에는 선결조건(주한미군철수, 국보법 폐지, 공산활동 합법화)이 있어 남한이 수용하기 어려웠다. 낮은단계연방제의 경우 선결조건이 없다. 이것은 북한이 쳐놓은 함정이다. 남북한이 낮은단계연방제에 따라 통일을 하게 되면 하나의 국가가 되는 것이므로 남한에 있는 외국군(주한미군)의 철수 문제가 자연스럽게 대두된다.

이처럼 낮은단계연방제는 북한의 연방제 공산화 통일 전략의 주요 단계로서 북한의 對南혁명 노선이라 할 수 있는 '민족해방 인민민주주의 혁명' 실현을 위한 핵심 과정이다. 여기서 '민족해방'이란 북한 입장에서 남한 사회의 실질적 지배자라고 할 수 있는 미국을 남한 땅에서 축출하고 남한 민족의 해방을 이룬다는 의미이다. '인민민주주의 혁명'이란 美帝의 대리통치정권이라 할 수 있는 남한 정권을 남한 인민의 힘으로 타도하고 사회주의로 이행하기 위한 과도 체제인 인민민주주의 정권(=자주적 민주정부)을 수립하자는 것이다.

北 "6·15선언은 낮은단계연방제에 합의한 것"

북한의 對南선전·선동 매체인 〈반제민전〉은 2005년 7월17일 작성된 〈낮은단계연방제 진입국면, 민족민주 세력은 무엇을 해야 하는가〉라는 제목의 문건에서 낮은단계연방제가 북한의 공산화 통일방안인 고려연방제로 가기 위한 전술목표라고 밝혔다. 문건의 주요 내용을 살펴보면 아래와 같다.

〈낮은단계연방제는 지방정부가 정치·군사·외교부문에 관한 권한을 그대로 행사하는 상태에서 중앙정부인 민족통일기구를 건설하여 남북관계를 조정하고 고려민주연방공화국 건설을 준비하는 방식이다. 낮은단계연방제는 자주통일운동의 전술목표이다. 6·15공동선언 제2항은 본질상 낮은단계연방제를 합의한 조항이다. 낮은단계연방제 방안과 국가연합안은 형태상 공통성과 본질적 상이성이 존재하지만, 6·15공동선언은 국가연합안을 연합제안이라고 고쳐 명명하고 '나라의 통일을 위한'이라는 전제를 명시하여 그 본질적 상이성을 제거하고 있다. 그러므로 6·15공동선언 제2항을 실현하는 것은 낮은단계연방제를 실현하는 것이며, 그것은 당연히 자주통일운동의 전술목표가 된다.〉

"낮은단계연방제로 고려민주연방 공화국 건설"

문건은 또 "낮은단계연방제 단계가 以南에서 '자주적 민주정부' 수립을 준비하는 단계"라며 "以南에 자주적 민주정부가 들어서야 고려민주연방공화국이 건설될 수 있다"면서 아래와 같이 민노당의 역할에 대해 언급했다.

〈민주노동당 정권이 수립되었을 때 민족통일기구는 명실상부하게 정부, 정당, 사회단체를 망라한 민족통일전선으로 최종 완성될 것이다. 그러면 민족통일기구는 곧바로 고려민주연방공화국 건설에 돌입할 것이며, 짧은 기간 내에 그 사업을 결속지을 것이다. 이 모든 과정, 자주적 평화통일을 완수하는 과정은 자주적 민주정부 없이는 불가능하다. 그러므로 민족민주세력은 민주노동당을 중심으로 조직적 단결을 강화하고, 조직 내의 분파적 요소들을 뿌리 뽑아 민주노동당을 결실하고 활력있는 대안세력으로 키워내며, 그 폭을 확대하여 광범위한 민중의 신망을 받는 참된 민중의 대변자로 발전시켜야 한다.〉

위 문건에 언급되어 있는 '낮은단계연방제→자주적 민주정부 수립→연방제 이름하에 민족통일기구 설립→고려민주연방공화국 건설 돌입' 등의 논리는 북한이 추구하는 통일전략(평화적 방도, 非평화적 방도) 가운데 평화적 방도에 해당되는 연방제 공산화 통일 전략이다. 북한은 대한민국 정부의 정통성을 인정하지 않고 '朝鮮은 오직 하나'라는 소위 '하나의 朝鮮'을 내세워 남한 내 민족해방론자(NL세력)와 인민민주주의 혁명론자(PD세력)들을 對南공작 파트너로 삼았다. 햇볕정책을 내세웠던 김대중, 노무현 정부의 주요 실세들이 대개 이런 부류의 NL·PD 운동권 출신이었다는 점에서 北지도부가 크게 고무됐던 이유이기도 하다.

북한의 연방제는 엄밀히 말해 통일방안이라기 보다는 남한 내 從北·左派 세력을 규합하기 위한 통일전선 방안이라고 보는 것이 더 타당하다. 남한 내 대표적 從北·左派 단체라 할 수 있는 범민련, 범청학련, 한국진보연대 등이 국보법 철폐, 주한미군철수, 연방제 통일을 줄기차게 요구하고 있는 것이 모두 이 같은 배경에서 비롯됐다. 남한의 '연합제안'과 북한의 공산화 통일방안인 '연방제'와 공통점이 있다는 6·15선언 방식의 통일은 북한 입장에서 보면 낮은단계연방제에서 높은단계연방제로 가는 고려연방제 통일의 변형에 불과하다. 6·15선언 방식의 통일은 전쟁을 통한 '6·25식 통일'을 평화적 방식으로 교체한 것에 불과하다.

憲裁의 판단

憲裁의 통진당 해산 결정문에서 다수 의견 쪽에 섰던 조용호·안창호 재판관은 보충의견을 통해 낮은단계연방제를 아래와 같이 헌법위반으로 판단했다.

〈피청구인 주도세력은 최종적인 통일국가의 모습에 대해 구체적이고 직접적인 언급을 회피하면서, 6·15 남북공동선언에 따른 우리 정부의 남북연합제(1민족·2정치실체·2체제·2정부)에 기초한 통일방안과 북한의 낮은 단계 연방제(1민족·1국가·2체제·2정부)에 기초한 통일방안 중 북한의 통일방안과 같은 연방제 통일방안을 주장하면서, 그 이유를 다음과 같이 제시하고 있다.

'집권전략보고서'에서는 우리 정부의 통일방안에 대해 국가연합에 기초한 통일방안이라고 전제하면서 "통일의 준비기가 국가연합일 필요가 없고, 국가연합 자체가 통일방안으로 오인될 수 있다는 점, 남북기본합의서 이후 남북은 상호간에 국가성을 부인하고 있다는 점에서 국가연합은 통일방안이 될 수 없다"고 주장하고 있다.

'21세기 진보적 민주주의'에서는 "체제와 제도를 인정하고 공존 공영할 수 있는 통일방식으로 거론되고 있는 것 중의 하나가 연합제방식의 통일이 있다"고 하면서 "국가연합방식이란 남북을 기본적으로 상대방을 독립적인 국가로 인정하고 그것에서 출발하자는 것인데, 그렇게 되는 순간 통일의 당위성이 사라진다. 각각 독립국가로 존재하면서 상호 협력과 협조체제를 구축하면 될 것을 굳이 통일 체제를 구축해야 할 필요성이 없다는 논리에 답하기 어렵다. 현재 국가적 실체성을 인정하고 거기에서 출발하자는 논리라고 하더라도 통일체제라는 것은 남북 양자의 국가적 실체성을 극복하고 하나의 국가성을 획득하는 순간부터 통일체제의 출발인 것이지 그 이전은 통일체제라 할 수 없다. 그렇기 때문에 국가연합방식은 통일체제의 전단계이며, 그것은 현재의 남북화해협력단계와 본질적으로 동일한 것이다.

남북협력단계를 질적으로 극복하고 통일체제로 한 단계 도약하는 첫 출발은 남북 양 체제의 국가적 실체성을 뛰어넘어 하나의 국가로 출발하는 순간부터인 것이다"고 주장한다.

그러나 피청구인 주도세력의 이러한 주장은 다음과 같은 이유로 설득력이 없다. 그들은 우리 정부의 통일방안이 국가연합에 기초한 통일이라고 전제하고 이를 비판하고 있으나, 우리 정부의 통일방안은 남북한이 상대방을 독립한 국가로 인정하지 아니하고 단지 현실적인 정치실체를 인정하여 남북연합(이러한 이유로 '국가연합'이라는 용어를 사용하지 아니함)을 구성하고 통일국가로 나아간다는 것이다. 즉, 우리 정부의 통일방안은 남북한이 상대방을 국가로 인정하는 국가연합을 전제로 하여 통일국가를 구성한다거나 남북연합 자체를 통일로 보는 것이 아니다. 피청구인 주도세력이 우리 정부의 통일방안에 대해 국가연합에 의한 통일이라고 전제하고 이를 비판하는 것은 우리 정부의 통일방안을 진실과 다르게 해석한 것에 근거한 것이므로 적절한 비판이라 할 수 없다.

그리고 과거 예멘은 체제와 제도를 달리하여 연방제 통일을 이루었으나 곧바로 전쟁이 일어나 전쟁을 통해 하나의 체제와 제도를 가진 통일국가로 나아갔고, 그 이후에는 현재 지구상에서 체제와 제도가 다른 연방제 국가는 없다. 이러한 역사적 경험에 비추어볼 때, 체제와 제도가 다른 복수의 국가 또는 정치실체가 일방의 붕괴나 전쟁을 통한 통일을 배제하고 통일국가를 형성하려 한다면 통일국가를 이루기 전에(그것이 연방제이든 단일국가이든) 체제와 제도의 동질성이 먼저 회복되어야 한다. 그래야 전쟁이 없는 평화통일이 가능한 것이므로, 우리 정부가 통일국가의 형성의 전단계로서 '화해협력단계' 와 그와는 별도로 '남북연합제(1민족·2정치실체·2체제·2정부)'를 설정하는 것은 법과 제도에 기초해 민족의 동질성을 회복하면서 통일국가를 지향하는 것으로서 보다 안정적으로 통일국가를 형성하려는 것이다.

한편, 체제와 제도가 다른 연방제 통일이 전쟁을 수반할 가능성 때문에, 피청구인 주도세력은 1민족·1국가·2체제·2정부 형태로 남북한이 주요 권한 을 행사하는 낮은 단계의 연방제 통일을 설정하고 있다. 그러나 이 정도 수준 의 연방제 통일로도 그들이 주장하는 민족분단에 따른 모순을 극복할 수 있 을지는 의문이고, 만약 그들이 그렇다고 본다면 굳이 연방제 통일을 고집하 지 않더라도 평화협정체결을 통한 평화체제의 보장과 남북교류의 활성화 또 는 남북연합제에 기초한 통일방안 등만으로도 그 정도의 목적은 달성할 수 있다고 보이므로 굳이 민족분단을 극복하는 통일방안으로서 연방제통일을 상정하는 통일방안을 채택할 이유가 없다.

결국 피청구인 주도세력이 소위 낮은 단계 연방제 통일방안을 채택한 이유 로 제시한 내용은 설득력 있는 근거가 되지 못한다. 법정의견에서 본바와 같 이, 피청구인 주도세력이 1민족·1국가·2체제·2정부의 연방제 통일방안을 주 장하는 이유는 북한과 같이 자유민주주의체제의 변혁과 진보적 민주주의체 제 및 사회주의체제(북한식 사회주의체제)를 추구하기 위한 전략으로 인식하 고 있기 때문인 것으로 보인다.〉

두 재판관은 자유민주 체제와 사회주의독재 체제를 그냥 두고 연방제로 통일국가를 만들자는 것은 공산화 통일을 위한 과도기적 전술일 뿐이라고 지 적한 것이다. 북한정권의 최고 규범인 노동당 규약은 김일성 주체사상을 黨 의 유일한 지도이념으로 명문화 하고 있고, '온 사회의 주체사상화'와 '사회주 의 강성대국'을 黨의 최종목표로 규정하고 있어 一國兩制가 들어갈 틈이 없다. 우리 헌법도 제4조에서 평화적 방식에 의한 자유민주 통일을 명령하고 있어 一國兩制의 연방제 통일은 허용할 수 없다.

문재인 씨는 '국가연합에 기초한 낮은 단계 연방제'를 주장하고 있는데, 이는 통진당 방식의 통일방안과 비슷하거나 헌법위반이라는 점에서 같다는 이야기이다. '국가연합'은 反국가단체인 북한정권을 대한민국과 동격인 국가로 인정한다는 점에서 헌법위반이고, 6·15선언에도 그런 내용이 없다.

은수미: 反국가단체 '社勞盟(사노맹)' 사건 연루자

은수미(비례대표) 의원은 非합법 사회주의 前衛(전위)조직이었던 남한사회주의노동자동맹(사노맹)의 핵심인물(정책실장 겸 중앙위원)로 활동했던 인물이다.

은 의원은 서울대 사회학과 2학년이던 1983년 시위를 벌이다 제적된 후 구로공단에서 미싱사 보조로 노동운동에 뛰어들었다. 1992년 초 당시 정부가 反국가단체로 규정한 사노맹 활동으로 구속되어 6년 간 강릉교도소에 수감됐다. 사노맹은 무장봉기로 대한민국을 타도하고 사회주의 국가를 세우겠다는 목표를 밝혔고, 조직원들에게 군사훈련까지 시켰던 조직이다. 사노맹은 조직원의 자격기준으로 '사회주의 혁명을 궁극적 목표로 하여 무장봉기의 필연성을 인정하고 있는가' 등을 제시했다.

사노맹은 자금 마련을 위해 보급투쟁을 했었다. 이를 위해 조직원간 위장결혼식으로 축의금 확보, 친지 가운데 반동적 가정의 재산은 노동자계급으로부터 착취한 돈이므로 특공대를 투입해 强竊盜(강절도)할 것, 동창·친지·운동권 전력자들을 대상으로 한 후원회를 구성할 것 등을 지시했다. 사노맹은 1988년 12월~1990년 8월 기간 동안 1억 1840만 원을 확보했고, 이 자금은 인쇄소 시설비, 유인물 제작비, 활동비, 아지트 운영비 등으로 사용했다.

사노맹 사건에 대한 대법원 판결문의 일부를 인용하면 다음과 같다.

⟨사노맹은 무장봉기로써 대한민국 체제를 타도한 후 노동자 계급이 국가권력을 장악함으로써 소위 민족민주혁명을 이루어 민중공화국을 수립한 뒤, 제2단계로 반동관료, 독점재벌 등을 숙청하고 토지 기타 생산수단을 몰수, 국유화하는 사회주의 혁명을 이루어 완전한 사회주의 국가를 건설할 것을 목적으로 하는 노동자 계급의 전위정당임.⟩ (대법원 92도256, 1994년 4월24일)

사노맹 사건 연루자들은 1999년 3월1일자로 특별사면·복권 조치됐다. 은 의원은 1997년 출소 후 서울대로 돌아가 1998년 학부를 졸업해 1999년 석사, 2001년 박사과정에 진학했다. 2005년 ⟨한국 노동운동의 정치세력화 유형연구⟩라는 제목의 논문을 발표해 박사 학위를 받았다. 이 논문은 노동 계급의 국회 진출을 다룬 논문이다. ⟨조갑제닷컴⟩ 확인결과 당시 은 의원의 논문 지도교수는 송호근 서울대 교수였다. 송 교수는 2003년 10월23일 '송두율 교수 석방을 요구하는 시민사회 1000인' 및 2000년 7월18일 '국보법 폐지를 지지하는 전국교수' 선언에 참여했던 인물이다.

이학영: 공산혁명 자금 마련위해 재벌집 털다 체포

이학영(경기도 군포시) 의원은 1979년 발생한 남조선민족해방전선(남민전) 사건에 연루되어 징역 5년형을 받았다. 남민전의 핵심 조직원들은 ▲'피로써 충성을 맹세'하는 書信을 김일성에게 보냈으며 ▲학원과 민중봉기를 통해 정권을 타도, 2차적으로 공산주의 국가 건설을 위한 문화혁신, 인민해방군 창설준비 등을 모의했다. 이와 함께 ▲戰士의 권리의무, 조직부서 등을 정했으며 ▲김일성 주체사상의 확립, 민중포섭, 조직수호, 자기비판 및 학습강화,

심신단련 활동 등을 펼쳤다.

남민전 조직원들은 자금조달을 위해 1978년 12월5일 서울 동대문구 휘경동 具(구)모씨 집을 급습, 현금 등을 강탈하고 이를 '봉화산 작전'이라고 명명했다. 1979년 4월27일에는 서울 강남구 반포 소재의 동아건설 최원석 회장 집을 차성환, 박석률 등 8명(이학영 가담)이 급습, 경비원 김영철 씨를 칼로 찔러 중태에 빠트리고 달아났다. 이에 앞서 1979년 3월25일에는 서울 종로구 종로1가 보금장 금방 강도 사건을 모의하면서 私製(사제)폭탄과 총기 등을 제조하면서 각종 흉기를 모으기도 했다.

노무현 정부 들어 발족한 '민주화운동 관련자 명예회복 및 보상심의위원회(민보상위)'는 2006년 3월 남민전 관련자 29명을 민주화 운동 관련자로 인정했다.

민보상위는 신청자 33명 가운데 이학영, 김남주(1994년 사망)와 그의 부인 박광숙, 이수일(前 전교조 위원장), 임준열(現 민족문제연구소장), 권오헌(민주화실천가족운동협의회 양심수 후원회 명예회장) 등의 행위를 유신체제에 항거한 것으로 판단하고 민주화운동 관련자 인정 결정을 내렸다. 민보상위는 이들이 고위 공직자 집에 침입해 금도끼와 패물을 훔친 '봉화산 작전'과 최원석 前 동아건설 회장 집을 털려다 붙잡힌 '땅벌작전', 중앙정보부의 자금줄로 생각한 금은방 보금장을 털려고 했던 'GS작전', 그리고 예비군 훈련장에서 카빈소총 1정을 화장실 창을 통해 軍부대 밖으로 빼돌린 총기 밀반출 사건도 모두 민주화운동으로 인정했다.

박원순 시장의 이학영 극찬

박원순 서울시장은 2011년 새정치민주연합의 前身인 민주통합당 경선에서 당시 시민운동가로 활동하던 이학영이 나서자 같은 해 1월7일 자신의 트위터를 통해 응원 메시지를 날리기도 했다. 박 시장은 이 의원에 대해 "나보다 훨씬 용기, 진실, 개혁성을 갖춘 분"이라고 평가했다. 이 의원은 2011년 10·26 서울시장 보궐선거 기간 중 박원순 선거캠프 공동선대위원장으로 활동했다. 박 시장은 2011년 12월27일 이학영 의원의 출판기념회 때도 영상메시지를 보냈다. 영상메시지에서 박 시장은 "이학영 총장님을 보면 늘 김대중 대통령이 하신 말씀이신 행동하는 양심이 생각한다"면서 "늘 현실 속에서 양심과 정의를 실천하고자 하는 활동가"라고 평가했다.

이 의원은 민주통합당 대표 경선 출마 당시인 2012년 1월4일 광주 김대중 컨벤션 센터에서 열린 합동연설회에서 자신의 公安사건 전력에 대해 "무도한 박정희 독재정권을 무너뜨리지 않으면 안 되겠다고 생각하고 비밀지하조직으로 알려진 남민전 준비위에서 일하게 됐다"고 말했다. 그는 "재벌 응징과 운동자금 마련을 명목으로 김남주 詩人 등 동료들과 최 회장 자택 담을 넘었다"며 당시 경비원 감시 역할을 했던 자신은 체포되고 실패한 동료들은 도주했다고 전했다.

이 의원은 "그날 아침 태양 아래서 '하느님 어찌하여 23살 젊은 나이에 이렇게 가혹한 시련을 주시나'(라는 생각에) 울었다. 그러나 민족과 나라를 위해 일해야 한다면 싫지만 이 일을 가겠다(고 다짐했다)"고 털어놨다. 그러면서 그는 "저는 평생을 한 번도 제 이권을 추구하지 않았고 한 번도 저를 보호하기 위해 형제를 팔지 않았고 한 번도 사리사욕을 위해 제 몸을 버리지 않았다"고 말했다.

이해찬: 국무총리 재임 당시 北 인공기 보호 명령

이해찬(세종특별자치시) 의원은 젊은 시절부터 左派단체에서 활동해온 인물이다. 그는 1972년 서울대에 입학해 1974년 전국민주청년학생총연맹(민청학련)에 가입했다. 이후 그는 1983년 민주화운동청년연합(민청련) 상임위원회 부위원장, 1985년 민주통일민중운동연합(민통련) 정책실 차장·총무국장·부대변인을 지냈다. 이들 단체 가운데 민청련과 민통련은 각각 1991년 결성된 민주주의민족통일전국연합(전국연합)과 1989년 결성된 전국민족민주운동연합(전민련)의 前身(전신)이 됐다.

민청련은 '민족민주혁명론(NDR)'에 근거해 "한국 사회는 제국주의에 기반한 민족적 모순과 독점자본에 기반을 둔 군부파쇼세력과 민중간의 계급적 모순이 중첩돼 있다"면서 이른바 '反美反獨裁(반미반독재)투쟁'을 전개했다. 민청련의 NDR 노선은 이후 민통련, 전민련, 전국연합을 거치면서 소위 美帝 타도를 최우선 과제로 삼는 '민족해방 인민민주주의 혁명(NLPDR)'으로 구체화됐다. 민청련의 맥을 이은 전국연합은 연방제통일을 목표로 1991년 결성 이후 2008년까지 국내 從北운동권의 구심점 역할을 했다.

참고로 憲裁는 통진당 해산 결정문에서 '한국사회 변혁운동의 흐름'이라는 소제목으로 김일성주의 세력의 등장 과정을 아래와 같이 설명했다.

〈1960년대 이후 정치적으로는 권위주의 체제가 들어서서 장기간 유지되었고 경제적으로는 경제개발계획에 따른 급속한 경제성장이 이루어지면서 우리 사회 일각에서 자유·민주 회복과 공정한 분배 등을 포함하여 사회를 급격히 변혁하려는 움직임이 일어나게 되었다. 이러한 움직임은 특히 정치적인 면에서 활발하였는데, 이전에 주로 민족주의나 자유주의에 기초했던 한국사회의 운동 진영은 1980년대에 접어들어 마르크스·레닌주의로 대표되는 사회주의 혁명이론을 수용하면서 본격적으로 사회변혁운동으로서의 흐름을 형성하였다.

이러한 운동 진영 내에서의 사상논쟁은 복잡한 분화와 이론적 대립을 보인 끝에 결국 두 개의 주요한 흐름으로 귀결되었는데, 이른바 민족해방

(National Liberation, 약칭 NL) 계열과 민중민주(People's Democracy, 약칭 PD) 계열이 바로 그것이다. 약간의 이론적 차이가 있기는 하나 대체로 민족해방 계열은 자주파, 민중민주 계열은 평등파라고도 불린다. 이들은 한국사회의 주된 모순이 무엇인지에 대한 시각의 차이로 인해 상이한 변혁론을 주장하였다. 한국사회를 신식민지·국가독점·자본주의 사회로 파악하고 계급적 지배체제의 극복을 중시했던 평등파 계열과는 달리, 자주파 계열은 1980년대 한국사회를 제국주의 세력, 특히 美 제국주의에 종속된(이러한 의미에서 식민지) 半봉건사회 혹은 半자본주의 사회로 이해하였다. 자주파 계열이 우리 사회에 대한 변혁방안으로 제시하고 있는 것이 이른바 '엔엘피디알'(NLPDR, National Liberation People's Democracy Revolution)로 약칭되는 '민족해방 인민(민중)민주주의 혁명론'이다. 즉, 식민지 반봉건 사회론 또는 식민지 반자본 주의사회론이 현실 모순에 대한 인식론적 기반이라면, 민족해방 인민(민중)민주주의 혁명론은 그러한 모순을 해결하는 방법론적 기반이었다. 민족해방 인민(민중)민주주의 혁명론은 제국주의 세력으로부터의 해방이라는 민족해방 혁명이념과 계급적 지배로부터의 해방이라는 인민민주주의 혁명이념을 결합시킨 것이다.

자주파 계열은 민족해방혁명이 선차적으로 달성되어야 한다고 보는데, 이러한 혁명을 달성하기 위해서는 반미자주화와 반파쇼민주화, 제국주의에 결속된 한국 자본주의 체제를 타도하는 의미에서 남북통일이 필요하다고 보고 있다. 이들은 북한이 제국주의 세력에 대하여 자주적인 입장을 견지하고 있다고 보아 북한을 옹호하는 태도를 보이고 있는데, 그 중에는 북한 조선노동당의 지도이념인 주체사상을 수용하여 형성된 주체사상파 또는 주사파가 있고 다른 정파로서 이른바 '비주사 NL'이 있다. 이들은 학생운동 내의 주도적 지위를 확보해 나갔으며, 한국사회의 전체 운동 진영 속에서도 큰 영향력을 행사해 왔다.〉

'북한인권법은 내정간섭'

이 의원은 총리 재임시절 '愛國활동'은 탄압하고 '親北행태'에 침묵하는 행태를 보였다. 일례로 노무현 정권은 8·15기념 남북공동행사 기간 중인 2005년 8월14일 서울 마포구 상암동 남북통일축구대회에서 태극기 사용을 금지하고 '대한민국'이라는 구호를 외치지 못하도록 방침을 내린 적이 있다. 당시 총리였던 이 의원은 2005년 8월8일 확대 간부회의에서 "(인공기와 김정일의 사진 등을) 훼손·소각하는 행위를 정부가 관대하게 대할 때는 지났으니 단호하게 조치하도록 경찰에 지시하라"고 했다. 그는 "남북이 평화 공존 단계에 오는 데 50년 걸린 이 시점에 와서도 정체가 불분명한 단체들이 이런 행위를 하는 것은 정치적으로도 법적으로도 결코 용납되지 않는다"면서 대한민국 공권력에 북한 상징물의 보호를 지시했다.

그는 또 2004년 10월4일 보수단체가 주도한 국보법死守 국민대회에 대해 "허위 사실 유포나 憲政(헌정) 질서를 어지럽히는 행위는 단호히 대처하라"고 지시했고, 그로부터 한 달 뒤 실무를 맡았던 신혜식 〈독립신문〉 대표가 구속됐다.

같은 해 9월15일 각계 원로들의 국보법 폐지반대 시국선언이 발표되자 "쿠데타 선봉에 섰던 분들이 여러 분 포함됐던데, 그런 분(들)이 폐지해선 안 된다고 하는 것은 공감을 얻지 못할 것이다. 국보법은 전형적인 惡法(악법)이고 잘못된 法이므로 폐지해야 한다"고 주장했다.

2012년 6월4일 이 의원은 〈평화방송〉 라디오 '열린세상 오늘, 서종빈입니다'에 출연, 북한인권법 제정 문제와 관련해 "북한인권법을 가지고 우리가 그렇게 논란을 할 필요는 없다. 다른 나라의 국내 정치 문제에 깊이 주장하거나 개입하는 건 외교적 결례다"라며 "국가 간에 서로 내정에 관계된 걸 간섭하는 것은 바람직하지 않다"고 주장했다.

이 의원은 '외교적 결례'에 대한 이유로 "(북한을 국가로 인정하지 않는 건) 우리 헌법에서나 그런 거지 전 세계적으로 보면 (북한은) UN의 가입국이다. 국가로 인정을 하니까 미국, 중국, 일본이 협상을 하는 것"이라고 말했다. 그의 주장대로라면 UN과 국제 사회가 리비아, 시리아의 인권 탄압에 개입한 것, 남아공의 인종차별에 개입한 것도 내정간섭이 된다. 히틀러의 유태인 학살을 비판하는 것도 안 된다. 그 이튿날인 6월5일 〈YTN〉 라디오 '김갑수의 출발새아침'에 출연한 이 의원은, 생방송 전화 인터뷰 도중 진행자가 임수경 의원의 "탈북자는 변절자" 발언 문제로 화제를 옮기자 역정을 내며 일방적으로 통화를 끊기도 했다.

이 의원은 민주당 대표시절인 2012년 9월5일 국회 교섭단체 대표 연설에서 "민주당은 집권과 동시에 제3차 남북정상회담을 실시하고 6자회담을 재개할 것"이라면서 "남북기본합의서, 6·15공동선언, 10·4정상선언 이행을 선언하고 한반도 안보 불안의 핵심요소인 북핵문제를 6자회담을 통해 해결할 것"이라고 말했다. 그러면서 그는 "6자회담 참가국들이 한반도의 검증 가능한 비핵화를 평화적인 방법으로 달성하기로 합의한 9·19 공동성명의 이행을 통해 북핵 폐기 절차를 재개할 것"이라면서 "6자회담이 동북아 다자안보기구로 발전되도록 하고 다음 정부 집권 내에 남북주도의 평화협정을 매듭지을 것"이라고 밝혔다. 그러나 북한의 핵 프로그램을 총괄하는 원자력총국은 2013년 4월2일 "우라늄농축공장을 비롯한 영변의 모든 핵 시설과 함께 2007년 10월 6자회담 합의에 따라 가동을 중지하고 무력화했던 5MW 흑연감속로를 재정비, 재가동하는 조치를 취한다"고 밝혔다.

이해찬의 憲裁 비판을 비판한다 (趙甲濟)

박근혜 정부 출범 2주년인 2015년 2월25일 국회 對정부 질문에 나선 '親盧

중진' 이해찬 새정치민주연합 의원이 거친 비판을 쏟아냈다고 〈조선닷컴〉이 전했다.

이 의원은 "세월호 참사 때 7시간 동안 대면보고가 없었는데 수백 명의 인명이 수장됐다"며 "이건 국가의 부작위에 의한 살인행위"라고 주장했다. 그는 또 "국가가 아무런 손도 안 써서 많은 사람이 살인 당한 것"이라며 "세월호 인양 여부를 아직도 결정을 못했는데, 국가가 부작위한 살인행위를 하고도 이에 대한 결정을 못하고 있냐"고 했다는 것이다. 대통령이 대면 보고를 받지 않은 것과 세월호 사망자 사이에 무슨 인과 관계가 있는지 궁금하다. 더구나 대한민국을 살인집단으로 몰았다. 이런 사람이 권력을 잡으면 국민들의 99%를 범죄자로 몰 수 있을 것이다.

이 의원은 헌법재판소의 통합진보당 해산 결정과 관련해서도 "저는 통진당 이념과 강령에 동의하지 않지만 해산 과정을 보면서 헌재가 이 나라를 정말 망친다고 생각했다"며 "이석기 前 의원 재판 결과가 나온 이후 결정을 해도 충분한데. 법무부가 바로 청구를 했고 憲裁는 서둘러서 대법원 판결이 나기 전에 정치적 결정을 했다"고 했다. "독일은 엄혹한 냉전 시대에 공산당을 해산하는 데 5년간 심리를 했다"며 "통진당 해산이 1년 만에 해야 할 정도로 그렇게 위급한 사안이었냐"고도 했다는 것이다.

이에 대해 황교안 법무장관이 자신의 입장을 밝히려 하자 이 의원은 "질문하지 않았다"며 목소리를 높였다고 한다. 이 의원은 이어 前 통진당 의원들의 의원직 박탈과 관련해 "입법부의 권한을 무시하는 이런 憲裁는 존재할 가치가 없다"고도 했다. 그는 황 장관이 이와 관련해 "충분히 법리를 검토해 결정한 것"이라고 답하자 "질문하지 않았다"며 "진실한 답변이 기대되지 않기 때문에 들어가시라"면서 "교언으로 답변할 뿐 진심으로 하지 않는다"며 "진정성 없는 답변은 들을 가치가 없다"고 했다는 것이다.

이해찬 의원의 비판은 단순히 결정 자체에 대한 비판이 아니라 憲裁의 존재와 三權분립과 법치주의, 그리고 국가정체성에 대한 부정이고 협박이다. 그가 국무총리를 역임한 사람이란 점에서 책임은 가중된다. 이 의원이 통진당 결정문의 아래 대목을 읽어보았는지 궁금하다.

〈피청구인(註: 통진당)의 목적은 궁극적으로 북한식 사회주의를 실현하는 것이고, 북한식 사회주의는 특정한 계급노선과 인민민주주의 독재 이념을 토대로 하여 조선노동당을 절대적 지위를 가지는 정치적 주체로 인정하는 것이며, 이러한 사회주의를 대한민국으로 확장하기 위하여 非합법적·半합법적이고 폭력적인 수단들도 고려하고 있고, 全民(전민)항쟁에 의한 집권도 배제하지 않는다는 내심의 의도까지 드러낸 바 있다.〉

이해찬 의원은 서독 헌법재판소의 공산당 해산 결정 과정에 비교하여 우리 憲裁를 비판하였다. 그렇다면 서독에서 공산당 해산 결정 이후 무슨 일이 있었던가?

〈과거 독일에서 공산당 해산심판이 청구되고 해산 결정이 이루어진 후 다시 독일공산당이 재건되기까지, 12만 5000여 명에 이르는 공산당 관련자가 수사를 받았고, 그 중 6000~7000 명이 형사 처벌을 받았으며, 그 과정에서 직장에서 해고되는 등 사회 활동에 제약을 받는 문제가 발생하였다.〉 (憲裁 결정문 中 김이수 재판관의 반대 의견 중에서 발췌)

서독을 좋아하는 이 의원은 황교안 법무장관에게 '서독처럼 통진당 잔존 세력 수사를 왜 하지 않느냐'고 따졌어야 했다.

'헌재가 대법원 판결이 나기 전에 정치적 결정을 했다'는 그의 비판은 헌법 재판소를 대법원의 산하 기관으로 착각한 것 같다. 대법원도 이석기 일당에 관하여 확정선고를 하면서 헌재와 같은 사실 인식을 보였다. 무엇이 문제란 말인가? 민노당 시절부터 계산하면 자유민주 체제를 뒤집어엎고 북한식 독재체제를 세우겠다는 從北 반역 정당에 국민세금이 400억 원 이상 지급되었다. 헌재 심리 중에도 수십 억 원의 국가예산이 체제 파괴 자금으로 공급되었다. 그래도 서독식으로 5년간 심리를 더 끌었어야 했다는 말인가?

이 의원의 폭언은 노무현 세력이 통진당 같은 從北 세력을 키워온 宿主(숙주) 정권이었다는 사실을 웅변한다. 유엔 총회 결의에 의하여 反인도범죄집단으로 규정된 북한정권은 '인류의 敵'이며, 이들을 추종하는 통진당은 헌법재판소에 의하여 헌법의 敵, 국가의 敵, 자유의 敵으로 결정되었다. 이 의원은 인류의 敵과 국가의 敵을 동시에 비호한 셈이다. 손버릇과 입버릇이 나쁜 이 의원이 그런 표독성을 히틀러보다 더 악독한 김정은 정권에 보여주길 기대한다.

아래 글은 이 의원 같은 정치인을 위하여 준비된 것 같기도 하다.

〈그들의 가면과 참모습을 혼동하고 오도하는 광장의 衆愚(중우), 기회주의 지식인·언론인, 사이비 진보주의자, 인기영합 정치인 등과 같은, 레닌이 말하는 '쓸모 있는 바보들'이 되지 않도록 경계를 하여야 한다. 스스로를 방어할 의지가 없는 사람들을 보호하는 일은 불가능하다. 국가도 마찬가지다.〉 (憲裁 통진당 해산 결정문의 보충의견-안창호 재판관 등)

정청래: 노사모 출신으로 국보법 폐지, 통진당 해산 반대

정청래(서울 마포구을) 의원은 1989년 10월13일 서울 정동의 주한 美 대사관저 점거농성 사건을 주도했던 인물이다. '노무현을 사랑하는 사람들(노사모)' 출신으로 생활정치 네트워크 '국민의 힘' 초대 대표를 지냈다. 그는 17대 국회에서 국보법 폐지를 주장하는 주도적 인물이었다. 2014년에는 세월호 특별법 제정을 촉구하며 광화문 광장에서 24일간 단식 농성도 했다.

정 의원의 주요 행적을 살펴보면 ▲2004년 8월4일 국보법 폐지 입법추진 위원회에 참여했고 ▲2004년 12월23일 국보법 폐지 공동기자회견에 참석했으며 ▲2007년 10월13일 광화문 열린공원에서 '간첩·빨치산 추모제'의 추모위원으로 참여했다. ▲2007년 5월31일에는 '6·15남북공동선언 기념일' 지정 촉구결의안에 서명했다. 정 의원은 또 ▲2004년 9월2일 '미국의 북한인권법 제정 항의서한'에 서명했고 ▲2005년 7월14일 '美日의 북한인권 문제 제기 규탄결의안'에 서명했으며 ▲2006년 7월13일 'UN과 일본의 대북제재 규탄결의안'에 서명하는 등 북한 정권을 비호하는데 앞장서 왔다.

정 의원은 북한의 핵실험 직전인 2006년 10월4일자 칼럼에서 "북한에 대한 미국의 '굶겨 죽이기' 식의 對北봉쇄도 바람직하지 않거니와. (중략) 외세의 힘이 아니라 우리의 힘으로 우리의 '터'를 지켜 나가길 한가위 보름달 밑에서 소망해 본다"며 미국이 북한을 압박해 한반도 위기가 고조됐다는 식의 인식을 보여줬다.

2006년 9월18일 〈오마이뉴스〉 칼럼에서는 "북한의 군사력이 더 세다? 이는 전형적 사기이다. (중략) 守舊(수구)의 한줌 손바닥으로 세계의 눈을 가리려 하는가? (중략) 이제 수구·보수 세력들은 둘 중 하나를 해야 한다. 崇美(숭미)주의자로서 부시의 말에 '수그리'하고 말문을 닫던가, 아니면 '부시 반대'의 反美주의자로서 나설 것인가? 결단하라. 親美투사들이여! 反美투사들이여!"라고 썼다.

통진당 해산되자 "민주주의 발전에 역행" 주장

정 의원은 2006년 10월9일 북한이 핵실험에 나서자, 북한이 아닌 미국을 비난하며 對北포용정책의 지속을 주장했다. 그는 같은 날 성명을 통해 "미국은 고압적 태도로 굴복을 강요한 對北강경 제재조치가 성공하지 못했음을 인정해야 한다"며 "우리 정부가 對北포용정책을 포기해서는 안 된다. 개성공단 사업과 금강산 관광, 경제협력은 지속돼야 한다"고 했다. 같은 해 10월15일에는 당시 열린우리당 김희선·박찬선·임종인, 민노당 이영순 의원과 함께 금강산을 방문해 "북한의 핵실험은 조지 W. 부시 美 행정부의 강경일변도 對北정책 때문"이라며 "이번 금강산 방문은 금강산에 가도 인질로 잡히지도 않는다는 것을 보여주기 위함이었다. 금강산 개성공단 사업은 어떠한 경우에도 중단되어서는 곤란하다"고 주장했다.

정 의원은 새누리당과 민주당이 2013년 3월22일 통진당 김재연과 이석기의 자격심사안을 공동발의하자 같은 날 자신의 트위터에서 "사법적 문제가 있다면 사법기관에서 다루면 될 일을 국회에서 동료의원을 무슨 자격으로 사상검증하겠다는 것인가"라며 "아무리 미워도 이건 아니다"라는 글을 남겼다.

정 의원은 憲裁가 통진당에 대해 해산 판결을 내리자 같은 날(2014년 12월 19일) 성명을 내고 "대한항공의 땅콩 리턴이 민심에 역행한 것이라면 憲裁의 정당 해산 판결은 민주주의 발전에 역행하는 것입니다"라며 "정당정치를 후퇴시키고, 역사의 시계를 거꾸로 돌린 것입니다. 박근혜 정권은 지금 '리턴의 역사'를 쓰고 있습니다"라고 평가했다. 그는 이어 "역사와 민주주의의 시계를 거꾸로 돌린 만큼 민심은 박근혜 정권에 등을 돌릴 것입니다. 박근혜 정권은 분명 국민과 역사의 철퇴를 맞을 것입니다. 이미 그 날로 향하는 시계 초침은 빨라지고 있습니다"라고 주장했다.

최민희: "이제 남은 것은 국보법 철폐" 주장

최민희(비례대표) 의원은 〈월간 말〉지 기자(1985년)를 거쳐 민주언론시민연합(민언련) 사무총장(2000), 언론개혁국민행동 공동집행위원회 위원장(2004), 제3기 방송위원회 부위원장(2006) 등을 지냈다.

최 의원이 사무총장으로 활동했던 민언련은 노무현 정부 시절 소위 4대 입법(국보법, 사립학교법, 과거사진상규명법, 언론관계법)에 반대하는 언론보도를 비난하는 일련의 성명·논평·분석 및 장외집회를 벌였던 단체이다.

〈미디어다음〉은 2004년 5월1일자 보도에서 최 의원을 "지난 20여 년간 언론 개혁 운동의 최전방에 서 있었다"고 소개했다. 최 의원은 당시 인터뷰에서 "개혁 세력의 집권으로 사회 전반의 민주주의와 정치 개혁이 이뤄졌다"며 "이제 남은 것은 언론 개혁과 국가보안법 철폐"라고 밝혔다. 국보법의 완전철폐를 목표로 한 左派단체들의 연합체인 '국가보안법폐지국민연대' 홈페이지 내 단체 소개란에는 새정치민주연합 소속의 김기식 의원과 함께 최 의원이 공동 운영위원장으로 이름이 올라있다.

민언련은 2005년 2월14일 민노당, 조국통일범민족연합남측본부 등 80여 개 단체와 공동으로 발표한 북한인권 국제회의 규탄 선언문에서 "'북한인권·난민문제 국회회의'는 국내외에 反北여론을 확산하고 남북대결을 고취하고자 하는 정치적 목적을 가진 회의"라고 주장했다. 당시 최민희 의원은 민언련 사무총장 자격으로 "우리가 경계해야 할 것은 인권에 대한 미시적 접근이라고 생각한다"며 "일부 개혁진영의 지식인조차 북한인권과 난민문제에 대해서 시민사회가 무엇인가를 해야된다는 주장을 하기 시작했다"고 지적했다.

그녀는 당시 공영방송인 MBC가 북한 인권 국제회의를 후원하기로 했다가 취소한 점을 거론하며 "MBC가 공영방송으로서의 본분을 망각하고 이 회의의 본질조차 파악하지 못하고 액정후원을 약속했다는 부분에 대해서는 MBC가 그냥 넘어가려고 해서는 절대로 안 되고 내부에 이 일을 추진했던 사람들에게 책임을 물어야 마땅하다"는 입장을 밝혔다. 또한 "우리의 공영방송들이 한나라당과 개혁세력 사이에 끼여서 눈치 보느라고 중요한 사회 의제에 대해서 제대로 의제설정을 못하고 있고 이번 회의에 대해서도 제대로 된 공영방송이라면 마땅히 이번 회의의 문제점을 비판해야 하는데 그냥 단순 보도를 하거나 북한인권문제가 심각하다는 식으로 편집해서 가고 있다"고 주장했다.

민언련, 이석기 사건을 '마녀사냥'으로 규정

최 의원은 2012년 7월23일 국회 교육·사회·문화 분야 對정부 질문에 앞서 배포한 자료에서 박정희 前 대통령과 5·16을 정면으로 비난하기도 했다. 최 의원은 "보수 세력이 말하는 親日, 從北세력의 원조가 누구인가. 다카키 마사오, 오카모토 미노루, 마쯔모도가 누구의 日本名(일본명)인지 아느냐"면서 박정희 前 대통령의 과거를 문제 삼았다.

그녀는 이어 "남로당 활동을 하면 국가보안법에 위반되나? 그런데 역대 대통령 중에 남로당 활동을 한 사람이 한 명 있다"며 박정희 前 대통령의 과거 경력을 거론한 뒤, "그 형은 구미지역에서 左翼활동을 하다가 돌아가셨고 그의 딸은 지난 2002년 김정일을 만나러 北에 다녀온 적이 있는데, 이 집안이 원조 親日·從北이라고 생각한다"고 말했다.

민언련은 2013년 9월5일 "이석기 내란음모 사건을 교두보로 마녀사냥이 부활하고 있다"는 제목의 논평을 발표했다. 단체는 "새누리당은 이석기 의원에 대한 공격을 넘어 '종북숙주론'을 내세워 민주당을 비롯한 야권 전체를 공격하고 나섰다"며 "'종북척결론'을 내세우는 동시에 이곳저곳에 '종북 딱지'를 붙이며 마녀사냥에 시동을 걸겠다는 것"이라고 단정했다.

단체는 이석기 사건이 적발된 시기를 문제 삼으며 "'국정원 發(발) 내란음모 사건'이라는 점에서 의구심이 드는 측면이 있다"고 주장했다. 左派세력이 이처럼 박정희 前 대통령의 과거를 문제 삼고, 이석기 前 통진당 의원 등의

從北활동을 옹호하는 것은 '내가하면 로맨스, 남이하면 불륜'이라는 식의 전형적인 이분법적 인식이다.

한명숙: 남편과 함께 통일혁명당 사건 연루

한명숙(비례대표) 의원은 1968년 통일혁명당(통혁당) 사건과 관련해 남편인 朴聖燆(박성준) 씨와 함께 실형을 선고받았다. 통혁당 사건은 1968년 8월 중앙정보부에 의해 검거된 대규모 간첩단 사건이다. 통혁당 관련자들은 金鍾泰(김종태)를 서울시당 위원장으로 하여 金瓆洛(김질락)·申榮福(신영복) 주도의 '민족해방애국전선(민애전)'과 李文奎(이문규)·李在學(이재학) 주도의 '조국해방전선' 아래 다양한 서클·조직·학사주점 등을 조직해 공산혁명을 획책했다. 당시 중앙정보부는 통혁당이 합법·非합법, 폭력·非폭력 배합 투쟁을 통해 1970년까지 소위 '결정적 시기'를 조성, 공산(共産)정권 수립을 획책해왔다고 발표했다.

한명숙 의원은 북한이 핵보유 선언(2005년 2월10일)을 하자 "북한 나름대로의 국익이 있기 때문"이라고 감싸며 "미국에 對北체제보장과 경제 지원을 요청하라"고 정부에 촉구했다. 이듬해 북한이 핵실험(2006년 10월9일)을 하자 "핵을 가지고 어느 나라를 전시적인 도발을 하려는 게 아니다", "미국의 제재와 일관된 금융압박이 하나의 원인일 수 있다"며 北을 옹호했다. 햇볕정책으로 북한이 남한의 지원을 받은 뒤 핵무기를 만들었음에도 오히려 "김대중 前 대통령이 햇볕정책을 통해 넓혀 오신 남북 간 화해협력의 큰 길이 더욱더 소중하게 느껴진다"고 말했다. 主敵(주적)인 북한을 감싸고 同盟(동맹)을 욕하며 主敵을 돕자는 주장이다.

미국이 북한의 위조지폐 제작 문제를 제기하자, 그녀는 2006년 2월13일 자신의 홈페이지에서 "미국은 6자회담의 성사 이후 모처럼 마련된 평화정착의 기운에 증거 없이 찬물을 끼얹고 있다"고 비난했다. 그녀는 북한의 僞幣 (위폐) 제작은 확인된 사실임에도 '증거 없이'라는 표현을 써가면서 미국을 비난했다. 노무현 정부 때인 2006년 韓美정보당국은 "북한이 지폐를 제조하는 곳에서 100달러 위조지폐인 슈퍼노트를 생산하고 있다"는 평가를 내렸다.

한명숙 의원은 국보법 폐지 입장을 고수해왔다. 그는 "국보법은 독재정권 유지를 위해 역사를 바로 이끌고자 하는 양심세력을 무참히 잘라냈다"(2004년 9월6일)며 2004년 10월 국보법 폐지안 공동 발의에 나섰고, 2006년 3월 24일 총리 지명 후 열린 기자회견에서도 "국보법 폐지 당론에 찬성하는 데 변함이 없다"고 말했다.

'從北 토크 콘서트' 출연 신은미와 절친한 관계

한 의원은 황선 前 민노당 부대변인과 함께 '從北 토크 콘서트'에 출연해 강제 출국된 신은미(재미교포) 부부와도 절친한 관계로 알려져 있다. 신 씨는 2014년 8월 자신의 페이스북에 "한명숙 前 국무총리님이 공무차 미국을 방문 중 짬을 내어 찾아주셨다"면서 신 씨 부부와 담소를 나누고 함께 마트에서 장을 보는 모습(사진)을 공개했다. 신 씨는 "한명숙 前 총리님께서는 나의 기행문 글귀를 외우다시피 하셨다"며 감격해 하기도 했다. 한 의원이 외우다시피 했다는 책은 신 씨가 쓴 《재미동포 아줌마 북한에 가다》이다. 이 책은 2011년부터 2013년까지 북한을 수차례 드나들면서 인터넷매체 〈오마이뉴스〉에 기고한 내용을 엮어 출간한 것이다. 이 책은 문화체육관광부(문광부)가 '우수도서'로 선정해 국공립 도서관에 배포해 문제가 되기도 했다. 비난여론이 일자 문광부는 뒤늦게 우수도서 선정을 취소했다.

신 씨의 저서는 북한 세습독재체제를 옹호·미화·선전한다는 비판을 받았다. 그녀는 자신의 저서에서 북한사회 내부 혁명 가능성에 대해 "북한 지도층과 인민들 사이의 단단한 결속력 때문에 혁명이 일어날 가능성은 제로에 가깝다"고 주장했다. 특히 김정일이 고려호텔의 초호화 식당에서 직접 요리를 했다며 찍은 사진에 대해 "대중은 요리하는 지도자의 모습을 보고 인간적 교감을 하면서 진정으로 지도자를 존경하게 되지 않을까"라고 주장, 左派성향 네티즌들 사이에서도 '황당하다'는 비판을 받았다.

18대 대선이 끝난 뒤 민주당(現 새정치민주연합) 대선평가위원회(평가위)는 2013년 4월 〈대선 패배 원인 분석과 민주당의 진로〉라는 제목의 보고서를 발표했다. 당시 평가위는 2012년 총선·대선까지 민주당 내 주요 인사들의 정치적 과오를 점수화했다. 그 결과 민주당의 前 대표였던 한명숙 의원은 76.3점으로 가장 책임이 큰 인사로 평가됐다. 이어 이해찬 前 대표가 72.3점, 박지원 前 원내대표가 67.2점, 문재인 現 새정치민주연합 대표가 66.9점으로 나타났다.

2
....

통합진보당의 친구들

①

희망 2013·승리 2012 원탁회의

北의 노동신문이 환영한 '야권연대'

새정치민주연합의 前身인 민주통합당은 19대 총선을 앞두고 2012년 3월10일 통합진보당과 함께 '범야권 공동정책 합의문'을 발표했다. 양당이 이른바 '야권연대'에 합의하자 북한은 같은 달 3월19일 〈노동신문〉을 통해 "남조선에서 력사상 처음으로 포괄적인 야권련대가 이루어졌다"면서 환영했다.

신문은 "지난해에 있은 서울시장 선거를 통해 야권련대의 중요성을 다시금 인식한 진보정당들은 국회의원선거 승리의 기본열쇠를 련대련합으로 보고 그 실현에 적극 나섰다"며 "민주통합당과 통합진보당은 가장 큰 2대 진보정당인 것만큼 이 두당의 선거련대에 대한 각계의 기대도 높았다"고 밝혔다. 이어 "한명숙은 '희망2013·승리2012 원탁회의' 등 여러 기회에 '야권련대는 민중의 명령이자 승리의 열쇠'라고 하면서 '여러 난관을 타개해나감으로써 총선 승리, 대선 승리를 넘어 새 사회를 이끌기 위한 야권련대에 매진'할 자기 당의 의지를 피력해왔다"며 "이것은 국회의원 선거 뿐 아니라 대통령선거에서의 야권련대까지 념두에 둔 발언"이라고 해석했판.

신문은 또 "남조선에서 포괄적인 야권련대가 실현됨으로써 국회의원 선거는 각 지역구들에서 진보정당후보 대 보수정당후보라는 1 대 1 대결구도가 형성되게 되었다"며 "이것은 새누리당 패거리들에게 커다란 압박감을 주고 있다"면서 총선이 이념대결이 될 것으로 전망했다.

한명숙과 이정희가 합의한 '범야권 공동정책 합의문'에는 양당의 대표 외에 제3자의 書名(서명)이 들어갔다. 바로 〈노동신문〉이 언급한 '희망2013·승리 2012 원탁회의(이하 원탁회의)' 대표들의 서명이다. 원탁회의는 2011년 7월 오종렬 한국진보연대 총회의장 등 21명의 활동가들이 19대 총선과 18대 대선 승리를 위해 조직한 운동권의 상층 통일전선체였다.

당시 원탁회의에 참여했던 인물들의 명단은 아래와 같다.

김상근(前 평통부의장), 김윤수(前 국립현대미술관장), 남윤인순(새정치민주연합 의원), 오종렬(한국진보연대 총회의장), 윤준하(6월민주포럼 대표), 문성근(국민의명령 상임고문, 前 새정치민주연합 상임최고위원), 문재인(새정치민주연합 의원, 前 노무현재단 이사장), 박석운(한국진보연대 공동대표), 박재승(前 대한변협회장), 백낙청(서울대 명예교수), 백승헌(前 희망과대안 상임공동운영위원장), 이김현숙(前 평화를만드는여성회 공동대표), 이선종(원불교 중앙중도훈련원장), 이창복(615공동선언실천남측위원회 상임대표의장), 이학영(새정치민주연합 의원), 이해찬(노무현재단 이사장, 前 새정치민주연합 대표), 이형남(민주통합시민행동 상임집행위원장), 임재경(前 한겨레신문 부사장), 청화(실천불교전국승가회 상임고문), 함세웅(천주교정의구현전국사제단 고문), 황인성(前 청와대 시민사회수석) (총21명)

통진당은 19대 총선에서 원탁회의를 발판 삼아 민주통합당으로부터 유력지역의 단일후보직을 따냈고, 총선을 거쳐 國會로 진출(13명의 의원 배출)했다. 원탁회의는 이후 18대 대선 政局(정국)에서 민주통합당의 문재인 대선후보와 안철수(무소속)의 단일화 논의에도 영향을 끼쳤다.

원탁회의의 주요 활동 전력

주요 현안	주요 활동
19대 총선	민주통합당(現 새정치민주연합)과 통합진보당의 야권연대 중재
18대 대선	민주통합당 문재인 후보와 안철수(무소속)의 후보단일화 촉구
세월호 특별법	2014년 8월11일 박영선 당시 새정치민주연합 비대위원장에게 기소권과 수사권 없는 세월호 특별법의 여야 합의를 재고해 달라는 내용의 편지 전달
통합진보당해산	▲2014년 12월9일 문희상 당시 새정치민주연합 비대위원장을 만나 통합진보당 해산 반대 요청 ▲'통합진보당 강제 해산에 따른 비상원탁회의' 구성

원탁회의 참가자인 박석운 한국진보연대 공동대표는 2012년 8월28일 '2013년 새로운 대한민국을 위한 민주진보개혁세력 공동플랫폼 구성방안' 토론회에서 통합민주당, 안철수, 진보정치 후보 등 3진영 간의 선거연합을 통한 후보단일화를 주문했다. 당시 박 공동대표는 〈대선에서의 '야권연대 선거연합' 방안과 관련하여〉라는 제목의 발제문을 통해 "(18대 대선에서 야권연대의) 전체적인 모양은 2011년 10월28일 서울시장 재보선에서의 '야권연대 선거방식'을 기준으로 여건에 맞게 수정·보완하는 정도가 아닐까 한다"고 주장했다.

박 공동대표는 구체적으로 "선거연합 논의 과정에서 가장 중요한 점이 바로 가치연합, 정책연합이 되어야 한다"고 말했다. 그러면서 그는 "'희망2012 승리 2012 원탁회의'에서 여러 야당들과 함께 발표한 '희망2013 비전 선언'과 '4·11총선 국민승리를 위한 범야권공동정책 합의문' 및 '대한민국을 변화시킬 20대 약속'의 성과를 계승하여 취지에 맞게 수정·보완 한다면, 시간 단축과 내용의 일치성이 보다 원활하게 실현가능할 것"이라고 전망했다.

박 공동대표가 언급한 '4·11총선 국민승리를 위한 범야권공동정책 합의문'은 2012년 3월 민주통합당과 통진당이 야권연대에 합의하며 작성한 것이다.

합의문의 주요 내용은 ▲韓美FTA 폐기 ▲제주해군기지 백지화 ▲국보법 폐지가 핵심이며 ▲1% 슈퍼부자 增稅 ▲반값등록금 ▲출자총액제한제도 도입 ▲순환출자 금지 등 反기업·反시장적 포퓰리즘 정책들과 원자력발전 재검토 및 무상의료·보육·급식 등 사회주의 정책들을 합의했다. 특히 6·15, 10·4선언 등 남북 정상간 합의 존중 및 상호체제 인정 등 북한의 3대 세습 인정도 못 박았다. 대한민국에는 해롭고 북한 정권과 從北세력에게는 이로운 내용들이 많았다.

원탁회의의 大權 개입

안철수(現 새정치민주연합 의원)는 2012년 11월23일 18대 대선 후보 등록을 위한 필수 서류인 범죄경력증명서를 떼고 4시간40분 지난 뒤 긴급 기자회견을 열고 후보직을 내려놓았다. 당시 안철수의 사퇴와 관련해 〈조인스닷컴〉등 복수의 언론은 원탁회의의 압박이 있었다는 주장을 제기했다. 〈조인스닷컴〉은 "트위터에서 한 때 '원탁회의가 안철수를 무릎 꿇렸다'는 말이 돌았다"면서 "여러모로 단일화 국면에서 단일화 국면에서 세 불리를 느끼고, 심리적 압박을 받았을 수 있다. 원탁회의의 움직임이 그로 하여금 '새로운 승부수'를 고민하게 만들었다"고 했다.

실제로 원탁회의는 문재인과 안철수의 단일화가 難航(난항)을 겪자 두 후보를 향해 '후보 등록일 전에 단일화라는 對국민 약속을 지키라'고 촉구했다. 당시 원탁회의는 "兩(양) 후보 모두 등록하는 것은 있을 수 없다"면서 "이번 선거의 역사적 의미나 후보들에게 주어진 책무를 떠나서라도 대선에 출마를 선언한 분들에게 국민과의 약속 이상의 중요한 가치는 없다"고 주장했다. 그러면서 "현재 원탁회의는 궁금하고 답답한 마음으로 모두 모여 兩 진영 사이의 협의 결과를 기다리고 있다"면서 "이 과정에서 국민들이 안도할 수 있는 결과를 도출하기를 기대한다"고 밝혔다.

당시 문재인 후보는 '노무현재단 前 이사장'으로 원탁회의에 참여했다. 따라서 '兩 후보 모두 등록하는 것은 있을 수 없다'는 원탁회의의 압박은 문 후보를 겨냥한 것이 아니라 안철수를 겨냥한 것이라 볼 수 있다.

원탁회의는 18대 대선을 앞두고 가진 기자회견(2012년 11월19일)에서 문재인·안철수 단일화 협상과 관련해 안철수의 민주통합당 입당까지 포함해야 한다는 의견을 내놓기도 했다. 실제로 안철수는 2013년 4월24일 실시된 국회의원 재보궐 선거에서 무소속으로 당선됐으며, 2014년 3월26일 민주통합당의 後身인 새정치민주연합을 창당하고 1기 공동대표가 됐다. 원탁회의의 주문이 그대로 실현된 것이다.

통진당 해산 不服 모임으로 변모

憲裁가 통합진보당 해산 결정을 내리자 원탁회의는 2014년 12월22일 서울 중구 프란치스코 교육회관에 모여 '憲裁 결정 不服(불복)운동'에 나설 것을 결의했다.

이날 참가자 일동은 '파괴된 민주주의, 국민의 힘으로 살려냅시다'라는 제목의 선언문을 발표하며 "헌법과 민주주의를 수호해야 할 憲裁가 도리어 헌법에 보장된 복수정당제와 정치적 다원주의에 기반한 민주주의를 파괴하는 데 앞장섰다"면서 憲裁의 통진당 해산 결정에 不服했다. 당시 원탁회의는 ▲오종렬(한국진보연대 총회의장) ▲이창복(6·15공동선언실천남측위원회 상임대표 의장) ▲김중배(前 문화방송 대표이사 사장) ▲도법(조계종 자성과쇄신 결사추진본부장) ▲인재근(새정치민주연합 의원) ▲최병모(前 민주사회를위한변호사모임 회장), ▲박순경(前 이화여대 교수) ▲이수호(前 민노총 위원장) 등 8인의 제안으로 열렸다.

반면 19대 총선 당시 원탁회의를 주도했던 김상근(목사) 前 민주평통 수석 부의장, 함세웅 천주교정의구현전국사제단 고문은 2014년 12월24일 〈조선닷컴〉과의 인터뷰에서 원탁회의 불참 입장을 밝혔다.

김상근 목사는 인터뷰에서 "원탁회의가 지금처럼 통진당 부활 등을 요구한다면 앞으로도 계속 불참할 거고, 함 신부도 같은 생각"이라고 말했다. 그는 원탁회의의 통진당 해산에 대한 不服에 대해 "국민이 동의하지 않는다"고 말했다. 통진당의 從北 문제에 대해서는 "進步정치는 從北성향 사람은 덜어내고 가야 한다"고 밝혔다.

'2012년 야권연대'와 對南 혁명론

법무부는 2014년 8월 헌법재판소에 제출한 〈통일전선전술에 따른 반미자주 대중투쟁〉이라는 제목의 준비서면에서 통진당이 북한의 對南혁명론에 따라 '의회투쟁'과 '대중투쟁'을 유기적으로 병행했는데, 2012년 총선 야권연대도 이에 따른 것이라고 분석했다.

2014년 9월10일자 인터넷 〈한겨레〉 단독보도에 따르면 법무부가 "진보진영의 주요 활동에 북한의 對南혁명론이 스며들었다고 밝혔다"면서 구체적인 사례로 ▲매향리 미군 폭격장 반대(2000년) ▲미군 장갑차 여중생 사망(2002년) ▲평택 미군기지 저지(2005~2006년) ▲맥아더 장군 동상 철거 (2005년) ▲韓美 FTA반대(2006~2007년) ▲광우병 촛불시위(2008년) ▲反이명박 투쟁(2008~2009년) ▲제주 해군기지 이전반대(2011년) 등을 꼽으며 2012년 야권연대를 포함시켰다. 법무부는 준비서면에서 "북한은 합법과 불법을 넘나드는 다양한 수단으로 '반미자주' 투쟁 전선을 만들고 중간층을 결집해 보수층을 고립시키려는 대남전략을 펼치고 있다"며 "특히 북한은 1990년대 이후 정당을 통한 혁명 전략을 활용하기 시작했다"고 분석했다.

법무부는 이 같은 판단의 근거로 북한 쪽 조직의 논평과 통진당 회의록, 북한 쪽이 민노당(통진당 前身)에 침투한 간첩조직이라는 '왕재산'에 보낸 지령 등을 들었다고 한다. 憲裁의 통진당 해산 결정문에는 법무부의 판단을 뒷받침하는 내용이 아래와 같이 적시되어 있다.

〈북한은 2011년 2월 인천지역을 거점으로 활동하던 북한 공작원들(이른바 왕재산 사건 관련자들)에게 '민주노동당이 이미 채택한 진보적 민주주의를 진보대통합당의 지도이념으로 관철시키고, 만약 진보적 민주주의라는 표현을 그대로 관철시키기 어려우면 자주, 평등, 반전평화, 민주적 변혁, 諸(제) 민족 민주세력들과의 연대연합, 부강통일국가 건설 등 진보적 민주주의 내용들이라도 기어이 관철시키라'는 내용의 지령을 내렸다. 또한 일심회 및 왕재산 조직원들에게 상설연대체 건설 등과 관련한 지령을 내리기도 하였다.〉

② 한국진보연대

左派 세력의 상설 연대체

북한은 일관되게 남조선 혁명을 추진해왔으며, 그 결실로 북한식 사회주의를 지향하는 민노당이 2000년 1월 제도권에 진입했다. 極左 성향의 NL세력이 주도하는 민주주의민족통일전국연합(전국연합, 한국진보연대의 前身) 출신의 활동가들은 2004년 6월 실시된 민노당 黨대회(제1기 지도부 선출)를 통해 黨 지도부를 장악했다.

전국연합은 2006년 한국진보연대가 출범하면서 조직을 해체했다. 공식적인 해산 시기는 2008년으로 알려져 있다. 전국연합은 吳宗烈(오종렬, 現 한국진보연대 총회의장)이 16년간 조직을 이끌었다. 오 씨는 1965년 광주사범고등학교를 거쳐 전남대학교(교육학 학사)를 졸업하고 軍복무 후 교사가 된 인물이다. 그는 1987년 전교조의 前身인 전국교사협의회(전교협) 출범에 가담했으며, 이후 전교조 출범에 주도적인 역할을 하면서 전교조 광주광역시지부 초대 지부장 등을 지냈다. 吳 씨는 전국연합의 상임의장으로 활동하며

▲2002년 효순이·미선이추모여중생범대위 ▲2004년 탄핵무효부패정치청산
범국민행동 ▲2005년 反부시국민행동, 전용철범대위, 평택범대위 ▲2005년
韓美FTA저지범국민운동본부 등의 단체에서 공동대표로 활동했다.

민주주의민족통일전국연합 부문·지역·참관단체

민주주의 민족통일 전국연합	
부문단체	전국농민회총연맹, 한국대학총학생회연합, 전국민족민주유가족협의회, 전국여성농민회총연합, 민족자주평화통일중앙회의, 한국청년단체협의회, 사월혁명회 (총7개)
지역연합	민주주의민족통일서울연합, 민주주의민족통일경기남부연합, 민주주의민족통일경기동부연합, 민주주의민족통일인천연합, 민주주의민족통일대전충남연합, 민주주의민족통일광주전남연합, 민주주의민족통일서부경남연합, 민주주의민족통일대구경북연합, 민주주의민족통일부산연합, 민주주의민족통일울산연합, 김제민주운동연합, 민주주의민족통일전주완주연합 (총12개)
참관단체	전국민주노동조합총연맹, 민주화를위한전국교수협의회, 한국민족예술인총연합, 한국노동운동협의회, 민주화실천가족운동협의회, 민족사회운동연합, 자주민주통일미주연합, 전국불교운동연합 (총8개)

(註: 전국연합의 지역조직 가운데 민주주의민족통일경기동부연합은 이석기 前 통진당 의원이 주도했다.)

전국연합의 활동은 극렬했다. 전국연합의 자료집(제15기)에 따르면 한 해
(2005년) 780번의 집회와 시위, 기자회견 등 행사를 치렀다고 기록되어 있
다. 쇠파이프, 죽창, 쇠창, 밧줄과 갈고리 등이 동원되고 지휘부의 격렬한 '선
동'이 가미되어 '폭동'으로 끝이 났다. 전국연합은 2001년 9월22~23일 충북
보람원수련원 '민족민주전선일꾼전진대회'에서 '3년의 계획, 10년의 전망 광범
위한 민족민주전선 정당건설로 자주적 민주정부 수립하여 연방통일조국 건
설하자'는 이른바 '9월 테제'(별칭 '군자산의 약속')를 채택한 바 있다. 당시 오
종렬은 "자주적 민주정부를 수립하고 연방통일조국을 실현하는 힘은 우리 위
대한 민중들에게 있지만 그들의 힘을 하나로 모으는 것은 굳건한 민족민주전
선"이라고 주장했다. 그는 또 "식민지 지배질서가 온전하고 있는 우리 사회에

서 술(전) 민중의 전면적 항쟁은 미국의 식민지배와 분단장벽을 허물고 '자주' 와 '민주', '통일'의 새 세상을 안아올 수 있는 지름길"이라며 소위 식민 지배 상태에 있는 남한을 해방, 남북연방제로 통일하자고 선동했다.

당시 대회에서 전국연합은 '낮은 단계의 연방제를 거친 후 자주적 민주정부 를 수립해 연방통일 조국을 건설할 것'을 주장했다. 구체적으로 단체는 낮은 단계 연방제에 대해 ▲평화협정 체결을 통한 주한미군철수 ▲국보법 철폐로 남 북 連帶(연대)·聯合(연합) 합법화 ▲남북 諸(제) 정당사회단체연석회의를 통한 민족통일기구 구성 등이 기초가 될 것이라고 밝혔다. 연방통일 조국 건설에 대 해서는 ▲북한의 '사회주의혁명역량'과 미국의 '제국주의세력'의 대결에서 사회 주의 혁명역량이 승리하고, 남한 내 민족민주전선역량이 '親美예속세력'의 대 결에서 민족민주전선역량이 승리한 뒤, ▲남한 내 민족민주전선역량의 反帝 鬪爭(반제투쟁)이, 북한의 '사회주의혁명역량'이 승리의 기선을 잡은 反帝戰線 (반제전선)에 加勢(가세)·結集(결집)하는 양상으로 전개될 것이라고 주장했다. "군자산의 약속을 잊지말자"는 주장은 전국연합 문건에서 흔히 발견된다. 오종 렬은 2006년 3월11일 전국연합 대의원 대회에서 "군자산의 약속을 동지들은 이 해 안에 기필코 이행할 것"이라며 "약속은 지켜야 한다. 이것이 오늘 우리가 이 자리에 선 단 하나의 이유"라고 말했다. 전국연합 출신의 활동가들은 이후 민노당을 장악했으며, 단체의 전·현직 간부들의 다수가 정치권으로 진출했다.

전국연합의 後身 한국진보연대

전국연합의 後身(후신)인 한국진보연대는 이명박 정부시절 '광우병대책회 의'를 주도했던 단체이다. 전국연합은 운동권 세력의 '단일연대체'였기 때문에 단체 산하에 지역조직이 존재했다. 통진당의 舊 당권파로 알려진 '민주주의민 족통일경기동부연합(경기동부연합)'도 전국연합의 지역조직 중 하나였다.

한국진보연대 참가단체(2015년 1월 기준)

	한국진보연대
부문과 단체	▲전국농민회총연맹, 전국빈민연합, 통합진보당, 전국여성연대, 한국청년단체협의회, 21세기한국대학생연합, 한국대학총학생회연합, 조국통일범민족연합남측본부, 기독교사회선교연대회의, 남북공동선언실천연대, 노동인권회관, 농민약국, 민가협양심수후원회, 민족문제연구소, 민족민주열사희생자추모단체연대회의, 민족자주평화통일중앙회의, 민족화합운동연합(사), 민주노동자전국회의, 민주화실천가족운동협의회, 백범정신실천겨레연합, 불교평화연대, 실천불교전국승가회, 우리민족련방제통일추진회의, 전국대학신문기자연합, 전국민주화운동유가족협의회, 전국민족민주유가족협의회, 통일광장, 평화재향군인회, 한국가톨릭농민회, 한민족생활문화연구회, 21세기코리아연구소, 615공동선언실천청년학생연대, 전국민주공무원노동조합
참관단체	전국민주노동조합총연맹, 천주교정의구현전국연합, 조국통일범민족청년학생연합남측본부
광역/시군 조직	▲경기진보연대: 경기북부진보연대, 성남평화연대, 용인진보연대, 수원진보연대, 화성희망연대, 안산진보연대/안양희망연대, 이천연대(준) ▲경남진보연합: 창원진보연합, 진해진보연합, 진주진보연합(준), 김해진보연합, 남해민중연대, 거창민중연대, 함안민중연대, 사천진보연합, 하동진보연합, 양산민중연대, 마산진보연합, 산청진보연합, 합천진보연합(참관) ▲광주전남진보연대: 순천민중연대, 목포신안민중연대, 광양진보연대, 여수진보연대, 무안민중연대, 화순진보연대, 나주진보연대, 강진진보연대 ▲전북진보연대(준), 정읍민주연합, 순창민중연대 ▲대구경북진보연대(준) ▲울산진보연대(준) ▲부산민중연대(참관)
기타	인천통일연대, 대전통일연대, 충남민주단체협의회, 원주진보연대(준)

외국어대(외대) 용인캠퍼스 운동권 출신으로 엮인 경기동부연합 활동가들은 1990년대 초반부터 성남의 청년단체에 진출해 勢(세)를 넓혔고, 그로부터 20여년 만인 지난 19대 총선에서 국회의원까지 배출했다. 경기동부연합 출신들이 활동한 대표적 성남지역 청년단체는 '터사랑청년회(1989년 창립)'가 있었다. 통진당 이석기 前 의원(외대 용인캠퍼스 82학번), 우위영(외대 용인캠퍼스 84학번, 이석기 前 의원 보좌관), 한용진 前 경기동부연합 공동의장(외대 용인캠퍼스 84학번), 김미희 前 의원(서울대 84학번) 등이 '터사랑청년회' 회원이었다.

전국연합의 뒤를 이은 한국진보연대는 강령 제1조에서 〈정치, 경제, 군사,

문화 등 모든 분야에서 미국을 비롯한 강대국의 제국주의적 지배정책에 반대하고 나라의 자주권을 쟁취하기 위해 투쟁한다〉면서 韓美상호방위조약과 주둔군지위협정(SOFA)폐지, 유엔사 해체와 작전통제권의 전면적인 환수, 韓美합동군사훈련의 폐지 및 韓美동맹청산·주한미군 철수를 주장하고 있다. 단체는 강령 제2조에서 〈反민주적 제도와 악법을 철폐하고 민중의 민주적 권리들을 확대하는 등 참다운 민주주의를 실현하기 위해 투쟁한다〉면서 국정원, 보안수사대, 기무사 해체 및 국보법 철폐, 범민련·한총련 등에 대한 利敵(이적)규정 철회 등을 주장하고 있다.

한국진보연대는 2008년 광우병 촛불집회를 주도 惡名을 떨쳤다. 당시 촛불집회를 주도했던 조직의 이름은 '광우병 위험 미국 쇠고기 전면수입을 반대하는 국민긴급대책회의(광우병대책회의)'였다. 2008년 5월 출범한 광우병대책회의는 "1600여 개 시민사회단체가 결집했다"고 주장했으나 실제로 주도한 단체는 한국진보연대였다.

광우병대책회의 대표 활동가였던 강기갑, 천영세, 오종렬, 이석행, 한상렬 등은 모두 한국진보연대 관련자들이다. 오종렬과 한상렬은 한국진보연대 공동대표였고, 강기갑과 천영세는 한국진보연대 참가단체인 민노당 소속이었다. 이석행(2012년 3월5일 민주통합당 입당) 역시 한국진보연대 참관단체인 민노총 대표로 활동했다.

한국진보연대의 창립과정

출처: 헌법재판소 통진당 해산 결정문 中

〈2003년 사회주의 가치 논쟁 이후 2004. 7. 집권전략위원회를 설치하여 논의를 계속하기로 결정하였다. 2006. 8. 최규엽을 위원장, 김영욱(경기동부연합)을 기획단장으로 하는 제2기 집권전략위원회가 출범하면서 본격적인 활동을 시작하였는데, 2008년 민주노동당 분당 시까지 한국사회 현실과 과제를 연구하고, 집권의 시기·경로·방법 등을 본격적으로 설계하였다. 제2기 집권전략위원회 출범을 전후하여 민주노동당은 집권의 방법론, 진보적 민주주의의 실현 수단으로서 상설연대체 건설을 주장하는 당내외의 논의와 관련하여 '상설연대체 토론회'를 주최하였다.

위 토론회에서 발제자인 당시 전국민중연대 정책위원장이었던 정대연(부산울산연합)은 '진보정당과 진보진영의 상설연대체는 민중의 정치세력화와 집권을 위한 무기인데, 진보정당이 집권을 하기 위하여 광범위한 진보단체들과 세력들을 하나의 연대체로 결집시켜야 하고, 민주노동당이 수권가능한 대중정당으로 발전하기 위해서 상설연대체 건설 사업에 적극 나서야 한다'고 강조하면서, 상설연대체의 강령으로 민족자주, 민중주체의 민주주의, 자주적 평화통일 등을 주장하였다. 또한 위 토론회의 자료집에는 당시 민주노동당 정책위원회 의장이었던 이용대의 "민주노동당을 중심으로 노동자, 농민, 빈민, 청년, 학생, 진보적 지식인, 종교인, 문화예술인, 시민, 여성, 장애인, 소수자 등 진보진영의 총단결체인 상설연대체를 건설하자"는 취지의 글이 참고자료로 게재되었다.

상설연대체 건설에 관한 논의는 민주노동당 외부에서도 제기되었는데, 실천연대 산하 한국민권연구소 연구위원 류옥진은 2006. 3.경 민주노동당 기관지 〈이론과 실천〉에 게재한 '다른 나라 경험을 통해 본 통일전선체 건설의 필요성'이라는 글에서, 실천연대의 정책위원장 최한욱은 2006. 5. 〈자주민보〉에 게재한 '조국통일 정세로 볼 때 연합체 건설은 최우선적 과제'라는 글에서, 한국사회의 진보적 민주주의 정권 수립과 조국통일을 위해서는 통일전선체를 건설해야 한다는 취지로 주장하였다. 위와 같이 당내외에서 자주파로 평가되는 인물들이 전국연합과 민중연대의 뒤를잇는 상설연대체의 건설을 적극적으로 주장한 반면, 민주노동당의 평등파 계열은 대체로 노동계급 중심성에 반하고, 타협적이라는 이유로 상설연대체 건설에 반대하는 입장을 표명하였다.

결과적으로 민주노동당은 2006. 10. 제6차 중앙위원회에서 재석 224명 가운데 137명 찬성으로 진보진영의 상설연대체 건설 준비위원회 참가를 의결하였고, 2007. 8.제4

차 중앙위원회에서 재석 229명 중 146명의 찬성으로 한국진보연대 가입을 의결하였으며, 2007. 9. 자주·민주·통일을 지도이념으로 한 한국진보연대가 창설되었다. 한국진보연대에는 이적단체로 인정된 실천연대, 한총련, 한국청년단체협의회(이하 '한청'이라 한다), 조국통일범민족연합남측본부, 6·15공동선언실천청년학생연대 등이 가입하였고, 정대연이 한국진보연대 정책위원장을 역임하게 되었다. 한국진보연대의 출범과정에서 민주노총은 준비위원회에 참여하였으나, 한국진보연대가 결성된 이후에는 그 가입을 유보하고 참관단체로만 남았다.〉

③
조국통일범민족연합남측본부

北 노동신문의 好評

利敵단체 조국통일범민련남측본부(범민련남측본부)는 한국진보연대 참여단체로 성명 등을 통해 "통합진보당을 지지·지원할 것이며 민주통합당과의 야권연대를 더욱 공고히 하는 데 앞장설 것(2012년 5월22일자 성명)"이라고 주장했던 단체이다.

이정희 前 통진당 대표는 범민련남측본부가 개최한 기념식에 2011년, 2012년 연속 참석해 범민련을 '동지'로 호칭하며 격려사를 했다. 이 씨는 2011년 12월18일 '범민련 결성 21돌 기념 및 양대 선거 승리 결의대회'에서 범민련에 대해 "깊은 존경의 감사를 드립니다"라며 "주한미군을 철수시키고, 조국의 평화적 통일을 완수하겠다"고 말하기도 했다.

범민련은 그동안 한국진보연대 등의 단체들과 함께 ▲국가보안법폐지국민연대(2000년) ▲이라크파병반대비상국민행동(2003년) ▲탄핵무효범국민행동(2004년) ▲평택미군기지확장저지범국민대책위(2005년) ▲광우병국민대책회

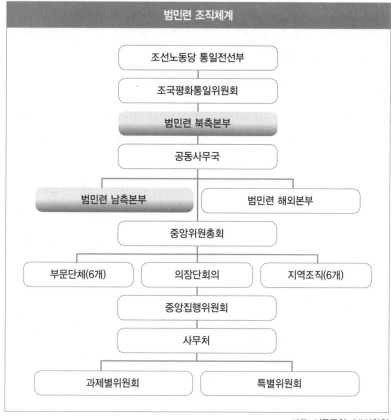

범민련 조직체계

- 조선노동당 통일전선부
- 조국평화통일위원회
- **범민련 북측본부**
- 공동사무국
- **범민련 남측본부** / 범민련 해외본부
- 중앙위원총회
- 부문단체(6개) / 의장단회의 / 지역조직(6개)
- 중앙집행위원회
- 사무처
- 과제별위원회 / 특별위원회

자료: 서울중앙지방검찰청

의(2008년) ▲국정원정치공작대선개입시국회의(2013년) 등에 참여해왔다. 북한의 〈노동신문〉은 2014년 11월20일자 기사(제목: 범민련의 애국위업은 반드시 승리할 것이다)에서 "범민련의 결성은 조국통일운동 발전의 새로운 단계를 열어놓은 특기할 사변이었다"면서 "범민련이 결성됨으로써 북과 남, 해외의 동포들을 통일애국의 기치아래 조직적으로 묶어세워 조국통일의 주체적 역량을 강화하고 전 민족적인 연대, 연합으로 조국통일운동을 더욱 힘 있게 벌려나가는데서 획기적인 전진이 이룩되게 되었다"고 밝혔다.

신문은 이어 범민련이 "6·15 공동선언과 10·4선언을 실현하기 위해 '反통일 세력'들과의 투쟁에서도 앞장섰고, 백두의 절세위인의 노선을 관철하는 데 기여했다"고 평가했다.

현재 범민련을 구성하는 세 軸(축)은 서울의 범민련남측본부, 평양의 범민련북측본부, 그리고 범민련해외본부이다. 이 가운데 범민련해외본부는 미국, 일본, 중국, 러시아, 호주, 캐나다 등지에 지역본부를 두고 있다. 각 본부와의 연락과 결정의 집행을 담당하는 공동사무국은 일본에 있다. 범민련북측본부와 해외본부는 북한 노동당의 對南전략에 따라 움직인다. 범민련해외본부는 1990년 12월16일 독일의 베를린에서 발족됐으며 在獨(재독) 음악가 윤이상이 초대 의장을 맡았다. 윤이상은 정치적으로 일관된 親北활동을 벌이며 1967년 '동백림 사건'에 연루되기도 했다. 동백림 사건은 당시 유럽에 유학했던 유학생 등을 중심으로 동백림(동베를린) 주재 북한대사관과 북한을 왕래하며 벌어진 공안사건이었다. 윤이상은 동백림 사건 이후 1995년 11월 사망 시까지 북한을 계속 오가며 親北단체에서 활동했다.

김정일의 죽음을 애도

범민련해외본부는 1992년 1월 베를린에서 일본의 東京(동경)으로 조직을 이전시켰다. 이유는 한국 내 정보가 빠르고 지리적으로 가까운 일본에서 재일한국민주통일연합(한통련) 등을 활용해 보다 적극적인 反체제 활동을 벌일 수 있기 때문이었다. 범민련해외본부가 일본으로 옮겨진 1992년 이후 남한의 일부 정치인을 비롯한 反체제 세력의 일본 내왕이 잦아졌다.

남한에서는 1991년 1월23일 범민련남측본부 결성준비위가 서울 향린교회에서 개최됐다. 당시 결성준비위에는 이○○, 김○○, 문○○ 등 준비위원 50여명이 참석했으며, 여기서 준비위원장(문익환)과 집행위원장(이창복)이 선출됐다.

준비위는 발족선언문을 통해 범민련 남한본부(범민련남측본부)를 조속히 결성, 서울에서 각각 열리는 '아시아·한반도의 평화와 비핵지대화를 위한 국제회의(1991년 6월25일)'와 '제2차 범민족대회(1991년 8월15일)'를 차질 없이 치르기로 결의했다. 그러나 경찰은 이날 전경 1개 소대를 보내 준비위 발족식에 참석하려던 문익환(목사)을 자택 연금했다.

범민련남측본부는 결성단계인 1991년 11월16일 서울고등법원에서 利敵단체로 판시됐고, 1997년 5월16일 대법원에서 다시 利敵단체로 판시됐다. 그러나 이 단체는 지금까지 명맥을 유지하면서 북한의 對南전략을 선전하는 등 反정부 활동을 이어가고 있다. 범민련남측본부는 김정일이 사망하자 2009년 12월19일 弔電(조전)의 형태를 빌어 "서거하셨다는 비보를 접하고 슬픈 마음을 금할 수 없습니다"라며 북한 동포 3백만을 아사시킨 독재자에게 애도를 표했다. 단체는 김정일에 대해 "김일성 주석께서 민족자주 정신과 민족애로 마련해 주신 조국통일 3대 헌장을 크게 빛내어주시고 우리 민족끼리 기치로 6·15통일시대를 활짝 열어 7천만 겨레의 전도에 크나 큰 업적을 남기셨습니다"라고 평가했다.

"以北 내 조국이 核을 더 많이 가져야"

범민련남측본부 초대의장은 강희남 목사로 2009년 6월6일 자신의 방에서 "이 목숨을 민족의 재단에"라고 적은 붓글씨 1장과 "지금은 민중주체의 시대다"라는 글귀로 시작되는 A4 용지 1장의 遺書(유서)를 남긴 뒤 자살했다. 그의 遺書는 "지금은 민중 주체의 시대다. 4·19와 6월 민중항쟁을 보라. 민중이 아니면 나라를 바로잡을 주체가 없다. 제2의 6월 민중항쟁으로 살인마 리명박을 내치자"는 것이 골자였다.

그는 2004년 7월29일 〈월간 COREA〉라는 인터넷 매체와 親北사이트 〈민족통신〉 등에 게재한 '탈북자 소감'이라는 제목의 글에서 "현재 覇權主義(패권주의) 세계에서는 核무기가 말을 한다. 核이 없으면 주권도 지킬 수 없다. 核은 주권이다. 以北(이북) 내 조국이 核을 더 많이 가지면 가질수록 양키들의 콧대를 꺾을 수 있다. 그 밖에는 방법이 없다"고 말했다. 같은 해 8월10일에 실린 '저 불량배 부시를 생각한다'는 글에서는 "북조선은 지금 세계 어느 나라에서도 만나볼 수 없는 정치리념과 철학이 있다"며 이렇게 주장했다.

"그것은 김일성 수령의 '永生(영생)주의'이며 또 김정일 위원장의 '先軍(선군)정치' 리념이다. 북조선이 약하고 가난한 나라로 보이지만 그들이 세계 최강 아메리카와 맞대결을 벌이고 있는 것은 정신력에 의한 것이다. 그들이 갖고 있는 몇 안 되는 미사일과 核은 그들의 정신력의 상징물이다. 核은 주권이다. 남조선과 달리 북조선은 核을 갖고 있기 때문에 주권국가로 유지해 가는 것이다. 그러므로 김일성 주석의 '영생주의'와 김정일 위원장의 '先軍정치' 리념을 높이 사지 않을 수 없다."

강 목사는 5·16이 발생하자 주민증을 찢은 뒤 40년간 참정권을 포기했다가 2002년 대선 당시 "이번 만큼은 신성한 한 표를 행사하겠다"며 주민증을 다시 만들기도 했다. 그는 1994년 김일성이 사망하자 "北에 弔問(조문)간다, 길 비켜라"는 글을 들고 실제 조문을 강행하다 문산 근처에서 체포됐다. 강 목사가 사망하자 민주당(새정치민주연합의 前身)은 아래와 같은 내용의 브리핑을 했다.

"평생을 우리 민족의 통일과 이 땅의 민주주의를 위해 헌신해 온 흰돌 강희남 목사가 영원히 떠났다. (중략) 참으로 안타깝고 비통한 마음 금할 길이 없다. (중략) 생전 당신이 몸소 실천함으로 깨우쳤던 그 가르침대로 우리는 당신이 못다 이룬 뜻을 이어갈 것이다"

새정치민주연합의 정동영 前 상임고문은 강희남이 사망하자 2009년 6월7

일 장례식장을 찾아 조문을 마친 뒤 〈뉴시스〉와 가진 인터뷰에서 "강 목사께서는 불의(不義) 앞에 불꽃같이 살다가신 분이다. 특히 민족문제를 가슴아파하고 분단의 벽을 허물기 위해 온 몸을 던졌던 분"이라고 평가했다. 그러면서 그는 "이 분이 세상을 떠나가기 전 남긴 글을 온 국민이 가슴 깊이 새겨야 할 필요가 있다. 그 숭고한 정신이 결코 헛되지 않도록 모든 사람들이 받들어야 한다"고 주장했다.

현재 범민련남측본부를 이끄는 인물은 전국민주노동조합총연맹(민노총) 부위원장 출신의 이규재(범민련남측본부 의장)이다. 이 씨는 2012년 10월 국보법 위반 혐의(특수잠입·탈출, 회합·통신)로 징역 1년·자격정지 1년의 실형을 선고받은 인물이다. 이규재 의장은 최근 범민련남측본부가 주최한 행사에서 2015년 투쟁과제를 '反수구대연합'으로 정하고 이를 위해 소위 '진보개혁세력'이 힘을 합칠 것을 결의했다. 구체적으로 그는 "힘을 합쳐 反수구대연합을 일상화하여 더 이상의 독재와 전쟁대결을 허용치 않고 민심과 시대를 6·15이행과 민주주의의 진전으로 되돌리는 것은 2015년 한 해의 중요한 과제"라고 주장했다.

범민련 출신이 작사한 '임을 위한 행진곡'

범민련 등 從北세력은 자신들이 주최한 행사에서 '호국선열' 및 '호국영령'에 대한 묵념을 생략하고 이를 대체한 '민주열사에 대한 묵념', '국민의례'를 대체한 '민중의례', '애국가'를 대체한 민중가요 '임을 위한 행진곡'을 부르면서 대한민국의 정통성을 貶毁(폄훼)하고 있다. 이 가운데 '임을 위한 행진곡'은 1980년 12월 작곡된 민중가요로 광주사태 주동자인 윤상원을 기린 노래로 알려져 있다. 백기완의 詩(제목: 묏비나리)에서 歌詞를 따와 황석영이 作詞를 하고, 김종률(1980년 대학가요제 은상 수상자)이 作曲을 했다. '임을 위한 행진곡'의 작사자인 황석영은 1989년~1991년 기간 동안 다섯 차례에 걸쳐 입북(入北)하고, 일곱 차례에 걸쳐 김일성을 만났던 인물이다. 황씨는 독일에서 체류하다 1993년 한국으로 돌아온 뒤 수감(징역 7년형)되어 1998년 대통령 특사로 풀려났다.

아래는 당시 황석영의 범민련 활동을 다룬 1993년 8월호 〈월간조선〉 보도이다.

〈黃씨가 서울을 떠난 것은 1989년 2월28일이었다. 소설 《무기의 그늘》 일본어판 출판기념회에 참석하려고 일본에 간 그는 이토 나리히코 교수와 일본 사회당 위원장 도이 다카코에게 부탁하여 3월16일 북한 '조선문학예술 총동맹' 백인준 위원장(범민련 북측 의장) 명의의 초청장을 받았다. 북경을 거쳐 3월20일 평양 순안비행장에 도착한 黃씨는 세 차례 김일성을 만났는데 한번은 文益煥씨와 함께 金日成을 만나기도 했다. 이때 金日成은 "黃동무의 소설 《장길산》을 읽어보았는데 재간이 대단하더라. 앞으로 통일의 역군이 되어 달라"는 말을 하였다 한다. (중략) 1989년 9월 독일 체류 중이던 黃씨는 북한에 있는 이모 전경숙이 사망했다는 연락을 받고 다시 평양에 갔다. 이모의 장례식과 평양에서 개최된 윤이상 음악회 등에 참석한 그는 10월 독일로 돌아왔다. 1990년 4월18일에는 黃씨의 처 김명숙씨(39)와 아들이 독일로 출국, 黃씨와 합류했다. 1990년 8월2일 그는 가족을 데리고 범민족대회의 남측대표 자격으로 세 번째로 입북하였다. 8월13일엔 백두산에서 열린 '범민족대회 개막식 겸 백두·한라 대행진 출정식'에 참가했으며 다음날엔 金日成경기장에서 열린 '범민족대회 대표단 환영 평양시 군중집회'에 참석, "조국의 허리에 채워진 철쇠의 상징고리 판문점을 넘어 대행진을 하자. 반제 자주화, 반파쇼 민주화, 조국의 평화통일 만세"라고 연설하였다.

8월15일 판문점 북측 통일각에 온 그는 "강철같이 단결하여 한줌도 안 되는 매국노와 외세를 몰아내자"라고 주장했다. 8월19일 범민련 출범식에서 대변인에 임명된 黃씨는 범민련 출범을 공식선언하였다. 그가 독일로 돌아온 것은 8월29일이었다. 1990년 12월6일 네 번째로 북한을 방문하고 1991년 1월에는 허리 디스크 치료를 명목으로 부인과 함께 다섯 번째로 북한을 방문하였다. (중략) 또 '4·15창작단'에서 집필한 金日成 80돌 기념회고록《세기와 더불어》1,2권 원고를 감수했다. 다섯 번째 입북에서 黃씨는 金日成을 두 차례 만났다. 이때 黃씨가 미국으로 가려고 한다는 것을 안 金日成은 "黃동무는 조국통일의 보배이니 미국에 가지 말고 물 좋은 조선에서 나의 회고록 집필을 도와주고 치료나 하며 살면 어떻겠느냐고"고 권유하였으나 완곡하게 거절하였다 한다.

1991년 5월 그는 4개월간의 체북(滯北)생활을 마치고 독일로 돌아왔다. 黃씨는 1991년 6월29일부터 이틀간 열린 '범민련 해외본부 의장단 회의 및 1991년도 범민족대회 준비회의'에 맞춰 독일에 있던 전대협 소속의 성용승군과 박성희양을 만나 이들을 환영하는 성명서를 발표하였다. 1991년 11월15일 미국 뉴욕으로 옮겨간 黃씨는 잠시 범민련 활동을 중단하고 6·25전쟁시의 소위 '신천대학살'을 집필하고 계간지 〈남·북·해외〉의 발간을 추진하였다.

1992년 12월 중순엔 유엔 총회에 참석하기 위해 미국에 온 북한 통일전선부 부부장 한시해로부터 미화 25만 달러(약2억원)를 받았다. 올해(1993년) 출범한 김영삼 정부가 보안법 위반사범들에 대한 특별사면을 단행하자 '민족문학작가회의' 등이 黃씨의 귀국을 추진하면서 '정부의 사전보장 없이도 귀국할 것인가' 등을 묻는 공개질의서를 黃씨에게 보냈다. 黃씨는 '남북정상회담의 물밑 대화 역할을 하고 싶다'는 식의 요지를 전해왔다고 한다. 마침내 뜻을 굳힌 黃씨는 金日成에게 '민족문학의 길에 다시 서기 위하여 귀국을 택하였다'는 요지의 편지를 보냈다 한다. 黃씨는 귀국에 앞서 북한 유엔대표부의 주동진에게 11만 달러를 돌려주었다 한다. "정전 협정은 평화협정으로 바꿔야 한다", "북한의 핵사찰 거부는 자주권의 발동이다", "나는 구시대의 유물인 보안법의 마지막 피의자가 되어야 한다"는 등의 귀국성명서를 발표하고 지난 4월27일 귀국하였다.〉

"박근혜 정부를 타도해야"

'임을 위한 행진곡'의 또 다른 작사자인 백기완은 1964년 韓日협정 반대운동에 참여한 것을 계기로 1970~1980년대 운동권에서 주도적인 역할을 했던 인물이다. 1974년 '유신헌법철폐 100만 명 서명운동'을 주도해 구속되어 이듬해 형집행정지로 석방됐다. 1979년에는 'YMCA위장결혼 사건'에 연루되어 계엄법 위반 혐의로 구속됐다. 1972~1980년 백범사상연구소 소장, 1984년 통일문제연구소 소장을 지냈으며 1992년 대선에 무소속후보로 출마했다가 낙선했다. 백 씨는 〈미디어오늘〉과의 인터뷰(2012년 5월16일자 보도)에서 아래와 같이 '임을 위한 행진곡'을 언급하며 자신이 "박근혜 정부를 타도해야 한다고 굳게 믿고 싸우는 사람"이라고 밝혔다.

〈▲백기완: "노랫말에 나오잖아. '임을 위한 행진곡'에 나오잖아. 산자여 따르라고. 내가 40㎏로 떨어져 감옥에서 죽어가면서 나는 죽지만 산자는 따르라는 거야. 그게 임을 위한 행진곡 마지막이야. 그 끔찍한 분단 악독 독재를 다 합친 것보다 이명박 분단 억압 독재가 더 악질이고 더 반동이야. 난 깜짝 놀랐어. 선거라고 하는 완만한 형식을 가지고서 나타난 정권이 이렇게 악독하고 反민주적이고 反민중적이고 反진보적인 정권이 나타나리라고는 꿈에도 몰랐어. 아무리 한나라당이라도 눈치는 볼 줄 알았는데 눈치도 안 보는 놈들이야. 이명박 정권은 타도를 해야 해. 이명박 정권의 그 잘못된 점을 그대로 이어받은 박근혜로 연장되는 정권연장 음모를 타도해야 한다고 나는 굳게 믿고 싸우고 있는 사람이야."

　△미디어오늘: 박근혜 새누리당 비상대책위원장이 당 이름도 바꾸고 우리는 과거와 단절했다고 주장하는데 박근혜 위원장과 이명박 대통령이 다르다고 보나.

　▲백기완: "거짓말이야, 똑같아. 당명을 바꿨다고 해서 정치·경제적인 여러 내용이 바뀌는 게 아니잖아. 이명박의 정치조직이었던 한나라당이 그대로 박근혜 정당으로 들어갔으니깐 이명박의 부패가 박근혜의 부패고 이명박 타도는 바로 박근혜 타도이지, 똑같은 거여."〉

　이명박 대통령 집권 시기인 2010년 5월 행정안전부(행안부)는 공무원 노조가 각종 행사에서 '국민의례' 대신 '민중의례'를 실시하고 있어 공무원의 품위를 손상시키고 있다는 지적에 따라, 이러한 행위를 금지하는 공문을 각급 기관에 통보했다. 당시 행안부는 "공무원이 주먹을 쥔 채 민중가요를 부르고 대정부 투쟁의식을 고취하는 행위는 헌법의 기본질서를 훼손하는 행위로서 국민전체에 대한 봉사자 신분인 공무원의 품위를 크게 손상시켜 국가공무원법 제63조 및 지방공무원법 제55조의 공무원 품위유지 의무에 위반된다"고 지적했다. 아울러 "정부는 나라 사랑하는 마음의 확산을 위해 각종 행사(운동경기, 시민축제 등)에서 국민의례의 시행을 권장하고 있는데, 정작 솔선수범해야 할 공무원이 국민의례 대신 민중의례를 하는 것은 공무원으로서의 기본자세에 문제"라고 밝혔다. 행안부는 이에 따라 각급기관이 소속 전 직원에게 이러한 내용을 전달하고, 민중의례를 실시하는 경우에는 관련자를 엄중 조치토록 했다.

④

6·15공동선언실천남측위원회

범민련과 유사한 左派세력의 통일전선체

6·15공동선언실천남측위원회(6·15남측위)는 2000년 6월 1차 평양회담(남북정상회담)에서 김대중 前 대통령과 김정일이 합의한 6·15선언의 이행을 촉구하기 위해 2005년 설립한 단체로 그동안 ▲국가보안법폐지국민연대 ▲광우병국민대책회의 ▲파병(이라크)반대국민행동 ▲2004탄핵무효범국민행동 ▲평택미군기지확장저지범국민대책위원회 ▲韓美FTA저지범국민운동본부 등에 참여해왔다.

6·15남측위는 利敵단체 범민련과 유사하게 南과 北(북측위원회), 그리고 해외(해외측위원회)에 각각 설치된 세 개의 위원회를 중심으로 운영되고 있다. 6·15북측위원회와 해외측위원회는 북한 정권이 직접 관리한다. 6·15남측위는 남한 내 親北세력을 중심으로 中道(중도)세력까지 참여하고 있어 전형적인 統一戰線體(통일전선체)에 해당된다.

6·15남측위 홈페이지에는 단체의 조직구성 및 임원이 공개되어 있는데 19

대 총선 당시 야권연대를 주도했던 원탁회의 소속의 백낙청 서울대 명예교수
와 김상근 前 민주평통 수석부의장이 각각 명예대표와 상임대표로 이름이 올
라 있다.

황선·신은미 주도 '從北 토크 콘서트' 주최

최근 언론이 '從北 토크 콘서트'로 규정한 황선·신은미 주도의 '평양에 다녀
온 그녀들의 통일 이야기'를 주최한 단체도 6·15남측위 산하단체이다. 6·15남
측위는 2007년 10월1일 산하 언론본부 성명을 통해 "국가보안법은 세기의 惡
法이다. 지구상 유일한 분단국가인 조선민주주의인민공화국과 대한민국의 화
해와 협력, 교류를 저해하는 反통일, 反민족 惡法"이라며 "냉전 수구 반통일
세력을 위한 국가보안법은 국제사회에서도 폐지를 촉구하는 악법"이라고 주
장했다. 단체는 또 2008년 7월11일 북한이 금강산 관광에 나섰던 남한 관광
객 박왕자 씨를 살해하자 8월18일 성명을 통해 "이명박 정부는 6자 외무장관
회동 등에서 금강산 피격사태를 對北압박용으로 사용하려 하는가 하면, 8월
중 방북 교류를 신청한 민간단체의 방북을 불허함으로써 남북관계를 과거의
대결과 반목의 시대로 되돌리고 있다"며 오히려 남한 정부를 비판했다.

김정일이 사망하자 6·15남측위는 정부가 북한에 조문단을 파견해야 한다
고 선동했다. 2011년 12월19일 성명에서 "김정일 국방위원장의 급작스런 서
거에 대해 깊은 애도의 뜻을 표한다"며 "우리는 정부의 공식적인 조의 표명을
촉구한다"고 밝혔다. 같은 해 12월21일에는 6·15남측위 산하 학술본부와 여
성본부가 북한에 弔電(조전)을 보냈다. 당시 단체는 조전에서 "자주통일과 평
화번영의 6·15통일시대에 김정일 국방위원장께서 서거하셨다는 슬픈 소식에
6·15공동선언실천남측위원회 학술본부는 충격 속에 6·15공동선언실천 북
측위원회 학술분과위원회와 북녘동포에게 심심한 조의를 표한다"고 밝혔다.

서울시, 2012년 6·15남측위 주관 행사 후원

박원순(前 6·15남측위 공동대표)의 서울시는 2012년 10월4일~12월18일 기간 동안 6·15남측위가 주관한 '2012 평화통일 사진전 그날' 행사를 후원했다.

당시 행사에는 利敵단체 '조국통일범민족연합남측본부'(범민련남측본부)를 비롯해 통진당, 한국진보연대, 민주화실천가족운동협의회, 민족자주평화통일 중앙회의, 4월혁명회, 서울통일연대, 양심수후원회, 예수살기, 전국민주노동조합총연맹(민노총), 평화통일시민행동 등의 左派단체들이 참가단체로 이름을 올렸다. 당시 통진당의 이정희 대표는 '2012 평화통일 사진전 그날' 행사의 개막식 인사말에서 "통일이냐? 분단이냐? 대답해야 할 때라고 생각한다"면서 다음과 같이 주장했다.

"10·4선언 가운데서도 가장 우리에게 실질적 변화를 가져다 줄 수 있는 내용은 장밋빛 꿈이 아니라 분단체제를 지탱시켜왔던 법과 제도의 철폐였다고 생각합니다. 국가보안법의 철폐가 우리 내부에서 힘을 가지고 다시 전개되어야만 10·4선언이 만들어 낸 장밋빛 꿈도 우리 것이 될 수 있다고 말씀드리고 싶습니다. (중략) 국가보안법 폐지할 것이냐? 아니면 존치할 것이냐? 이 질문을 다시 한 번 우리에게 던집니다. 평화와 통일로 가는 길에 많은 어려움이 있을 수 있겠지만 뚫어나가면서 12월19일을 맞고 싶습니다."

이정희의 위와 같은 주장은 당시 6·15남측위가 주관하고 범민련남측본부 등이 참여한 행사의 목적이 6·15와 10·4선언 실천, 그리고 국보법 폐지에 있었음을 단적으로 보여준다. 당시 행사와 관련해 새누리당의 심재철 의원은 2012년 10월18일 서울시 국정감사를 통해 "利敵단체가 포함된 행사에 서울시가 정무부시장 면담 후 암묵적으로 후원 명칭을 사용케 하고 논란이 되자 테이프로 후원 명칭만 가리는 등 미온적인 대응에 그쳤다"고 지적했다. 심 의원은 이어 "利敵단체 참여행사를 후원한 서울시가 국가보훈처가 추진 중인 '호

국보훈의 불꽃' 광화문 광장 설치사업을 반대해 논란이 되고 있다. 利敵단체 행사는 후원해주고 호국사업은 추진과정상 문제를 들어 반대하는 것은 국가 자치단체로서 적절한 행정으로 보기 어렵다"면서 서울시의 행태를 비판했다.

6·15남측위는 憲裁의 통진당 해산이 결정되자 2014년 12월22일 백기완 통일문제연구소장 등 在野의 左派활동가 100여명과 함께 '통합진보당 강제해산에 따른 비상원탁회의'를 열고 이른바 민주주의 회복을 위한 국민운동 조직의 결성을 결의했다. 당시 백기완 소장은 "박근혜 대통령의 독재가 우리가 피눈물로 쌓아온 민주주의를 합법이라는 이름으로 짓밟고 파괴하려고 한다"며 박근혜 정부를 '썩은 늪'에 비유했다. 이창복 6·15남측위 상임대표의장은 "憲裁가 주장한 정당해산 결정 논리도 허구일 뿐 아니라 국회의원 자격 상실도 불분명한 법적 근거로 밀고 나갔다"며 "이런 현실을 보며 '제2의 유신이 오는 게 아닌가' 걱정하게 된다"고 주장했다.

⑤
민생민주평화통일주권연대

"북한과 직접적으로 연계"

憲裁는 통진당 해산결정문에서 "진보적 민주주의를 주장하거나 지지한 사람 가운데 이석기, 이상규, 박경순, 김창현, 이의엽, 민병렬, 정대연, 장원섭 등은 '민족민주혁명당' 조직원으로 활동하였고, 최기영, 이정훈은 '일심회' 사건 관련자들이고, 김승교·최한욱·류옥진은 '실천연대(註: 6·15남북공동선언실천연대)' 사건 관련자들"이라고 摘示(적시)했다.

민생민주평화통일주권연대(민권연대)의 前身인 6·15남북공동선언실천연대(실천연대)는 2000년 10월21일 단체가 결성됐다. 이 단체는 북한의 남한 변혁 운동론인 민족해방 인민민주주의 혁명(NLPDR)에 따라 남한 사회를 美제국주의의 식민지 半자본주의 사회로 규정하고 미국을 분단을 조장하고 고착시킨 원흉으로 보았다. 그 결과 실천연대는 남한혁명의 경로를 주한미군 철수→자주적 민주정부 수립→연방제 통일실현으로 제시하고, 이를 실현하기 위해 민중을 자주적 사상, 즉 주체사상으로 의식화하는 것을 한국변혁운동의 과제로 내세웠다는 것이 공안당국의 판단이다.

憲裁는 통진당 해산 결정문에서 실천연대가 "북한 공작원으로부터 지령을 받는 등 북한과 직접적으로 연계되어 활동하여 투쟁방안이나 노선을 정하였고, 북한의 김정일과 선군정치를 노골적으로 찬양·미화하며, 북한 핵실험의 당위성을 적극 선전하였다"면서 단체의 從北的(종북적) 성향을 낱낱이 지적했다.

노무현 정권의 지원

실천연대는 그동안 ▲국가보안법폐지국민연대 ▲2004탄핵무효범국민행동 ▲파병(이라크)반대국민행동 ▲평택미군기지 확장저지범국민대책위원회 ▲광우병국민대책회의 ▲韓美FTA저지범국민운동본부 등에 참여했다. 실천연대는 노무현 정권 당시 정부의 지원을 받았다. 행정자치부(행자부)가 2006년 5월 발표한 〈2006민간단체 공익 활동지원사업 선정결과〉에 따르면 실천연대의 '한반도 평화체제 구축운동' 프로젝트는 3개년 계속 사업으로 선정되어 2008년까지 모두 1억 원을 지원받도록 결정됐다. 이후 단체는 2006년과 2007년에 걸쳐 6000만 원을 지급받았다.

실천연대는 2006년 7월27일 국회 헌정기념관에서 행자부의 지원을 받아 '한반도 평화와 남북의 통일방안'을 주제로 토론회를 개최했다.

당시 토론회의 발제자로 나섰던 실천연대 산하 한국민권연구소 상임연구위원 류옥진은 "역대 친미독재 정권은 자주·평화통일·민족대단결의 조국통일 3대 원칙을 부정하는 통일방안을 세웠다", "남한에서의 해방이라는 것은 日帝가 美帝로, 일장기가 성조기로, 일본군이 주한미군으로 바뀐 것 그 이상도 이하도 아니었다", "통일은 민족을 분단시킨 外勢(외세)와 그 주구인 민족반역세력과의 투쟁을 통한 문제"라고 주장했다. 류 씨는 북한의 한반도 공산화 통일방안인 고려연방제에 대해 "고려연방제 통일방안은 남북 간의 차이를 존중하고, 통일의 실현가능성을 있게 해준다는 점에서 의미 있는 통일방안이다"며 "북한은 외세의 간섭 없이 자주적으로 통일하는 문제를 일관된 정책으로 제시했고, 남북 상호 차이를 존중하는 것을 기본전제로 통일정책을 유지해왔다"고 말했다. 류 씨는 "2000년 6월15일 발표된 남북공동선언은 조국의 통일을 염원하는 숲(전) 민족에게 통일의 서광을 밝혀주는 등불 이었다"며 "이 정신에 따른 연합연방제 통일방안은 분단 반세기를 통틀어 가장 합리적이고, 공명정대하며, 현실적이고, 과학적인 통일방안"이라고 평가했다.

대법원이 밝힌 실천연대의 利敵 활동

대법원은 2010년 7월 실천연대를 국보법상 利敵단체로 규정했다. 재판부는 당시 판결문을 통해 "실천연대가 표면적으로 정식 사회단체로 관청에 등록해 정부 보조금을 지원받은 적이 있더라도, 실질은 反국가단체로서 북한의 활동을 찬양·고무·선전·동조하는 것을 목적으로 삼았고, 실제 활동도 국가의 존립·안전과 자유민주적 기본질서에 실질적 해악을 끼칠 위험성이 있어 利敵단체에 해당한다"고 판시했다.

재판부는 실천연대 간부가 소지했던 2008년 실천연대 정기 대의원 대회 자료집 등에 대해 "북한의 선군정치, 주체사상 등을 찬양·고무하는 내용으로 표현의 자유를 넘어서 자유민주적 기본질서를 위협해 利敵표현물에 해당한다"고 밝혔다.

공안당국의 수사결과에 따르면 실천연대의 조직발전위원장 강 모씨의 경우 2004년 12월 중국 북경에서 북한의 민화협 사무소장 이창덕과 만나 지령을 받았던 것으로 밝혀졌다. 지령의 주요 내용은 ▲6·15 공동준비위원회 구성 ▲김일성을 본받아 大衆(대중) 속에서 활동할 것 ▲김정일 정권과 북한 인권 문제를 비판한 김영삼 前 대통령과 황장엽 前 북한 노동당 국제담당 비서를 응징하고 탈북자단체 활동을 중지시킬 것 등이었다. 이후 김 씨는 북한의 지령을 서울 등 7개 지역조직에 배포했고, 실천연대는 이에 따라 강령을 개정하고 북한의 지령을 실천했다. 이와 함께 부설기관인 ▲한국민권연구소 ▲ 6·15출판사 ▲6·15학원 ▲6·15TV 등을 통해 북한의 핵 보유 및 김정일의 업적을 알리는 선전활동을 전개했다.

'실천연대'에서 '민권연대'로 명칭 변경

실천연대는 대법원에 의해 利敵단체로 규정된 후 2010년 민생민주평화통일주권연대(민권연대)로 단체명을 바꿔 활동을 이어가고 있다. 현재 민권연대를 주도하는 인물은 조국통일범민족청년학생연합(범청학련) 의장 출신의 윤기진(민권연대 공동의장)이다. 윤 씨는 최근 '從北 토크 콘서트'로 논란을 빚었던 황선 前 민노당 부대변인의 남편이다. 윤 씨는 2008년 국보법 위반 혐의로 징역3년형을 선고받았다.

그는 2008년 7월21일 법정에서 최후 진술서를 통해 '김일성 만세를 주장할 수 있어야 자유민주주의 국가라고 할 수 있다'는 내용이 담긴 김수영(詩人)의 '金日成萬世'라는 제목의 詩를 거론하며 "이를 전적으로 공감한다"고 주장했다.

윤 씨는 수배기간 중인 2007년 10월 인터넷 홈페이지(범청학련남측본부)를 통해 김일성의 유훈에 대한 자신의 생각을 밝히기도 했다. 그는 노무현·김정일이 주도한 10·4선언을 "김일성 주석의 조국통일유훈을 관철하려는 김정일 국방위원장의 강한 통일의지의 산물"로 평가했다. 이와 함께 그는 1994년 김일성이 사망한 것을 "민족전체에게도 안타까운 비보"라며 94년부터 2000년까지의 기간을 "지금과 같은 6·15 시대에는 감히 상상하지 못할 만큼의 무겁고 어두운 반통일의 기운이 한반도를 뒤덮고 있었던 시기였다"고 평가했다. 그는 또 "이 기간에 김정일 국방위원장이 이른바 '선군정치'로 헤쳐 나갔다"

고 주장했다. 윤 씨의 북한 정권 찬양은 1996년 11월24일에 김정일이 했다는 '결심'에 대한 조명으로 이어졌다. 당시 판문점 시찰을 나온 김정일이 그곳에 있는 김일성의 親筆(친필) 서명을 보고 '김일성 주석의 조국통일유훈을 관철하기 위해서 노력할 것'을 결심했다는 것이다. 그리고 당시 결심을 바탕으로 6·15선언과 10·4선언이 나올 수 있었다는 것이 윤 씨의 주장이었다.

18대 대선 앞두고 左派집권 활동, 이후 부정선거 주장

민권연대는 단체 결성 직후부터 대학생을 대상으로 개최한 강연회에서 '북한 바로 알기'라는 명목으로 의식화 교육을 진행했다. 또 2011년 9월2일에는 從北진영의 '새로운 통합진보정당 추진위원회(새통추)' 결성 움직임과 관련해 "진보적 정권교체와 한반도의 화해와 평화, 통일을 실현하는 길에 모든 노력을 다할 것"이라고 밝혔다. 이와 관련 〈월간조선〉은 2014년 4월호에서 公安당국이 통진당 창당 당시 민권연대 관계자들이 대거 참여한 것으로 보고 있다는 내용의 기사를 보도하기도 했다.

민권연대는 18대 대선을 앞두고 2012년 한 해 동안 '左派 집권'에 중점을 뒀다. 일례로 단체는 2012년 1월~7월 기간 동안 ▲2012 대학생 겨울 워크샵(덕성여대, 1월14~15일) ▲2012 통일캠프(전남대 수련원, 7월17~19일) ▲8·15 통일대행진단 발족식(덕성여대, 7월31일) 등의 행사를 열었다. 같은 해 10월에는 ▲6·15언론본부 ▲'6·15, 10·4선언 완수를 위한 민족·민주운동의 당면과제' 토론회를 개최하고 '야권연대 실현', '정권교체', '6·15, 10·4선언 이행하는 자주통일 평화번영 거국정권 창출' 등을 결의했다.

그러나 민권연대의 방향과 달리 18대 대선에서 左派 집권이 실패하자 從北단체 가운데 가장 먼저 '2013년 투쟁과제'를 내놓기도 했다. 민권연대는 18대 대선 전날인 2012년 12월18일 '긴급호소문: 부정선거를 철저히 대비해야 한다'는 제목의 성명을 발표했다. 민권연대는 당시 성명에서 "이번 대선에서 벌써부터 과건, 탈법, 불법 부정선거 의혹들이 쏟아지고 있다", "재외국민투표에서 발생한 탈법·불법 행태도 매우 심각하다", "부재자 투표 역시 심상치 않다"면서 수사당국에 의해 확인되지도 않은 여러 의혹들을 제기했다. 선거 이후인 2012년 12월29일 발표한 성명의 경우 제목을 '18대 대통령 선거를 마치고 나서: 총체적 여론조작, 부정의혹 선거를 박차고 국민주권, 자주통일 실현으로 내달리자'라며 부정선거 의혹을 공론화하려는 의도가 명백한 글을 단체 이름으로 발표했다.

민권연대는 이후 2013년 1월9일 국회 정문 앞에서 '대선개입 부정선거의혹 국정원게이트 국정조사 청문회 촉구 기자회견'까지 열었다. 당시 단체는 그동안 사용했던 '부정선거 의혹'을 '부정선거 사건'으로 용어를 교체한 뒤, "최근 경찰조사에서 밝혀진 사실관계만으로도 대통령 탄핵사유가 될 정도의 심각한 사건"이라며 "국정원 대선개입 부정선거의혹에 대해 국정조사를 실시하고 청문회도 소집해서 진상을 규명해야 한다"고 주장했다. 민권연대는 2013년 1월14일 발표한 〈2013 정국전망과 진보진영의 과제〉라는 제목의 문건을 통해 "박근혜의 당선으로 이제 민심의 대폭발은 피할 수 없게 되었다"면서 "진보진영은 박근혜 집권초기부터 공세적으로 투쟁의 파고를 높여 나가며 광범위한 反朴(반박), 反새누리 전선을 형성해 민중의 힘으로 진보의 새 시대를 활짝 열어 나가야 한다"고 주장했다.

문건은 특히 통진당의 강화를 역설했다. 구체적으로 "진보당의 조직력, 위기극복능력은 대격변의 시대에 더욱 빛을 발하게 될 것"이라며 "진보의 새 시대를 주도해 나가기 위해서는 무엇보다도 민중 중심의 관점을 철저히 확립해야 한다"고 주장했다. 단체는 이를 위해 통진당으로 하여금 ▲정책수립 능력의 전면적 개선 ▲정책선전사업의 연구·개발 확대 ▲대중정치사업 능력의 재고 ▲黨조직력 및 대중기반 강화 등에 주력할 것을 요구했다.

문건은 이어 통진당의 대중기반 강화를 위해 국내 최대 노동계 단체인 민노총과 함께 전국농민회총연맹(전농)과 한국대학생연합(한대련) 등의 단체와 결합력을 높여나갈 것을 촉구했다. 구체적인 단기 과제로 '非정규직 투쟁'과 함께 18대 대선관련 '부정선거 진상규명 투쟁'을 "민중의 앞장에서 힘 있게 벌여나가면서 정국주도력을 구축해야 한다"고 주장했다. 장기 과제로는 從北진영의 통일전선체로서 기존의 '한국진보연대'와 '민중의 힘'을 뛰어넘는 새로운 연대체의 구성을 내걸었다. 문건은 "이제 진보의 열정을 한데 총폭발시켜 자주, 민주, 통일의 시대로 거침없이 달려 나가자! 필승의 신념을 안고 진보의 시대로 힘차게 솟구쳐 오르자"고 선동했다.

민권연대는 2015년 현재 ▲국정원 댓글 의혹 확산 ▲이석기 내란음모 사건 옹호 ▲憲裁의 통진당 해산심판 전면 무효 ▲신은미·황선의 從北 토크 콘서트 선전 등을 주제로 대한민국 흔들기에 주력하고 있다. 민권연대는 헌법재판소가 통진당 해산을 결정하자 2014년 12월26일 광화문 광장에서 기자회견을 열고 "민주주의를 지키기 위해 모든 국민과 각계각층이 모여 박근혜 정권과 맞서야 한다"고 선동했다. 단체는 "통합진보당이 국민에게 어떤 모습으로 비춰졌든지 그 판단은 국민이 하는 것"이라고 주장했다. 그러면서 "촛불 시위나 1인 시위라도 좋다. 1987년 6월 그때처럼 거리에서, 직장에서, 가정에서 민주주의 수호를 위해 나서자"고 선동했다.

6

자주통일과 민주주의를 위한 코리아연대

'조선노동당 중부지역당 사건' 연루자가 공동 대표

자주통일과민주주의를위한코리아연대(코리아연대, 2011년 창립)는 대한민국의 영어 국명인 '코리아(Korea)'를 북한과 從北세력이 주장하는 'Corea'로 부르는 단체이다. 利敵단체 범민련남측본부 부의장 출신의 박창균(2012년 3월 사망)이 이 단체의 상임대표로 활동했다. 박창균은 함경북도 무산 출신으로 ▲범민련남측본부 부의장 및 감사(1998년) ▲우리민족연방제통일추진회의 결성 주도 및 상임고문(2003년) ▲민노당 노년위원회 위원장(2007~2010년) ▲한국진보연대 고문(2012년) 등을 지냈다.

코리아연대는 홈페이지 소개문을 통해 산하 가입단체들을 소개하고 있다. 구체적으로 21세기코리아연구소(소장 조덕원, 수석연구위원 황혜로), 서울민주아카이브, 대안경제센터, 노동연대실천단, 충남성평등교육문화센터 등의 단체들이 코리아연대 가입단체인데 이들 단체 대표들이 코리아연대의 공동대표를 맡고 있다.

조덕원 21세기코리아연구소 소장은 '남한 조선노동당 중부지역당' 사건 (1992년) 연루자이다. 남한 조선노동당 중부지역당 사건은 간첩 이선실의 지휘 하에 공단 및 사무직 근로자들을 포섭, 무장 세력화하고 ▲학원·노동·언론·문화계 조직원 침투 ▲북한 지령 수수 및 對北보고 ▲김일성·김정일 찬양 유인물 등을 제작한 혐의로 공안당국에 적발된 대규모 공안사건이었다. 조 씨는 이 사건으로 징역형을 선고받고 1999년 특사로 풀려났다. 조 씨는 프랑스에 머물면서 해외에서 벌어지는 각종 從北 행사를 주도해온 것으로 공안당국은 파악하고 있다. 일례로 21세기코리아연구소는 '파리국제정책포럼'이라는 이름으로 외국 사회주의 학자들까지 참여하는 학술대회를 주관하기도 했다.

공동대표 황혜로, 한총련 대표자격으로 밀입북

2008년 행사에는 조덕원을 비롯해 한호석 前 민노당 미국동부지역위원회 위원장, 강희남 利敵단체 범민련남측본부 前 의장 등이 참석했다. 憲裁의 통진당 해산 결정문에 따르면 조덕원은 민노당과 통진당 외곽에서 '진보적 민주주의'를 강령에 삽입하는데 주요 역할을 담당했던 것으로 아래와 같이 알려져 있다.

〈한국진보연대 가입 단체인 21세기코리아연구소가 작성한 '2004년 새해 열 가지 질문과 열 가지 대답'이라는 글 및 그 연구소 소장인 조덕원이 2004. 6. '민족민주운동 토론회'에서 발표한 글에서, 민주노동당이 자민통(자주·민주·통일)을 지향하는 대규모 민족민주전선을 형성하는 데서 결정적 역할을 담당해야 한다고 하면서, 민주노동당은 강령으로 정립해야 한다고 주장하였다.〉

코리아연대 공동대표인 황혜로 21세기코리아연구소 수석연구위원은 연세대 재학 중(1999년) 利敵단체 한국대학총학생회연합(한총련) 대표 자격으로

8·15범민족통일대축전 참가를 위해 밀입북했다가 국보법 위반 혐의로 실형을 선고받아 2년6월을 복역하고 2002년 3월 출소했다. 황 씨는 2004년 민노당 최고위원 후보로 출마하기도 했는데, 같은 해 5월18일 '황혜로가 5만 당원에게 약속드리는 3대 제안과 핵심공약 발표'를 통해 소위 '민족통일기구 촉진을 위한 대민족회의 추진기구'를 구성할 것을 제안하기도 했다. 당시 황 씨는 이 제안을 통해 "5년 전 조국통일을 위한 분단의 사선을 넘은 바 있는 저 황혜로는 이후 특사자격이든 대표단 동행이든 대규모 방북단 동행이든 민주노동당과 함께 민족의 숙원인 조국통일을 이룩하기 위한 모든 활동에서 선도적으로 활동할 것을 오늘 5만 당원들과 국민들 앞에서 엄숙히 밝힌다"고 말해 과거 자신의 밀입북을 정당화했다. 황 씨는 또 "모든 최고위원 후보들에게 민중연대투쟁의 선봉에 설 것을 결의하도록 제안한다"면서 그 기본내용으로 ▲이라크파병철회와 주한미군철수 운동 ▲국보법 철폐운동 ▲민중생존권 쟁취운동 ▲6·15공동선언 실천운동 ▲한총련 利敵규정 철폐 등을 제안했다.

유럽 등 해외에서 反대한민국 활동

황 씨는 이후 프랑스로 거처를 옮겨 유럽 내 左派단체들과 연대, 각종 토론회 등에 참석해왔다. 일례로 2009년 6월에는 민노당 유럽위원회 정책부장 자격으로 '6·15공동선언 9돌 기념 민노당 유럽위원회와 독일 좌파당의 합동정세토론회'에 참석해 〈조선의 인공위성발사와 코리아의 통일정세〉를 주제로 발제를 했다.

당시 토론회에는 김성수 민노당 유럽위원회 정책자문단장, 선경석 민노당 유럽위 자주통일위원, 조덕원 21세기코리아연구소 소장, 이미숙 민노당유럽위원회 사무국장 등의 인사들이 참석했었다.

황혜로는 김정일이 2011년 12월17일 사망하자 같은 해 12월 김정일 弔問

(조문) 명목으로 또 다시 밀입북을 감행했다. 당시 북한의 〈조선중앙통신〉은 2014년 12월28일자 보도를 통해 "김정일 동지의 영전에 27일 남조선의 자주통일과 민주주의를 위한 코리아연대 공동대표 황혜로가 조의를 표시하였다"며 "공동대표는 김정일 동지의 영전에 가장 경건한 마음으로 묵상하였으며 그이의 영구를 돌아보았다"고 밝혔다. 황 씨는 당시 조의록에 "민족의 화해와 단합, 조국의 통일을 위하여 헌신하신 김정일 국방위원장님의 명복을 삼가 비옵니다'고 썼다고 〈조선중앙통신〉은 전했다.

코리아연대는 憲裁가 통진당의 해산을 결정하자 2014년 12월19일 성명을 내고 "대선 부정으로 박근혜 정권을 낳은 이명박 前 대통령이 임명한 헌재재판관들을 비롯, 수구보수적인 시녀들은 헌법정신을 위배하는 위헌재판을 벌이며 헌법의 주인인 국민들을 배신하였다"고 주장했다. 단체는 이어 "민주주의가 유린된 곳에서 파쇼의 독버섯이 자라고 진보정당이 파괴된 후에는 개혁정당마저 온전할 수 없다"며 "이 땅의 민주주의를 지키려는 모든 이들은 이제 박근혜 독재 정권을 해산시키기 위한 정의로운 항쟁에 한사람처럼 떨쳐나서야 한다"고 선동했다.

서울지방경찰청 보안2과는 2012년 12월22일 서울 마포구 성산동에 위치한 코리아연대 사무실과 회원 9명의 주거지 등을 북한의 선군정치 옹호 및 찬양 혐의(국보법 위반) 등으로 압수수색했다. 공안당국은 코리아연대가 利敵단체인 우리민족연방제통일추진회의(연방통추), 범민련남측본부 등과 연대해 연방제 통일과 국보법 철폐 투쟁을 벌였으며, 해외 소재 親北단체와 공조해 국내 左傾인사들의 利敵행위 등을 지원한 혐의도 함께 파악한 것으로 알려졌다. 공안당국은 독일과 프랑스에도 코리아연대와 연계된 단체들이 다수 있으며, 이들 단체가 反정부 시위를 주도하거나 여론몰이를 한 사실 등을 포착한 것으로 알려졌다.

7

전국민주노동조합총연맹

국보법 철폐·주한미군 철수·평화체제 실현 주장

한국진보연대 참관단체인 전국민주노동조합총연맹(민노총)은 조합원 수 70만 명의 국내최대 노동 단체이다. 통진당(2011년 12월6일 창당)의 前身은 민노당(2000년 1월30일 창당)이며 민노당의 前身은 권영길 민노총 초대 위원장이 주도했던 '국민승리21(1997년 창당)'이다. 2007년 대선 당시 민노당 대선 주자였던 권영길은 같은 해 7월7일 광주·전남 연설에서 "다 알듯이 나는 빨치산의 아들이다. 1997년 〈조선일보〉 인터뷰 때, 빨치산의 아들이라고 말하지 못했다. 山(산)사람이었다. 이렇게 말했다. 왜 그랬을까, 누가 이렇게 만들었느냐"면서 부친의 전력을 공개했다. 당시 그는 "목숨 빼앗기는 것을 알면서도, 목숨을 던졌던 통일인사들 덕분에, 지금의 권영길이 있다"며 "그분들은 나의 생명을 지켜주었다. 내가 보답할 것은 오직 하나다. 자주·민주·통일 세상을 만드는 것"이라고 말했다.

권 씨는 서울대 農大(농대) 재학 중 反정부 비밀 서클 활동을 했다. 그는

2008년 2월28일 〈경향신문〉과의 인터뷰에서 "'박정희 대통령 제거 활동조직' 을 했었다. 1960년대 말 민주화에 대한 갈망을 가진 몇몇 기자들을 중심으로 모임을 결성했으며, 나중에 陸士(육사)를 나온 중령·대령 등 현역 군인들과 연결이 돼 (1972년 10월) 維新(유신)이 된 다음에 활동을 본격화했다"고 말했다. 권영길은 "박정희 前 대통령은 용납할 수 없는 독재자라고 규정된 것이고, 무엇보다 가장 중요한 것은 維新정권의 타도라는 생각을 했다"면서 자신의 행위를 정당화했다.

민노총은 그동안 ▲국가보안법폐지국민연대(2000년) ▲이라크파병반대비상국민행동(2003년) ▲탄핵무효범국민행동(2004년) ▲광우병국민대책회의(2008년) ▲평택미군기지확장저지범국민대책위(2005년) ▲韓美FTA저지범국민운동본부(2012년) ▲국정원정치공작대선개입시국회의(2013년) 등에 참여해왔다. 민노총은 단체 선언문에서 "우리는 민주노총의 깃발을 높이 들고 자주·민주·통일·연대의 원칙 아래 뜨거운 동지애로 굳게 뭉쳐 노동자의 정치, 경제, 사회적 지위를 향상하고, (중략) 통일조국, 민주사회 건설의 그 날까지 힘차게 투쟁할 것을 선언한다"고 밝히고 있다.

그러나 실제 민노총의 활동은 폭력적 노사분규와 함께 국보법 철폐, 주한미군철수, 평화체제 실현 등으로 대한민국 정통성과 이념적 정체성을 훼손시키는 데 집중되어 왔다. 구체적으로 노동부가 2008년 한 해 동안 발생한 노사분규를 분석한 결과, 노사분규 80건 가운데 95%인 76건이 민노총 사업장에서 발생했으며, 한국노총 사업장에서 발생한 노사분규는 4건에 그쳤던 것으로 나타났다.

이 가운데 민노총 산하 금속노조 사업장에서 발생한 노사분규가 44건(55%)으로 전체 노사분규의 절반을 차지했다. 업종별로는 자동차 및 부품, 기계, 화학 등 제조업이 53건(66%)을 차지했고, 외국인 투자기업의 경우 전체 노사분규 17건 모두 민노총 소속이었으며, 이 가운데 금속노조가 13건을 차지했다.

"親北左派세력이여 단결하자"

민노총 위원장 출신의 이수호(前 민노당 최고위원)는 전교조 위원장 재임 (2001년 1월~2002년 12월) 시절 反대한민국적 색채가 짙은 《이 겨레 살리는 통일》이라는 제목의 교육 지침서를 발간해 시중에 유통까지 시켰던 인물이다.

통일부는 2004년 4월에 작성한 〈전교조 통일 교육교재 검토결과 및 조치계획〉에서 《이 겨레 살리는 통일》에 대해 "북한 중심 및 反외세적 시각을 바탕으로 정부의 통일교육 방향과 배치되는, 객관성과 균형성이 부족한 기술이 다수 존재, 교육부 및 시도 교육청은 각 급 학교에서 통일교육 교재로 활용되지 않도록 조치해야 한다"고 지적했다.

당시 교육부는 이 같은 통일부 검토결과에 따라 교육청을 통해 전교조 교재의 활용을 제한토록 조치했다. 교육부는 또 2002년 6월 장관 보고용으로 작성된 〈교원노조 활동실태 및 대책〉에서 학생들의 학습권 침해 사례로 《이 겨레 살리는 통일》을 꼽기도 했다. 《이 겨레 살리는 통일》은 노무현 집권 시절까지만 해도 일반 서점에서 손쉽게 구입이 가능했다.

이 교재의 주요 내용을 요약하면 아래와 같다.

▲남북한 체제 우열을 비교하지 마라, 남북한 경제를 비교하지 마라, 경제보다 더욱 중요한 것이 '평화'라는 것을 가르쳐라 ▲북한을 남한 입장에서 보지 말고 북한 입장에서 보는 방법을 반복 교육하라 ▲통일반, 통일연구반, 통일시사반, 통일사랑방, 민족사랑방 등 다양한 통일 클럽을 만들어 토론을 시켜라 ▲통일연극반을 만들고 공연하며 감상문을 쓰게 하라 ▲국가안보보다 더 중요한 것은 인간안보(개인안보)다. 국가안보보다 더 중요한 것은 '삶의 질'이다 ▲국가안보라는 이름으로 생명과 인권이 짓밟힌다면 국가안보가 국민에게 무슨 의미가 있겠는가 ▲보도연맹, 노근리, 매향리, 국가보안

법 등은 개인의 삶의 질을 파괴했다 ▲놀이방법을 개발하라, 176쪽에 윷놀이 판이 제시돼 있다 ▲'화해'와 '평화'에는 '한 번 더'를, '냉전의식'에는 '한번 쉼'을, '외세'에는 '처음부터'로 룰을 정하라 ▲운동장에 선을 그어 두 편으로 나눠라, 공격 팀은 '통일'이고, 수비팀은 '외세'로 하라 ▲'통일사랑방', '통일캠프', '통일수련회'를 열어 통일에 대해 능숙하게 말할 수 있도록 발표력을 길러 주라.

이수호는 2007년 2월5일 민노당 홈페이지에 '친북좌파세력이여 단결하자'는 제목의 글을 통해 아래와 같이 주장했다.

"민족의 숙원인 통일을 앞당기기 위해 충심으로 애쓰는 모든 이들은 친북세력이다. 자본이나 부당한 권력에 짓밟힌 노동자나 민중, 그와 함께하고 그 편을 드는 자 모두 좌파 세력이다. 친북, 좌파 세력의 조직이 전교조요 민주노총이다. 친북, 좌파 정치세력이 민주노동당이다. (중략) 민주노동당을 강화하고 함께하는 길만이 우리 정치와 사회의 희망이다. 당과 민주노총은 한 몸임을 명심하고 함께 힘차게 대선투쟁에 나서야 한다. 그 길에 새 지도부가 당당하게 앞장서주기 바란다."

이 씨는 통진당이 해산되자 정동영 前 새정치민주연합 상임고문, 김세균 서울대 명예교수 등 소위 진보인사 100여명과 함께 2014년 12월24일 '국민의 눈물을 닦아 줄 수 있는 새로운 정치세력의 건설을 촉구하는 국민모임'에 참여했다.

민주당 당원이 된 이석행 前 민노총 위원장

2007년 7월22일 이석행 당시 민노총 위원장은 '7·22 임진각 평화협정체결 주한미군철수 촉구 민주노총 결의대회' 대회사를 통해 "정전협정에는 분명히 외국군 철수가 명시되어 있건만, 주한미군은 아직까지도 제 나라로 돌아갈 생각은커녕 여전히 이 땅의 주인행세를 하고 있다"면서 주한미군 철수를 주장했다.

그는 또 "'너희는 조금씩 갉아먹지만 우리는 한꺼번에 되찾으리라'라는 우리 노동자들의 노래 가사처럼 허울 좋은 유엔사나 침략적 韓美예속동맹, 韓美FTA, 국가보안법, 非정규악법 등 우리 노동자민중들의 생존권을 유린하고 민족의 자주적 평화통일을 가로막는 온갖 장애물들을 한꺼번에 날려버리도록 하자"고 선동했다.

민노총은 이날 결의문을 통해 '주한미군 철수', '유엔사 해체', '국보법 폐지', '친미사대매국 여야 정치인들의 전면 물갈이' 등을 주장하며 "우리 민주노총 노동자들은 오늘 임진각에서 하나의 민족, 하나의 나라, 하나의 조국을 향한 유일한 현실적 평화통일 방안인 연합·연방제안의 합의확산으로 기필코 빠른 시일 내에 자주통일을 실현하는데 앞장설 것을 다짐한다"고 밝혔다.

민노총은 한국진보연대와 함께 2008년 광우병국민대책회의에도 적극적으로 참여했다. 당시 이석행 민노총 위원장은 같은 해 1월10일 신년 기자간담회에서 "새 정부가 노동계를 무시하고 계속 탄압할 경우 국가 신인도를 확 떨어뜨릴 수 있는 총파업 투쟁을 벌이겠다"고 말했다.

그는 "새 정부와 언제든지 대화할 용의가 있지만 '비즈니스 프렌들리(business friendly)'를 강조하는 차기정부가 계속해서 노동계를 무시하고 탄압한다면 전기·가스를 끊고 기차와 항공기를 멈추는 총파업 투쟁으로 맞서겠다"고 주장했다.

이석행을 포함한 민노총 조합원 1000여 명은 2012년 3월5일 민주당(現 새정치민주연합)에 입당했다. 이 씨는 이날 국회에서 기자회견을 열고 "노동자들을 위해 내가 활동할 수 있는 폭넓은 곳이 어디인가를 고민했다"며 입당 이유를 설명했다. 그는 "혼자 온 게 아니고 조합원 1000여 명의 입당 원서와 1만 5000여 명의 지지서명을 받아왔다"고 밝혔다.

"민중해방의 일관성만큼은 지켜야"

2015년 현재 민노총의 변화는 전혀 감지되지 않고 있다. 2008년 광우병 국민대책회의를 통해 촛불집회를 주도했던 오종렬 한국진보연대 총회의장은 2015년 1월23일 〈노동과 세계〉와 가진 인터뷰에서 민노총 신임 지도부에게 다음과 같은 말을 남겼다.

"노동조합 동지들도 많은 이들이 한꺼번에 지지하지는 않더라도 진실을 그대로 밀고 나가면 결국 민중이 협력하고 합력할 겁니다. 내가 실제 경험을 했고, 작년 재작년 전교조도 그걸 겪었으니 (민주노총도) 그렇게 하면 좋겠어요. (중략) 우리가 일관성 있게 가야 됩니다. 환경의 변화에 따라 전술은 여우처럼 할 수 있지만 민중해방의 일관성만큼은 총지휘부의 심장이 뛰는 동안은 지켜야 합니다."

이영주 민노총 사무총장은 이날 오 씨를 만난자리에서 "(법외노조화에 맞선 투쟁을) 계기로 전교조가 성장했습니다. 최근 2년 간 對정권 투쟁을 한 유일한 조직은 전교조였고 이제 그 전선은 민주노총이 돼야 한다고 봐요. 박근혜 정권에 맞짱을 뜨는 총파업을 준비하고 있고요, 4월에 1차 총파업을 하려고 합니다"라고 말했다.

민노총은 憲裁가 2014년 12월19일 통진당의 해산을 결정하자 같은 날 '사법 쿠데타의 강제해산, 이것이 민주주의인가!'라는 제목의 성명을 발표하고 "2012년 12월19일 대한민국 민주주의가 해산당했다. 배후는 종북몰이 마녀사냥에 기생해 온 박근혜 정권이고, 종북타령에 칼 춤을 춘 것은 헌법재판소였다"고 주장했다.

단체는 이어 "오늘의 사태에서 멈추지 않을 민주주의의 역사는 박근혜 정권을 대한민국 민주주의를 유린한 독재자, 사법쿠데타 집단으로 기억할 것"이라며 "박한철, 서기석, 조용호, 이정미, 이진성, 김창종, 안창호, 강일원. 이

8명의 헌법재판관은 권력에 부역해 헌법과 민주주의적 가치를 농단한 주범으로 기억될 것"이라며 憲裁의 정당해산 심판에 강하게 반발했다.

민노총 가맹조직

● 전국교직원노동조합(전교조)

민노총 홈페이지에 게재되어 있는 '조직현황'에 따르면 2015년 현재 민노총 '加盟(가맹)조직'은 총 16개로 아래와 같다.

▲전국교직원노동조합 ▲전국교수노동조합 ▲전국언론노동조합 ▲전국공무원노동조합 ▲전국건설산업노동조합연맹 ▲전국공공운수노동조합연맹 ▲전국금속노동조합 ▲전국대학노동조합 ▲전국민간서비스노동조합연맹 ▲전국보건의료산업노동조합 ▲전국사무금융노동조합연맹 ▲전국민주환경시설일반노동조합연맹 ▲전국정보경제서비스노동조합연맹 ▲전국화학섬유노동조합연맹 ▲한국비정규직교수노동조합 ▲전국여성노동조합연맹.

이들 민노총 가맹조직 가운데 가장 극렬한 활동을 벌여온 단체는 ▲전국교직원노동조합 ▲전국언론노동조합 ▲전국공무원노동조합이다. 전국교직원노동조합(전교조)은 1987년 출범한 전국교사협의회를 모체로 오종렬(한국진보연대 총회의장), 이수호(前 민노총 위원장), 윤영규(전교조 초대 위원장, 2005년 사망) 등의 주도로 1989년 5월 창립됐다.

창립 당시 노태우 대통령은 對국민 담화를 통해 전교조가 불법단체임을 선언했다. 그러나 전교조 탈퇴를 끝까지 거부해 해직된 1500여 명의 교사들은 김영삼 정부 들어 복직되기 시작했고, 김대중 정부는 전교조를 합법화기에 이르렀다. 이후 전교조는 親北·反美·反韓교육의 진앙지로 본색을 드러내기 시작했다. 전교조는 그동안 ▲국가보안법폐지국민연대(2000년) ▲광우병국민대책회의(2008년) ▲한미FTA저지범국민운동본부(2012년) ▲국정원정치공작대선개입시국회의(2013년) 등에 참여해왔다. 전교조는 또 국보법 철폐, 주한미군 철수, 연방제통일 등을 공공연히 주장해왔다. 이 같은 이유로 보수단체인 '반국가교육척결국민연합'은 2008년 전교조를 국보법상 利敵단체로 규정하고, 전교조 구성원들을 利敵단체 구성·가입(제7조 제3항) 등의 혐의로 고발하기도 했다. 국민연합은 전교조가 지향하는 '참교육'의 소위 '민족·민주·인간화 교육'이 1985년 全學聯三民鬪委(전학련삼민투위)사건의 '三民이념', 즉 '민주·민중·민족교육'과 같은 것이라고 제시했다. 실제로 三民이념은 북한의 민족해방인민민주주의혁명(NLPDR) 전략에 동조하는 利敵이념으로 법원의 확정판결이 난 바 있다.

전교조의 이념적 실체는 각종 교육자료에 잘 나타나 있다. 전교조 홈페이지를 비롯해 전국 각 지부 홈페이지에 게재된 자료를 인용하면 아래와 같다.

▲국보법 철폐 주장: 2004년 국보법 철폐 성명을 발표했던 전교조는 같은 해 11월 이를 지도하기 위한 〈중등용 국가보안법 수업지도안〉을 만들었다. 이 자료는 "국가보안법은 항상 국민들의 목을 조르면서 인권을 짓밟고 평화를 위협해왔다. 이 법은 반드시 폐지되어야 하는 법이다"는 내용을 담고 있다. 교육현장에서 각 組別(조별) 발표 후 정리 활동 시 사용토록 예문은 다음과 같다.

〈나는 그래도 어길 수밖에 없을 것이다. 국가보안법이 계속 존재한다면 나는 통일과 평화의 세상으로 가기 위해 이 법을 끝까지 어길 수밖에 없을 것이다.〉

전교조는 또 제2차 남북정상회담을 하루 앞두고 발표한 대변인 논평(2007년 10월1일자)에서 "(노무현) 대통령이 걸어서 군사분계선을 넘기 전에 국가보안법 폐지를 선언해야 한다. 노무현 대통령 자신이 칼집에 넣어 역사의 박물관에 보내야 한다고 했던 바로 그 국가보안법이 아직도 시퍼렇게 살아있지 않는가"라며 남북정상회담에 앞서 국보법 폐지를 주장하기도 했다.

▲**연방제 통일 주장**: "남북의 민중들이 민족적 단합을 이루면서 평화적으로 통일이 되도록 해야 한다. 그렇게 통일하는 구체적 방안은 연방제에 의한 통일이다. 전쟁을 하지 않고 서로를 인정하면서 평화적으로 통일하는 방식은 1국가 2정부의 연방제 외 다른 방안이 있을 수 없다." (2001년 5월, 전교조 참교육연구소 참교육연구)

"통일운동의 또 다른 당면과제는 반통일수구세력을 척결하고 국가보안법, 범민련, 한총련, 이적규정 등 민족대단결을 가로막는 반통일적 법, 제도를 폐지해가는 것이다. (중략) 다른 한편에서 6·15선언의 이행에 걸림돌이 되고 있는 주한미군철수와 국가보안법을 철폐시키는 투쟁에 적극 나서야 한다. 낮은 단계의 연방제가 높은 단계의 연방제로 이행하기 위해서는 다시 말해 연방 중앙정부를 세우기 위해서는 남측사회가 자주적이며 민주적인 성격으로 轉變(전변)되어야 한다." (2004년 5월20일, 전교조 통일위원회, 〈전국 통일교육 일꾼 교양자료집〉)

▲**미군철수 및 反美선동**: "SOFA협정으로 이 땅의 미군은 무소불위의 권한을 가지게 되었다. 온갖 만행을 저지르고도 처벌을 받지 않는 식민지배자의 권한을 그대로 가지고 있으며 이 땅은 깃발만 꽂으면 즉시 미군의 땅이 되었다. (중략) 우리 민족에게는 민족의 절대 절명의 과제인 통일을 이루기 위해서는 미국의 간섭과 지배로부터 벗어나고 미군을 이 땅에서 철수시키는 것이 무엇보다 중요하다 하겠다." (2001년 5월, 전교조 참교육연구소 참교육연구)"

"2005년은 자주통일 원년의 해, 주한미군 철군의 해이다. 이는 외세를 이 땅에서 몰아내는 민족자주 통일운동의 새로운 단계에 돌입한다는 것을 의미한다. 우리민족끼리 민족 공조하는 것만이 살길이고 외세공조는 노예이고, 분열이고, 매국이고 죽음일 뿐이다." (2005년, 전교조 통일위원회 사업계획)

▲**北의 선군정치 옹호**: "선군정치는 혁명군대와 민중의 근본이익과 이해관계가 완전히 일치하기 때문에 혁명군대를 중시한다는 것이 곧 민중을 중시하는

것이라는 의미이다. (중략) 선군정치는 이북이 조국을 수호하기 위해서 군이 전면에 나서야 한다는 것을 의미한다. (중략) 군사선행의 원칙에서 국정을 운영해나가며 인민군대를 혁명의 주력군으로 기둥으로 하여 사회주의 위업(偉業) 전반을 이끌어나가는 정치를 말한다." (2004년 5월20일, 전교조 통일위원회, 〈전국 통일교육 일꾼 교양자료집〉 中 한국민권정치연구소 김서원 연구원의 朝美투쟁사)"

"6자회담의 타결과 북미관계의 정상화는 제3세계 진영에 지금보다도 더욱 폭발적인 선군정치의 확산을 가져올 가능성이 높다. (중략) 전 세계에서 가장 명확하게 사회주의 기치를 들고 있는 선군정치 북한과의 관계 개선이 세계 진보진영에 미칠 영향은 지대할 수밖에 없을 것이다." (2006년 1월, 제5회 참교육실천대회, 〈2006년 통일교육 어떻게 할 것인가?〉)

전교조는 憲裁가 통진당의 해산을 결정하자 '정당 강제해산, 사법살인이자 민주주의에 대한 폭거다'라는 제목의 성명을 발표했다. 단체는 憲裁의 통진당 해산이 "소수 결정에 대한 사법살인이며, 다양성을 부정한 민주주의에 대한 폭거"라고 주장했다. 그러면서 "憲裁의 결정으로 인해, 종북몰이 마녀사냥은 더욱 기승을 부릴 것이며, 국민주권과 정치적 자유에 대한 유린이 가속화될 것"이라며 憲裁의 정당해산 심판에 강하게 반발했다.

● 전국공무원노동조합(전공노)

민노총 가맹단체인 전국공무원노동조합(전공노)는 2002년 3월 결성된 공무원 노조로 ▲국가보안법폐지국민연대(2000년) ▲광우병국민대책회의(2008년) ▲한미FTA저지범국민운동본부(2012년) 등에 참여해왔다. 전공노는 2014년 4월 대법원 확정판결로 法外노조가 된 단체로 그동안 유엔군사령부 주관으로 매년 실시해온 '을지포커스렌즈연습(을지연습)'을 반대해왔다. 일례로 전공노는 2006년 8월18일 '한반도 평화를 위협하는 전쟁연습인 을지훈련 폐지를 강력히 촉구한다'는 제목의 성명에서 "민간교류를 통해 통일을 앞당기자고 하면서 북을 대상으로 한반도에서 전쟁연습을 일삼는다는 것을 결코 용납할 수 없다"며 을지연습 폐지를 주장했다. 이들은 성명에서 을지연습이 "우리민족 끼리의 남북교류와 상호방문 등 자주민족평화통일을 위한 많은 노력들에 커다란 장애가 되고 있다"고 주장하는 등 북한과 유사한 논리를 펼쳤다.

2014년에는 노조 간부 2명이 광주지역에서 공무원들에게 을지연습을 반대하는 유인물 수백 장을 배포한 혐의로 기소되어 같은 해 11월6일 법원이 이들에게 벌금형을 선고했다. 당시 재판부는 전공노 관계자들이 배포한 을지훈련 반대 유인물의 내용이 정치적 편향성과 당파성을 드러냈고 공익에 부합하지 않는다고 판단했다. 이와 함께 노조의 활동은 조합원의 사회·경제적 지위의 향상을 위한 것으로 정치적 활동은 노조의 정당한 활동이 아니라고 설명했다.

전공노·전교조 조합원, 민노당 黨員으로 활동

2010년에는 전공노와 전교조 소속의 간부급 조합원들이 민노당에 당원으로 가입하거나 매월 일정 금액을 정당 계좌로 내온 혐의가 公安당국에 포착되기도 했다. 법원은 2011년 1월25일 이들에게 정치자금법 위반죄를 적용해 벌금형의 유죄 판결을 내렸다. 이들은 2005년부터 민노당 당원으로 가입한 뒤 CMS 이체방식을 통해 자동납부를 신청, 당비나 후원금 등 불법 정치자금을 낸 혐의로 2010년 5월 기소됐다. 당초 이 사건이 터졌을 때 전교조와 전공노는 민노당에 조직적으로 가입하거나 당비를 낸 일이 없다고 잡아떼는 등 부인 일색이었다.

민노당은 서버와 컴퓨터 하드디스크를 빼돌리기까지 했다. 정치탄압이라는 이유였다. 민노당은 더 나아가 경찰이 피의사실을 언론에 공표하고 불법 해킹으로 위법한 수사를 했다며 국가를 상대로 5억 원의 손해배상 청구소송도 냈다. 시비는 법정에서 가리자는 태도였다. 賊反荷杖(적반하장) 격이었다. 결과는 민노당·전교조·전공노의 완패였다. 법원이 민사소송을 기각하고 검찰 공소사실 대부분을 유죄로 인정한 것이다. 공무원이 정치적 중립 의무를 저버린 채 특정 정파의 이익을 위해 정치활동을 하는 것은 법치의 근간을 뒤흔드는 일이다. 국민에 대한 봉사자로서의 본분에 어긋나는 행위이기 때문이다.

전공노의 상급단체인 민노총은 김정일이 사망하자 2011년 12월20일 6·15 공동선언실천남측위원회(6·15남측위) 노동본부, 한국노동조합총연맹(한노총)과 함께 '김정일 국방위원장 서거에 깊은 애도를 표한다'는 제목의 논평을 홈페이지에 게재했다.

전공노는 당시 논평을 단체 홈페이지에 함께 게재했다. 논평에는 "김정일 국방위원장의 갑작스런 서거 소식에 안타까움을 금할 수 없다. 더구나 국내외 여러 정세가 변화의 조짐을 보이고 있는 때이기에 그 충격과 안타까움은 더욱 클 수밖에 없다"는 내용이 언급되어 있었다.

전공노는 憲裁가 통진당의 해산을 결정하자 '헌법재판소의 민주적 역사와 양심을 내다버린 통합진보당 해산 결정을 규탄한다'는 제목의 성명을 발표했다.

단체는 憲裁의 통진당 해산이 "피땀으로 이룩한 대한민국의 민주주의와 법치주의를 무력화 한 만행"으로 규정하고 "전공노는 憲裁의 무모한 결정을 계기로 박근혜 정권이 표현의 자유와 결사의 자유 등을 위축시킬 경우, 민주 및 진보를 열망하는 諸(제) 세력의 강력한 저항에 직면하게 될 것"이라고 주장했다.

● 전국언론노동조합(언론노조)

전국언론노동조합(언론노조)은 신문, 방송, 출판, 인쇄 등의 매체산업에 종사하는 노동자들이 가입한 노동조합으로 1988년 11월 출범한 전국언론노동조합연맹(언론노련)의 후신이다. 언론노련의 초대위원장은 민노총 초대위원장 출신의 권영길 前 민노당 대표이며, 이 단체는 민주화를위한교수협의회, 한국민족예술인총연합, 학술단체협의회 등의 단체들과 함께 1991년 2월8일 공동기자회견을 갖고 국보법 폐지를 촉구한 바 있다. 언론노련의 後身으로 2000년 11월 창립된 언론노조의 초대위원장은 최문순 前 민주당(現 새정치민주연합) 원내부대표이다. 최 씨는 국회 천안함특위에서 활동했으며 국방부의 천안함 사건관련 최종 보고서가 발표(2010년 9월13일)된 이후에도 계속해서 의혹을 제기했다. 그는 PBC·CBS라디오 등에 출연해 천안함 좌초설 등을 주장했는데 당시 그의 발언 가운데 일부를 소개하면 아래와 같다.

▲ "저 개인적인 생각으로는 좌초 후 절단이라고 생각을 하고 있습니다. 그러나 조사를 할 수 있는 것이 모두 봉쇄가 되어있기 때문에 확실한 증거를 갖고 말씀 드릴 수 있는 단계는 아닙니다. 이것뿐만 아니라 버블제트에 의한 폭발, 그 다음에 기뢰, 어뢰, 피로파괴 그 다음에 복합적 요인에 작용. 이런 것들이 많은 이론들이 있는데 지금까지는 어떤 것도 확정 지을 수 없고 어느 이론이든 다 모순을 갖고 있고 이 사고를 완전히 설명하지 못하고 있습니다. (중략) 어떤 것도 사실로 확정된 단계가 아니다. 저희들은 그런 입장입니다." (2010년 5월31일, PBC라디오 '열린세상 오늘' 인터뷰에서)

▲ "(천안함 폭침에 대해 정부가 거짓말, 혹은 서두른다고 생각 하냐는 질문에) 두 가지가 다 있습니다. 우선 서두르는 것은 명백하고요. 거짓말을 한다고 제가 근거를 갖고 있진 않습니다. 그러나 그럼에도 불구하고 다른 여러 가지 좌초설이라든가 이런 것들이 충분히 근거를 가지고 있고 지금 어느 것 하나 완전하게 설명이 되지는 않고 있습니다. 그러니까 더 충분히 조사를 해서 6개월이건 1년이건 충분히 조사해서 여야가 합의로 발표를 할 수 있는 사안인데 이렇게 급히 할 이유가 없다고 생각하고 있는 것입니다. 그리고 더더군다나 문제는 민주당은 사실은 이 일에 개입해 있지 않고 지금 이게 의혹이

제기되고 있는 이유가 처음에 자신들이 발표했던 내용을 지금에 와서 전부 뒤집기 때문입니다. (2010년 5월24일, CBS라디오 '시사자키 정관용입니다' 인터뷰에서)

언론노조는 강령에서 '공정보도를 가로막는 권력과 자본의 횡포에 맞서 편집, 편성권 쟁취를 위한 민주언론 수호투쟁에 나선다', '노동자 정치세력화를 기치로 비민주적 법·사회제도의 개혁과 인간의 존엄성 보장, 자유·평등 실현의 한길에 힘차게 나선다'고 밝히고 있다. 단체는 그러나 국가보안법폐지국민연대(2000년), 광우병국민대책회의(2008년) 등에 참여했으며, 북한이 2006년 10월9일 1차 핵실험을 실시하자 같은 달 23일 성명을 발표하고 "이번 사태의 가장 큰 책임이 미국에 있다는 것임을 분명히 밝혀둔다"면서 북한 대신 미국을 비난했다. 단체는 심지어 2003년 2월24일 성명을 통해 "일부 수구 언론들이 '북한이 핵을 가졌다'고 단정 짓는가 하면 당장 미군이 떠나는 것처럼 과장, 왜곡으로 함으로써 이 문제를 '정권 공격용'으로 악용해왔다"며 북한의 핵개발이 소위 수구 언론의 과장과 왜곡이라고 주장했다.

從北단체 비호하는 성명 발표

언론노조는 한국기자협회, 한국PD연합회, 한국인터넷기자협회 등과 함께 6·15공동선언실천남측위원회(6·15남측위) 언론본부에도 참여하고 있다. 6·15남측위 언론본부는 공안당국이 利敵단체 범민련남측본부의 핵심 간부 등 6명을 국보법 위반 혐의로 조사하자 2009년 5월8일 성명을 내고 "합법적 공간에서 공개적으로 활동해온 통일운동단체를 국보법으로 압살하려는 것은 냉전시대의 용공조작이라는 비난을 면치 못하며 이 나라 민주주의를 수십 년 뒤로 후퇴시킨다는 국민적 지탄을 피하지 못할 것"이라고 주장했다. 당시 공안당국이 이규재 범민련남측본부 의장 등을 체포한 이유는 이들이 일부 시민단체와 함께 정부의 허가 없이 북한 인사들과 만나 정보를 교환하고 〈민족의 진로〉 등 출판물을 통해 北 체제를 찬양·고무한 혐의였다.

언론노조는 북한에 의한 천안함 폭침 사건과 관련해 여러 차례에 걸쳐 성명을 발표했다. 일례로 2010년 6월15일자 성명(제목: 누가 국제적 망신을 자초하고 있는가?)에서는 "참여연대가 지난 11일, UN안보리 의장에게 '천안함 사건에 대한 한국정부 조사에 의문이 많으니 한반도 평화를 위해 신중하게 처리해 달라'는 서한을 보낸 것은 졸속 조사로 남북을 일촉즉발의 군사적 긴장국면으로 몰아넣은 이명박 정권에 대한 준엄한 질책"이라고 주장했다. 단체는 이어 "정부는 더 이상의 국제적 망신을 자초하지 말고 즉시 천안함사건의 국정조사를 속히 실시하라. 천안함 사건에 책임이 있는 인사들이 포함된 합조단은 즉각 해체하고 민간위주의 조사기구를 설치하라. 그것이 한국의 국익을 위하는 길이고 남은 임기를 무사히 마치는 길일 것"이라며 북한에 의한 천안함 폭침의 피해자인 남한 정부를 비난했다.

언론노조는 기관지인 〈언론노보〉와 함께 매체비평지인 〈미디어오늘〉을 발간하고 있다. 단체는 또 국제기자노조연맹(IFJ)과 국제노조네트워크(UNI)에 정식 가입해 활동하고 있으며, 일본의 신문노련 및 일본매스컴문화정보노조회의(MIC)와는 정기적으로 교류를 해왔다.

8

민주사회를 위한 변호사 모임

左派단체·활동가 법률지원

민주사회를위한변호사모임(민변)은 左派세력 가운데 법조계 종사자들의 결집체로 그동안 ▲국가보안법폐지국민연대(2000년) ▲이라크파병반대비상국민행동(2003년)▲평택미군기지확장저지범국민대책위(2005년) ▲광우병국민대책회의(2008년) ▲국정원정치공작대선개입시국회의(2013년) 등에 참여해왔다.

민변은 단체 창립(1988년) 이후 줄곧 대한민국의 정체성과 정통성을 폄훼하는 활동과 左派단체 및 左派 활동가들에 대한 법률지원을 맡아왔다. 민변의 주요 활동은 무엇보다도 국보법 폐지 투쟁이다. 민변은 국보법 위반사범인 강정구, 송두율, 利敵단체 한국대학총학생회연합(한총련) 변호에 앞장서 왔다. 일례로 단체는 2003년 10월22일 성명에서 "검찰의 (송두율) 구속영장 청구는 선처를 조건으로 한 전향을 검찰이 요구하는 수준으로 강제하기 위한 수단으로 선택된 것이란 의구심을 지울 수 없다"며 공안당국의 송두율 구속수사를 규탄했다.

2004년 12월27일에는 서울 서초동 사무실에서 기자회견을 열고 국보법 폐지 시한부 철야 단식 농성을 전개했다. 당시 민변은 "17대 국회의 제1의 역사적 책무에 속하는 국가보안법의 완전폐지 이외의 어떠한 여야의 정치적 타협도 반대한다"고 주장했다.

민변은 북한이 자행한 천안함 폭침에 대해서도 여러 차례에 걸쳐 의혹을 제기해 왔다. 단체는 2010년 9월17일 참여연대와 함께 "천안함 침몰 장면이 촬영된 열상감지장치(TOD) 원본 등 관련 조사기록에 대한 정보 비공개 처분을 취소하라"며 국방부장관과 감사원장을 상대로 정보공개거부 처분 취소 청구 소송을 서울행정법원에 냈다. 당시 민변의 법률 자문역인 이덕우 변호사는 "정부의 조사결과를 믿는 사람은 전체의 3분의 1에 불과하다"며 "불신을 묻어두는 일이 오히려 국가 안보를 저해하는 것"이라고 주장했다.

2011년 8월25일 공안당국이 왕재산 사건 수사결과를 발표하자 민변은 국보법폐지연대를 통해 "총선과 대선을 앞두고 이명박 정권과 보수세력이 이 사건을 두고두고 악용할 것임은 주지의 사실"이라며 "벌써 오세훈 서울시장의 무상급식 주민투표 참패를 덮으려고 대대적인 공안여론 조성이 시작되고 있다"고 주장했다. 왕재산은 1990년대 민족민주혁명당(민혁당)을 지도했던 북한의 對南공작조직 225국이 오랜 기간에 걸쳐 남한에 조직한 '지하당'이다. 공안당국의 수사결과 지하당 왕재산은 2014년 인천을 거점으로 인천남동공업단지 등을 폭파시키는 것을 시작으로 유사시 인천광역시에 행정기관, 軍부대, 방송국 등을 장악 후 수도권 지역에 대한 시위 형태의 공격작전 및 궐기대회를 실시할 예정이었다.

국보법을 '갈갈이 찢긴 장막'에 비유

민변 출신 변호사들은 이석기 前 통진당 의원의 공동변호인단으로 대거 활동했다. 공동변호인단 단장인 김칠준 변호사는 민변 부회장 출신으로 곽노현 前 서울시 교육감의 후보자 매수사건, 김상곤 前 경기도 교육감의 직무유기 사건 등을 담당했던 인물이다. 김 변호사는 2003년 12월30일 국보법 폐지를 위한 촛불집회에서 "국보법은 정말 징그러운 법"이라며 "국보법 때문에 법전을 뒤질 때마다 너무나도 한스러웠다"고 말했다(2004년 12월30일자 〈사람일보〉 보도). 그는 이어 "국가보안법은 갈갈이 찢겨져 있는 장막, 다 끊어져 가는 사슬"이라며 "그 마지막 장막을 우리의 힘을 모아 우리 힘으로 걷어내 버리자"고 주장했다.

김칠준 변호사 이외에 공동변호인단에는 이정희(前 민변 사무차장) 前 통진당 대표, 심재환(前 민변 통일위원장) 변호사, 이재정(前 민변 사무차장) 변호사, 천낙붕(민변 통일위원회 위원장) 변호사, 설창일(前 통진당 중앙당기위원장) 변호사 등이 활동했다. 이정희 前 통진당 대표는 민변 사무차장과 여성복지위원회 위원장을 지냈다. 2003년 정부차원의 이라크 파병론이 제기되자 민변과 참여연대에서 정부의 파병결정을 취소시키기 위한 헌법소원 및 효력정지 가처분신청을 낼 때 주도적인 역할을 했다. 이 前 대표는 2007년 정계에 입문, 민노당에 입당해 민노당 정책위원회 의장과 2008년 원내 부대표를 거쳐 2009년 민노당 대표가 됐다. 2011년 민노당과 국민참여당, 새진보통합연대가 통합해 통진당이 결성될 때 참여해 당 공동대표로 被選(피선)됐다.

이정희 前 대표의 주장 가운데 공안당국이 이념적 측면에서 문제로 지적했던 발언을 정리하면 아래와 같다.

▲ 6·25전쟁 南侵여부 답변거부: "(6·25전쟁이) 역사적인 논쟁들이 있는 것으로 알고 있습니다. 제가 거기에 대해서 남북관계 문제에 대해서 제가 당 대표로 말씀드리는 것은 개인적인 견해보다는 그리고 과거에 대한 어떤 규정보다는 미래를 향해서 나아가는 것이 저는 필요하다고 생각하구요. 그 문제는 좀 더 치밀하게 생각해서 나중에 다시 답을 드리는 것으로 하겠습니다."

(2010년 8월4일, KBS 라디오 '열린토론')

▲ **"남쪽정부?"**: 중앙선거관리위원회가 주관한 제18대 대선후보 1차 TV토론회에서 북한의 장거리 로켓 발사에 대해 발언하던 중 '남쪽 정부'라고 언급했다가 '대한민국 정부'로 정정. (2012년 12월4일)

▲ **利敵단체 범민련 활동 옹호**: "2000년대에 들어서 6·15공동선언, 10·4선언 이행하는 길에서도 범민련의 깃발은 언제나 가장 힘차게 휘날렸습니다. 시련과 난관을 뚫고 통일운동을 개척해온 범민련의 정신과 함께 저희 진보당은 가까운 시일 내에 조국통일을 이뤄낼 것입니다." (2011년 12월17일, 범민련 결성 22주년 기념식 축사)

▲ **연평도 포격 정부책임**: "연평도에서 군인이 사망하고 주민들이 불길 속에서 두려움에 떨었다. 남북관계를 악화시킨 결과를 정부는 똑똑히 봐야 한다. 대결로 생겨나는 것은 비극뿐이다." (2010년 11월24일, 이정희 트위터)

김현희가 가짜라는 심재환 변호사

이정희 前 통진당 대표의 남편인 심재환 변호사는 성균관대 재학시절인 1981년 5월 교내에서 불온 선전물을 유포한 혐의로 구속된 전력이 있다. 심 변호사는 2003년 11월 당시 KAL858 진상규명대책위원회 소속으로 'PD수첩'에 출연해 "김현희는 완전히 가짜"라며 조작설을 주장했던 인물이다. 당시 그는 "(김현희를) 어디서 데려왔는지 모르지만 절대로 북한 공작원, 북한에서 파견한 공작원이 아니라고 우리는 단정을 짓는다"고 말했다. 하지만 노무현 정부 시절 국정원 과거사진실위 등이 KAL기 사건 조작설을 조사했지만 "근거없다"는 결론이 나왔다.

심 변호사는 2012년 9월 이정희 당시 통진당 대표가 대선 출마를 선언하던 날 음주운전 단속에 걸려 면허가 취소되기도 했다. 당시 이정희 대표는 대

선출마 선언식에서 "진보의 길이 우리가 살 길"이라며 "분단체제에 정면으로 맞서지 않고, 불평등한 한미관계를 완전히 바꿔내려 하지 않고, 통일의 지향을 확고히 하지 않으면 진보라 할 수 없다"고 주장했다. 그는 또 "우리민족끼리 힘을 합쳐 연합제안과 낮은 단계의 연방제안의 공통성을 살려 통일을 이루자는 6·15 선언의 첫 번째 합의를 외면하고 경제협력만 말해서는 이 위기를 헤쳐 나갈 수 없다. 서로의 제도를 존중하고 분단체제를 지탱해 온 법과 제도를 철폐하자는 10·4 선언 이행의 노력은 전혀 없이 장밋빛 미래만 그려서는 어떤 진전도 이룰 수 없다"고 말했다.

심 변호사는 2013년 9월24일 자신의 사무실 앞에서 1인 시위를 하던 탈북여성에게 "하루 일당은 얼마씩 받냐. 어느 단체에서 왔느냐"고 말해 탈북단체의 거센 반발을 사기도 했다. 심 변호사는 이석기 前 통진당 의원과도 인연이 깊다. 2002년 민혁당 사건으로 구속된 이석기를 변호한 데 이어 2004년 당시 한나라당 박진 의원이 국감에서 이석기를 간첩 명단에 포함시키자, 명예가 훼손됐다며 소송을 제기해 500만원 배상 판결을 받아냈다. 심 변호사는 親北학자 송두율 사건, 일심회 사건, 왕재산 사건 등 주요 공안 사건 때마다 변호인 명단에 이름을 올렸다.

심 변호사의 이념적 정체성을 확인할 수 있는 그동안의 발언을 정리하면 아래와 같다.

▲ "한총련은 자신들 말대로 '백만 학생의 조직'인데 이를 利敵단체로 규정한다면 대의원을 직접 선출한 대학생들은 모두 '방조범'이며 利敵단체의 가입자들이다. 한총련이 利敵단체이면 투표 학생들이 모두 북한을 추종하는 사람들을 대표자로 뽑았다는 말이다. 한총련을 비판할 수는 있으나 법적 사실로 보나 법리적 적용으로 보나 한총련을 利敵단체로 규정하고 법적으로 처벌하는 일은 불합리하다." (2003년 5월7일, 국회 憲政기념관에서 열린 민변 주최 '한총련 문제 해결을 위한 공개 간담회에서 방청객으로 발언)

▲ "국가보안법은 허구적인 무력남침, 적화통일론을 기초로 국민들에게 전혀 불필요한 국가안보에 대한 의구심과 불안감을 자극하고 고취하여 국민들 스스로 독재와 식민의 구속과 속박에 몸을 내맡기게 만들고, 수구세력의 발호와 사기극을 수용하도록 하였던 것이다. (중략) 국가보안법은 허구요, 기만이요, 소름끼치는 음모의 굴레이다. 있지도 않은 허깨비를 두려워하며 스스로를 속박하고 수구냉전세력의 음모와 기만극에 농락당하던 지난날을 이제 더 이상 허용해서는 안 된다." (2004년 12월2일 , 심재환의 논문 〈국가보안법의 전제인 북한에 의한 무력남침,적화통일론의 허구성〉)

▲ "5·24 조치 등은 국민안전을 명분으로 하고 있지만 북한과의 정치군사적 문제를 우리 기업의 경제활동을 제한하는 부적절한 방법을 통해 해결하려고 할 뿐만 아니라 정책의 목적이나 법익 침해의 정도 등을 살펴볼 때 違憲性(위헌성)이 다분하다." (2011년 6월23일자 〈통일뉴스〉 보도, 남북물류포럼 주최 조찬간담회)

민변 사무차장, 참여연대 공익법센터 운영위원인 이재정 변호사는 최근 '나꼼수 선거법 위반 사건'을 맡았던 인물이다. 나꼼수 사건은 박근혜 대통령 조카 살인 사건에 동생인 박지만 씨가 연루됐다는 허위사실을 공표한 혐의로 김어준 〈딴지일보〉 총수와 주진우 기자가 기소된 사건이다.

민변 통일위원회 위원장을 맡고 있는 천낙붕 변호사는 2010년 무단으로 북한을 방문한 혐의로 구속된 한상렬 한국진보연대 상임고문의 변론을 맡았던 인물이다. 최근에는 서울시 공무원 간첩 사건, 노수희 범민련남측본부 부의장의 무단 방북을 도운 혐의로 기소된 원진욱 범민련남측본부 사무처장을 변호했다.

설창일 변호사는 2007년 10월17일 국보법폐지국민연대와 함께 '국가보안법 폐지를 위한 각계원로 및 대표인사 선언문'에 참여했던 인물로 2012년 통진당 비례대표 경선부정 사건과 관련해 공동변호인단 간사를 맡기도 했다.

이외에도 그는 과거 민노당 송파구위원회 부위원장, 한국민권연구소 부소장을 등을 지냈다. 한국민권연구소는 利敵단체 남북공동선언실천연대(실천연대) 부설 연구소로 2010년 7월 실천연대로부터 독립했다.

憲裁의 통진당 해산 심판 '정면 부정'

민변은 憲裁가 2014년 12월19일 통진당 해산을 결정하자 같은 날 '대한민국 정당 민주주의에 대한 사법살인, 헌법재판소를 규탄한다'는 제목의 단체성명을 통해 "이제 통합진보당 해산심판과 관련된 헌법재판소의 법적 절차는 종료되었다"며 "우리는 憲裁 결정을 통한 메카시즘 열풍을 우려하지 않을 수 없다"고 주장했다.

단체는 이어 "역사는 결국 앞을 향해 제 본래의 길을 가고 만다는 역사가의 증언이 아니라도 우리는 더욱 진보적 민주주의와 인권을 노래하고, 자주와 민주와 통일을 꿈꿀 것"이라며 憲裁의 통진당 해산 심판을 정면 부정했다. 민변의 정치적 영향력이 극에 달했던 시기는 노무현 정부때이다. 천정배, 송영길, 유선호 등의 열린우리당(現 새정치민주연합의 前身) 소속 의원들이 민변 소속이었다. 당시 행정부에서는 고영구(국정원장), 김창국(국가인권위원장)이 민변의 前 회장 출신이었다.

민변 출신의 문재인 의원은 노무현 정부시절 시민사회수석이었으며, 이용철(前 법무비서관), 박주현(前 참여혁신수석), 최은순(前 민원제안 비서관), 이석태(前 공직기강비서관) 등이 청와대에서 일했다. 박원순 서울시장의 경우 노무현 정부 시절 사법개혁위 위원으로 활동했다. 현재 민변은 총회, 사무처, 집행위원회, 13개 개별 위원회(미군문제, 통일, 여성인권, 환경, 노동, 언론, 사법, 과거사청산, 민생경제, 교육청소년, 국제연대, 소수자, 외교통상)와 8개 지부로 구성되어 있다. 2014년 6월1일자 〈연합뉴스〉 보도에 따르면 민변의 총 회원 수는 953명(전체 변호사의 8~9퍼센트 내외)이라고 한다. 민변의 가입자는 최근 눈에 띄게 늘어났는데 2008년 광우병 촛불시위와 로스쿨(law school) 체제 도입 등이 주요 요인이라고 한다.

민변 창립 멤버, 박원순 서울시장

朴元淳(박원순) 서울시장은 민변의 창립 멤버이다. 변호사 출신의 박 시장은 1983년 변호사 사무실을 개소한 뒤 1986년 조영래(1990년 사망) 변호사와 함께 부천경찰서 성고문 사건 등을 맡았다. 같은 해 그는 조영래 변호사와 함께 '정의실천법조인회(정법회)'를 결성했다. 정법회는 1970년대에 정치사건을 변론했던 법조인들과 1980년대 노동 및 공안사건 등을 변론했던 법조인들의 모임이다. 박원순, 조영래 변호사 외에 한승헌, 이병린, 이돈명, 황인철, 홍성우 등의 법조인들이 정법회의 주축이었다. 이후 1988년 서울올림픽을 앞두고 정법회와 청년변호사회(청변)가 합쳐져 '민주사회를 위한 변호사 모임(민변)'이 출범했다. 초창기 민변이 어떤 과정을 거쳐 조직됐으며, 중심인물들이 어떤 이념적 성향을 가졌는지 알아보기 위해 민변 홈페이지에 게재된 단체소개문의 일부를 소개하면 아래와 같다.

〈민변이 만들어지기 전에도 인권 변호 또는 민권 변론은 면면히 이어져 왔다. 인권변호사 1세대라고 해야 할 이병린 변호사에서 시작하여 이돈명(前 조선대 총장), 한승헌(前 감사원장), 조준희(前 언론중재위원회 위원장), 홍성우, 황인철 변호사 등이 1970년대 유신 시기 시국사건 변론을 주로 담당해 왔고, 80년대에는 조영래, 이상수, 박성민, 박원순 등 '2세대' 변호사들이 시국사건 변론에 적극적으로 참여하였다. (중략) 이들은 1986년 5월19일 '정의실현법조인회(정법회)'를 결성하였는데, 이 모임에는 강신옥, 고영구(前 국정원장), 유현석, 이돈명, 이돈희(대법관 역임), 이해진, 조준희, 최영도, 하경철(前 헌법재판관), 한승헌, 홍성우, 황인철, 김동현, 김상철, 박성민, 박용일, 박원순, 서예교, 안영도, 유영혁, 이상수, 조영래, 하죽봉, 박연철, 박인제, 박찬주, 최병모, 김충진 변호사 등이 참여하여 대한변호사협회 인권위원회를 통해 인권변론 활동을 확대하면서 김근태 고문사건, 부천서 성고문사건 등 5공 몰락을 초래한 주요사건을 변론하고 사회 쟁점화하였다. (중략) 1987년 대선에서 5·18 광주학살의 주범이던 노태우가 대통령으로 당선된 직후 1988년부터 젊은 변호사들을 중심으로 "자주, 민주, 통일을 목표로 하는 민족민주운동 운동의 한 부문"으로 스스로를 규정하고자 한 '청년변호사회(청변)'가 결성되었다. 이 모임에는 이석태, 김형태, 조용환, 유남영, 박용석, 임희택, 손광운 변호사가 참여하였고 기존 정법회의 멤버였던 박원순, 임재연, 이원영, 박인제, 이양원, 백승헌 변호사도 같이 하였다.〉

이정희 만나 '서울市政 공동운영' 제안

민변 창립 멤버인 박원순 시장은 2011년 서울시장 보궐선거 출마를 앞두고 같은 해 9월15일 이정희 당시 민노당(통합진보당 前身) 대표를 만나 "서울市政의 공동운영이 필요할 것 같다"고 말했다(2011년 9월15일자 인터넷 매체 〈프레시안〉 보도 인용).

당시 무소속의 박 시장은 "민노당에 참 좋은 가치들이 많다. 조직력이 있고 협력구조를 만들면 좋겠다"면서 서울시정의 공동운영을 위한 이른바 '무지개 플랜' 구상을 내놓았다. 〈프레시안〉 보도에 따르면 박 시장은 당시 이정희 대표에게 "누가 (시장이) 되더라도 후보가 정해지면 '무지개 플랜'이라고, 제가 혼자 머릿속에 생각하는 것인데, (각 정당이) 색깔은 조금씩 다르지 않느냐"며 "미래 정치 대안의 큰 가이드라인을 함께 하면 이번 선거 다음에 곧바로 총선 이어지니까, 다음 선거는 다 잘 풀릴 수 있지 않겠느냐"고 언급한 것으로 알려졌다.

박 시장은 또 "이 정부(이명박 정부)가 이렇게 큰 실정을 했는데, 다시 또 집권 여당이 서울시장이 된다는 것은 그건 정말…, 통합과 연대는 이제 시대정신인 것 같다"고 말하기도 했다. 이에 대해 이정희 대표는 "(서울시장 보궐선거 결과가) 내년 총선으로 바로 이어지는 것은 아니지만, 이 과정에서 연대의 정신을 살려서 폭넓게 합의해 나가는 것이 내년 총선(제19대 총선)에서도 기반이 될 것 같다"고 말해 사실상 박 씨의 제안을 받아들였다. 박 시장은 이정희 대표에게 "민노당에 참 좋은 가치들이 많다", "통합과 연대는 이제 시대정신"이라고 말하기도 했다.

憲裁는 통진당 해산 결정 선고문을 통해 민노당과 그 후신인 통진당의 '진정한 목적과 활동'을 아래와 같이 判示(판시)했다.

〈피청구인 주도세력은 폭력에 의하여 진보적 민주주의를 실현하고 이를 기초로 통일을 통하여 최종적으로 사회주의를 실현한다는 목적을 가지고 있다. 피청구인 주도세력은 북한을 추종하고 있고 그들이 주장하는 진보적 민주주의는 북한의 대남혁명전략과 거의 모든 점에서 전체적으로 같거나 매우 유사하다. 피청구인 주도세력은 민중민주주의 변혁론에 따라 혁명을 추구하면서 북한의 입장을 옹호하고 애국가를 부정하거나 태극기도 게양하지 않는 등 대한민국의 정통성을 부정하고 있다. 이러한 경향은 이석기 등 내란 관련 사건에서 극명하게 드러났다. 이러한 사정과 피청구인 주도세력이 피청구인을 장악하고 있음에 비추어 그들의 목적과 활동은 피청구인의 목적과 활동으로 귀속되는 점 등을 종합하여 보면, 피청구인의 진정한 목적과 활동은 1차적으로 폭력에 의하여 진보적 민주주의를 실현하고 최종적으로는 북한식 사회주의를 실현하는 것으로 판단된다.〉

憲裁의 통진당 해산 결정 선고문에 따라 민노당과 그 후신인 통진당의 이념적 정체성을 한 문장으로 요약하면 김일성의 북한 建國(건국)이념이라 할 수 있는 '진보적 민주주의'를 최고이념으로 삼으면서, 북한식 사회주의 실현을 추구하는 남한 내 從北정당이 된다. 그런데도 박원순 시장은 서울 市政의 공동운영을 당시 민노당 대표인 이정희에게 제안한 것이다.

박 시장은 2014년 6월25일 〈서울신문〉과의 인터뷰에서 "정치는 중앙정부가 담당하고, 우리는 평양과 도시 차원의 교류에 집중할 계획"이라며 "京平 축구대회와 서울오케스트라 협연 등 스포츠·문화 공연뿐 아니라 공동 역사 연구와 도시계획 협력 등 교류의 폭을 넓히겠다"고 밝혔다. 박 시장은 같은 해 1월7일 신년간담회에서 "남북관계가 잘 돼 평양과 서울이 경제협력을 맺고, 남포공단에 서울시 공단을 하나 만들면 서울시의 많은 사업이 또 하나의 돌파구를 열게 될 것"이라고 말한 바 있다. 그의 이런 발언은 서울과 평양이 일종의 '자매결연'을 맺자는 주장인데, 이는 左派단체들이 주장해온 사안과 일맥상통한다.

"서울·평양 자매결연 공약하라"

6·15선언 실천을 외치는 단체들(6·15공동선언실천 남측위원회 언론본부와 학술본부, 6·15/10·4 국민연대 등)은 2011년 9월30일 서울 용산구 효창동 백범기념관에서 '6·15/10·4 평화통일번영 결의대회'를 열고 서울시장 선거에서 후보자들이 6·15와 10·4선언 이행 및 서울시와 평양시의 자매결연을 공약하라고 주장했다.

이들 단체는 당시 결의문에서 "6·15공동선언과 10·4선언은 평화통일 번영의 이정표"라며 "10·26 서울시장 보궐선거에 출마한 후보들은 무엇보다 먼저 6·15/10·4 선언의 완수를 결의하고 이를 핵심공약으로 내놓아야 한다"고 주문했다. 구체적으로 이들 단체는 "서울시장 후보들이 6·15/10·4 선언 완수를 위한 서울·평양 자매결연을 공약할 것을 요청한다"며 "서울시와 평양시가 자매결연을 맺어 6·15/10·4 자주통일 평화번영을 위한 교류 협력에 앞장선다면 온 겨레에게 희망과 기쁨을 안겨줄 것"이라고 말했다.

통진당 이정희는 18대 대선에 출마해 '코리아연방'을 선거표어로 확정한 바 있다. '코리아연방'은 17대 대선에서 권영길 당시 민노당 대선후보가 제안했던 한반도 통일 방안이다. 골자는 통일국가 이행기에 현재의 1민족·2국가·2체제·2정부에서 1민족·1국가·2체제·2정부로 성격을 바꾸고, 완료기에 연방공화국을 완성해 중앙정부는 외교와 국방, 정치와 경제통합을 위한 준비작업을, 남북의 지역정부는 행정·입법·사법·교육 등 일상 업무를 담당한다는 것이다(출처: 2007년 8월13일자 민노당 선거대책본부 대변인실 보도자료).

통진당의 '코리아연방'은 북한의 한반도 공산화 통일 술책인 고려연방제와 '발음'과 '내용'이 비슷하다. 북한의 고려연방제는 '공산주의'와 '주체사상'을 그대로 두고 남북한이 각각 대표를 뽑아 통일의회·통일국회를 구성해 1민족·1국가·2체제·2정부의 통일로 가자는 것이다. 고려연방제는 북한의 자유화와 민주화, 즉 자유민주주의 질서는 물론 민주적 선거라는 전제조건조차 없다. 이런 이유로 법무부는 公安자료를 통해 "연방제 통일 주장은 결국 폭력에 의한 對南혁명을 용인하는 것이므로 북한의 赤化통일 전략에 동조하는 것"이라고 밝혔다.

9

21세기한국대학생연합

전대협·한총련 잇는 운동권 단체

법무부는 2013년 11월5일자 〈통합진보당 정당해산 심판청구〉 보도자료를 통해 이석기 前 의원이 연루됐던 민혁당(민족민주혁명당) 산하 '학생운동사업부(청년운동사업부)'와 '고등학생사업부'가 통진당 '학생위원회'와 '청소년특별위원회'로 발전했다고 밝혔다. 법무부는 또 이들 조직 가운데 통진당의 학생위원회가 '21세기한국대학생연합(한대련)'과 연계활동 중이라고 했다. 한국진보연대 참가단체인 한대련은 전대협과 한총련을 잇는 대학생 운동권 조직이다. 한총련이 노골적으로 북한 정권의 전위대 역할을 하며 利敵단체로 判示(판시)되자, 반값 등록금, 기성회비 문제 등 학원가 이슈를 중심으로 大衆的(대중적) 주장을 내세워 2005년 4월30일 출범했다.

한대련 의장은 통상적으로 매년 1월 중순에 의장선거 공고를 하고, 2월 초에 전체대표자협의회를 통해 의장이 선출된다. 의장 선출을 전후해 한 해 총노선이 결정되는데 주로 반값 등록금 투쟁을 필두로 5·18 문화제, 6·15선언

기념식, 8·15 대학생대회 등으로 1년을 보낸다. 한대련은 강령에서 주한미군철수·국보법철폐·연방제통일과 같은 反대한민국적 구호 대신 "교육 공공성 강화", "차별 없는 평등사회 구현", "우리민족끼리 힘을 합쳐 평화통일 실현", "자주적이고 당당한 나라 건설" 등을 주장하고 있다.

한대련은 그동안 여러 차례에 걸쳐 북한의 천안함 폭침과 연평도 도발 등에서 북한의 도발을 감싸고 反美선동을 해왔다. 천안함 폭침 사건과 관련해서는 2010년 7월26일 단체 긴급성명을 통해 "국제사회는 천안함이 北의 소행이라는 주장을 부정했다"면서 韓美합동 군사훈련의 중단을 주장했다. 북한의 연평도 도발 직후인 2010년 11월29일자 성명은 "'예견되었던' 사태를 막지 못한 근본적인 원인은 (정부가) 힘과 대결의 감정적이고 호전적인 논리로 일관하며 예견된 수순을 밟아왔다는 데 있었다"며 도발의 책임을 북한이 아닌 대한민국 정부로 지목했다. 그러면서 단체는 "6·15, 10·4 선언에서 약속했던 평화적 조항을 이행하라"고 선동했다.

"국보법을 당장 철폐하라"

국보법 문제와 관련해서도 한대련은 과거 전대협·한총련의 인식을 그대로 답습하고 있다. 한대련은 2011년 3월21일 국보법 위반혐의로 대학생 연합학술 동아리인 '자본주의연구회' 前 간부 3명을 공안당국이 국보법 위반혐의로 연행하자 "표현의 자유, 해동의 자유를 억압하는 국가보안법을 당장 철폐하라"고 주장했다.

당시 〈노컷뉴스〉 등 복수의 언론보도에 따르면, 경찰은 利敵단체 한총련 산하 서울지역총학생회 前 의장을 지낸 박 모씨 등이 2006년 '새 세대 청년 공산주의자 붉은기'라는 단체를 결성하고 '자본주의연구회'와 '건국대 활동가 조직' 등 하부 조직을 설립해 국보법을 어겼다고 보도했다. 이들이 활동한 '자본주의연구회'는 소위 대안 경제를 연구하는 대학생들의 연구 단체로, 민노당 관계자도 포함된 것으로 알려졌다. 이외에도 2011년 8월1일부터 15일간 진행된 '한대련 통일대행진단'의 〈교양계획〉 문건에 따르면 '교양 계획 및 일정의 내용'이 ▲집단주의와 규율의 중요성 ▲6·15와 10·4선언과 통일 ▲미국의 본질 ▲한국사회의 현실과 원인 ▲비정규직 노동자의 삶 등 이었다.

이 문건은 '8월 노래배우기'로 '反美반전가', '駐美撤(주미철)1', '8월처럼 산다'를 적어 놨는데 '反美반전가' 가사는 "美帝(미제)의 실체는 드러났다 전 세계 민중의 적은 美帝. 한발두발 전진하는 역사 역사의 선택은 反美 (중략) 보라 붙는 反美의 물결 전 세계의 도처에서 美帝를 쓸어버리자. 이 시대 민중의 도덕은 오직 反美·반전 뿐"이라고 되어있다. '주미철1'의 가사는 "양키군대가 저지른 만행을 어찌 입에다 담으랴 조선민족의 이름으로 이젠 끝장을 보리라 너희 놈들을 다 쓸어버리고 우린 통일로 가리라. (중략) 몰아내자, 몰아내자. 주한미군 몰아내자 여기는 우리의 땅 주한미군 몰아내자"이다.

한대련은 북한 독재자 김정일이 2011년 사망하자 같은 해 12월27일 서울 세종로 정부종합청사 후문에서 기자회견을 열고 "정부는 남북 평화와 통일을 위해 평화 사절단인 남측 대학생들의 조문을 보장하라"고 촉구했다. 단체는 또 "남북 공동선언 당사자인 金 위원장 서거 국면에서 공식적 조의 표명을 하지 않고 민간 조문까지 불허하는 현 정부의 태도는 남북 평화를 해치는 것"이라며 "이번 조문은 현 정부가 남북관계를 회복할 마지막 기회"라고 주장했다.

⑩ 최규엽 서울시립대 교수의 경우

통진당의 주된 해산 사유가 된 '진보적 민주주의'를 黨 강령에 넣은 주역

시민의 세금으로 운영되는 서울시립대는 박원순 서울시장 재임 기간 중 세 차례(2013·2014·2015년)에 걸쳐 崔圭曄(최규엽) 前 민노당 강령개정위원장을 초빙교수로 임용했다. 최 씨는 통진당의 前身인 민노당의 초대 정책위원장 출신으로 2011년 '진보적 민주주의'가 담긴 민노당 강령개정안을 확정시키는 데 핵심적 역할을 한 인물이다. '진보적 민주주의'는 민노당에서 통진당의 黨 강령으로 그대로 계승됐고, 최 씨는 2012년 9월 통진당을 탈당해 2014년 4월 새정치민주연합에 입당했다. 최 씨는 그동안 시립대에서 겸임교수(2013년 9월1일~2014년 2월28일)와 초빙교수(2014년 3월1일~2015년 2월28일)를 거쳐 2015년 3월 다시금 초빙교수 자격으로 학생들에게 '현대사회와 불평등'이라는 명칭의 교양과목을 가르치고 있는 것으로 나타났다. 〈조갑제닷컴〉은 이 같은 사실을 2015년 5월26일 시립대 도시사회학과 관계자와의 전화 통화를 통해 확인했고, 같은 해 5월28일 학교 교무처 담당자를 통해 재확인했다.

아래는 당시 교무처 관계자와의 전화 통화 내용이다.

〈질문: 최규엽 교수의 시립대 교수 임용을 두고 그동안 여러 언론들이 문제를 제기했습니다. 그런데도 이번에 재임용이 됐는데 어떤 과정을 거쳐 다시금 초빙교수가 됐습니까?

답변: 교수를 재임용할 때 학생들의 '수업평가' 등을 보는데 학생들의 평가당시의 만족도가 높았습니다. 저희가 그냥 재임용을 하는 것은 아닙니다. 도시사회학과에서 추천이 들어와서 대학인사위원회에서 안건을 상정한 후 통과되어 재임용을 하게 됐습니다.

질문: 예전에 시립대에서 최규엽 교수의 임용과 관련해 해명자료(2014년 12월31일)를 냈는데 자료를 보면 '현장경험'이 풍부한 것으로 판단해 임용했다고 되어 있었습니다. 이번에도 그런 겁니까?

답변: 그것도 그렇고 말씀드린 것처럼 수업을 들은 학생들의 수업평가가 좋았습니다.

질문: 최규엽 교수는 그동안 겸임교수를 거쳐 초빙교수가 됐는데 이번 학기에도 초빙교수로 임용된 겁니까?

답변: 네, 초빙교수의 경우 1년간 강의를 한 다음 재임용합니다. 내국인 초빙교수의 경우 총 2년간 강의를 하는 것이 가능합니다. (최규엽 교수의 경우) 올해 재임용 됐기 때문에 더 이상 초빙교수로 임용 되지는 않습니다.〉

시립대는 서울시민의 세금으로 운영되는 교육기관이기 때문에 국가관과 이념적 정체성을 분명히 확립해야 하는 공적 책무가 있는 공립대학이다. 그런데도 이 학교는 憲裁에 의해 해산된 통진당의 강령 작성을 주도했던 인물을 세 차례에 걸쳐 교수직을 제공한 것이다.

憲裁의 통진당 해산 결정문에는 '최규엽'이라는 이름이 통진당의 '진보적 민주주의'와 관련하여 아래와 같이 여러 차례에 걸쳐 등장한다.

▲〈민노당은 2008. 8. 구성된 제3기 집권전략위원회는 진보적 민주주의 도입을 주장하던 자주파를 중심으로 구성되었다. 최규엽이 위원장, 박경순이 기획단장을 맡았고, 이들은 기획위원 김장민과 함께 민주노동당 집권전략수립 및 강령 개정 작업을 주도하였다.〉

▲〈2010. 9. 최규엽이 위원장, 박경순이 기획단장, 김장민이 기획위원으로 활동한 제2기 강령개정위원회가 구성되어 강령 개정작업이 본격적으로 진행되었다. 2011. 1. 제2기 강령개정위원회는 중앙위원회에 강령초안을 보고하고, 당내 토론회를 거쳐 2011. 4. 강령에서 '사회주의 이상과 원칙 계승·발전' 부분을 삭제하고 '진보적 민주주의'를 도입하는 내용의 개정안을 마련하였다.〉

▲〈2011. 6. 18.과 19. 민주노동당 제2차 정책당대회가 개최되었다. 당대회 둘째 날, 강령 개정이 의결되었는데, 강령 개정으로 인한 가장 큰 변화는, 창당 강령의 "국가사회주의의 오류와 사회민주주의의 한계를 극복하는 한편, 인류의 오랜 지혜와 다양한 진보적 사회운동의 성과를 수용함으로써, 인류사에 면면히 이어져 온 사회주의적 이상과 원칙을 계승, 발전시켜 새로운 해방공동체를 구현할 것"이라는 부분을 삭제하고, "진보적 민주주의 체제를 건설할 것"이라는 내용을 넣은 것이다.〉

▲〈민주노동당은 강령 개정 이후 '진보적 민주주의'에 대한 당내외 홍보·전파와 교육에 힘을 쏟았다. 민주노동당 정책연구소인 새세상연구소는 우리 사회에 대한 인식, 진보적 민주주의의 의미와 내용 등을 담고 있는 최규엽과 박경순 작성의 《21세기 진보적 민주주의》라는 책자를 발간하여 제2차 정책당대회 참가자들에게 배포하였고, 최규엽은 위 책 서문에 "21세기 진보적 민주주의의 내용을 알려면 위 책을 보면 된다."고 서술하였다. 나아가 민주노동당은 2011. 7.경 강령 개정을 주도한 최규엽과 박경순에게 최고위원, 의원단, 당직자 및 새세상연구소 연구원을 상대로 '진보적 민주주의' 교육을 실시하게 하였고, 2011. 8. '진보적 민주주의'에 대한 전당적인 교육사업을 강화하기 위

해 최규엽과 박경순을 강사로 참여시켜 '진보적 민주주의 강사단 학교'를 운영
하였다.〉

▲〈피청구인(통합진보당) 창당을 주도한 민주노동당, 국민참여당, 새진보통
합연대의 실무 협의 결과, 강령은 연석회의 합의문을 기초로 한 과도기 강령
으로 하고, 2012. 4. 총선 후 재정비하기로 합의하였다. 피청구인은 2012. 2.
20. 대표단 회의에서 강령개정위원회와 당헌·당규제개정위원회 설치의 건을
심의·의결하였고, 2012. 3. 12. 강령개정위원회를 구성하였는데 박경순이 위
원장을 대리하여 강령개정위원회 회의를 주재하였다. 2012. 5. 10. 전국운영
위원회에 강령 개정 제출의 건이 안건으로 상정되었고, 강령개정위원회가 마
련한 강령개정안 중 몇몇 부분이 수정된 개정안이 최종적으로 제출되어 별다
른 이의나 토론 없이 만장일치로 가결되었다. 이어 2012. 5. 12. 중앙위원회에
서는 비례대표 부정경선 사건 후속조치를 둘러싸고 폭력 사건이 발생, 어수선
한 가운데 강령개정안이 통과되었는데, 이것이 현재 피청구인의 강령이다.〉

▲〈민주노동당이나 피청구인의 '진보적 민주주의' 강령 도입과정과 관련한
북한 공작원의 대북보고와 북한의 지령을 살펴본다.

(가) 북한 공작원의 대북보고: 일심회 사건에 관련된 북한 공작원 장마이클
(장민호)은 민주노동당 내 진보적 민주주의 도입 논의와 관련하여 북한에
2006. 7.에는 '당 강령의 대중화와 관련하여 사회주의적 성격의 과도강령, 절
충강령의 요소를 자민통 노선에 기반하여 현실에 맞게 변경하는 것이 절실하
다는 점이 제시되었다. 집권전략위원회를 통해 집권전략과 노선을 수립하는
과정에서 당 강령 개정의 필요성을 확산시키는 작업을 선행해야 한다'라는 등
의 보고를 하였다.

(나) 북한의 지령: 북한은 2011. 2. 인천지역을 거점으로 활동하던 북한 공작
원들(이른바 왕재산 사건 관련자들)에게 '민주노동당이 이미 채택한 진보적 민
주주의를 진보대통합당의 지도 이념으로 관철시키고, 만약 진보적 민주주의

라는 표현을 그대로 관철시키기 어려우면 자주, 평등, 반전평화, 민주적 변혁, 제 민족민주세력들과의 연대연합, 부강통일국가 건설 등 진보적 민주주의 내용들이라도 기어이 관철시키라.'는 내용의 지령을 내렸다. 또한 일심회 및 왕재산 조직원들에게 상설연대체 건설 등과 관련한 지령을 내리기도 하였다.〉

'진보적 민주주의'는 북한식

한국학중앙연구원 양동안 명예교수는 2014년 1월 자유민주연구학회가 주최한 토론회에서 "진보적 민주주의는 그것이 사회주의 혁명운동과 관련한 전략적 용어로 사용될 경우 공산주의자·사회주의자들의 독점적 용어"라며 "통진당의 진보적 민주주의는 해방 직후 1945~47년 시기에 김일성·박헌영이 내세운 진보적 민주주의와 동일하다"고 평가했다. 양 교수는 "통합진보당처럼 사회민주주의 노선을 개량주의라고 비판하고, 진보적 민주주의는 변혁노선이라고 주장할 경우, 진보적 민주주의는 '자본주의 체제를 존속시키고 그 안에서 민주주의를 최대한 발전시키려는' 노선이 아니라 자본주의 체제를 부분적으로 인정하면서 활동하는 과도기를 거쳐서 자본주의 체제를 사회주의 체제로 완전히 변혁하려는 노선이라는 점이 더욱 분명해진다"고 지적했다. 그는 이어 "이 점에서 통합진보당의 진보적 민주주의는 북한이 말하는 인민민주주의, 그리고 인민민주주의의 남한판 위장용어인 민중민주주의와 본질이 동일하다"고 분석했다.

이석기 사건(2013고합620,624,699,851) 판결문 311면에는 한동근(통진당 당원)과 홍순석(통진당 경기도당 부위원장)의 대화녹음파일이 등장한다. 녹음파일에 따르면 한동근의 진보적 민주주의에 대한 질문에 홍순석이 다음과 같이 말한다.

"진보적 민주주의의 어원은 수령님(김일성)께서 건설할 때 우리 사회는 진보적 민주주의 사회여야 한다는 내용의 노작에서 비롯된 것이다."

이에 대해 재판부는 "지하혁명조직 'RO'의 조직원들은 김일성이 사회주의를 지향하는 과도기적 단계로 진보적 민주주의라는 개념을 사용하였음을 알고 있던 것"으로 보인다고 판시, 통진당의 진보적 민주주의가 북한의 김일성 노작에 연유한 것임을 명백히 했다. 판결문은 또 이석기가 소지했던 문건 〈진보적 민주주의란 무엇인가〉에 대해 "북한의 對南혁명론에 부합하는 자유민주적 기본질서를 위협하는 적극적이고 공격적인 것으로 표현의 자유의 한계를 벗어난 利敵표현물"이라고 판시했다.

문제는 이처럼 '북한의 건국이념'이자 통진당의 최고이념이 된 '진보적 민주주의'를 당 강령에 넣는 작업을 주도했던 인물 중 한 사람이 바로 최규엽 씨라는 점이다. '진보적 민주주의'는 다음과 같은 과정을 통해 민노당과 통진당 강령에 포함됐다.

〈민노당 정책당대회에서 강령개정위원회 구성(2009년)→ 강령개정위원회가 7차례 전체회의를 거쳐 '진보적 민주주의'가 담긴 강령개정 초안 마련→ 중앙위원회와 16개 시도당별로 전국 순회토론을 거친 뒤, 정책당대회에서 '사회주의 이상과 원칙을 계승한다'는 기존의 내용이 삭제. 이후 '진보적 민주주의' 내용이 담긴 강령개정안 확정(2011년)→ 통진당의 '진보적 민주주의' 강령 계승(2012년).〉

민노당 강령개정위원장으로 활동했던 최규엽은 2011년 6월9일 '민주노동당정책당대회'에서 기존의 당 강령에서 "사회주의의 이상과 원칙을 계승 발전한다"는 문구를 삭제한 것과 관련해 아래와 같이 밝혔다.

▲〈당원과 노동자들 사이에서 사회주의 이상과 원칙은 충분히 토론이 안됐다. 사회주의의 이상과 원칙은 '진보적 민주주의'를 하면서 해야 할 부분

이라 생각했다. (중략) 개정안에는 인간해방이라는 문구가 있으며 인간해방은 모든 억압과 착취를 폐절하는 것이다. '인간해방'에 '공산주의'가 들어가 있다.〉 (인터넷 〈민중언론 참세상〉, 2011년 6월19일자 보도)

▲〈최규엽 위원장은 "나도 사회주의를 무지하게 좋아한다", "이 강령에는 결국 공산주의도 담겨 있다", "어차피 당원들이 현재 강령도 잘 모른다"며 계속 눙치고 넘어가거나 물타기식 답변으로 일관했다.〉 (인터넷 〈레프트21〉, 2011년 6월20일자 보도)

이후 최규엽은 법무부가 통진당에 대한 정당해산 심판을 청구하자, 인터넷 〈조인스닷컴〉과의 인터뷰(2014년 2월20일)에서 "당시 '진보적 민주주의'는 민노당 강령에 있던 '사회주의 이상과 원칙' 이란 문구를 빼면서 대신 집어넣은 거다"라며 아래와 같이 말했다.

"PD계열이 그 문구를 빼면 탈당하겠다고 해서 그들을 설득하며 '사회주의 이상과 원칙은 뺐지만 자주, 평등, 인간해방 다 들어있는 사회주의 이상과 원칙도 다 포용할 수 있는 것 아니냐'며 이해해 달라는 취지로 말한 거다. 내가 '공산주의라는 말만 안 했지 다 들어가 있다'는 말을 했을지언정 취지는 그게 아니었다. 진보정당이 더 대중적으로 다가가야 한다는 의미에서 진보적 민주주의를 쓴 거다."

최규엽의 주장대로라면 '사회주의', '인간해방' 문구가 들어간 민노당 강령과 '진보적 민주주의'가 들어간 통진당 강령은 '공산주의' 이념이 내재되어 있다고 볼 수 있다. 그리고 이런 黨 강령을 만드는 데 주력했던 인물이 당시 '강령개정위원장'으로 활동했던 최규엽이다.

"특별검사 임명해 KAL기사건 재조사하라"

최규엽이 특히 집착해 온 활동은 'KAL기 폭파 진상규명'이다. 그는 2001

년 11월26일 민노총 대회의실에서 통일연대 등과 함께 '(가칭)김현희 KAL기 사건 진상규명 시민대책위원회(준)'를 결성한 이래 북한의 테러 사실을 뒤집기 위해 전력했다.

그는 2005년 7월7일 천주교인권위 사무실에서 기자회견을 열어 1988년 1월15일 당시 안전기획부가 발표한 수사 결과를 비판한 뒤 이에 대한 진상조사를 촉구했다. 당시 인터넷 매체 〈통일뉴스〉 보도에 따르면 "(발제자인) 공학박사이자 화약류관리기술사인 심동수 교수는 친구인 최규엽 민주노동당 최고위원의 권고를 받고 이 사건에 관해 '폭약의 기술적 특성과 명칭을 중심으로' 재감정해 이 같은 소견을 내놓았다"고 보도했다.

최규엽은 당시 기자회견에서 "수사기록과 판결문을 공개하고 김현희 진술을 청취해야 하며, 사고현장 재조사가 이뤄져야 한다"며 "더 나아가 특별검사 임명이 필요하다"고 주장했다.

'KAL기 폭파 진상규명' 선동과 더불어 최규엽이 주력해온 활동은 탈북자의 남한 입국 저지이다. 그는 2004년 11월 민노당 내 '在中(재중) 이북경제유민 진상조사단'을 이끌고 중국 연변 탈북자 조사를 벌였다. 당시 조사단 단장이 최규엽이었으며 조사단이 내린 결론은 "北이탈주민에 대한 중국정부의 시각은 식량유민이라는 것이다. 그러나 민주노동당은 식량유민 단계는 벗어났다는 점과 국제법적 지위 등을 고려하여 北이탈주민을 경제유민으로 본다"였다.

최규엽은 또 "北이탈주민은 3국에 체류 중인 경제유민, 즉 이북의 공민이므로 탈북브로커들의 기획탈북이나 국외탈출 방조행위는 국제법 위반이다. 한국정부는 기획탈북이 더 이상 지속되지 않도록 법적 정치적 조치를 취할 것", "남북교류협력법을 개정해 '금품'을 대가로 북한 공민을 남쪽으로 유인·유도하는 행위를 엄벌에 처하는 방안이 필요"하다는 등 탈북자를 남한에 데리고 오는 것을 처벌하라고 주장했다.

그의 발언은 이렇다.

▲"북한주민을 대한민국 국민으로 규정하고서 중국과 외교적 교섭을 하는 것은 北을 자극할뿐더러 현실적으로도 실현불가능한 태도이다(…) 다음으로 분단의 특수성에 기대어 남으로 오는 범법자들을 무조건 수용하는 것은 문제가 있다며, 이들에 대해서는 '남북간범죄인인도협정' 등을 맺어 남북 모두 송환할 필요가 있다(…) 기획탈북에 의해 남으로 온 북한이탈주민이 다시 탈북브로커가 되는 경우가 많다. 여권발급을 제한하거나 범법자 또는 브로커화 위험성이 큰 경우 최소한 중국으로의 여행은 규제할 필요가 있다." (2004년 11월23일, 〈통일뉴스〉 인터뷰)

▲"현재 탈북자 문제의 핵심은 기획탈북(…) 주로 탈북자들이 자신들의 경험을 이용해 정착금을 미끼로 탈북사업에 나서고 있는 실정(…) 정착한 지 6개월이면 일률적으로 여권을 발급하는 제도를 고쳐서 범죄경력이 있는 탈북자에 대해서는 여권 발급을 제한할 것(…) 최근 중국정부의 탈북 브로커 단속에 한국정부가 항의한다는 보도가 있는데, 그렇게 대응할 것이 아니다(…)브로커 단속에는 중국정부와 보조를 맞출 필요가 있다"(2004년 11월11일, 〈통일뉴스〉 인터뷰)

▲"北이탈주민은 3국에 체류 중인 경제유민, 즉 이북의 공민이다. 탈북브로커들의 기획탈북이나 국외탈출 방조행위는 국제법 위반이다. 한국정부는 기획탈북이 더 이상 지속되지 않도록 법적 정치적 조치를 취할 것(…) 남북교류협력법을 개정해 '금품'을 대가로 북한 공민을 남쪽으로 유인·유도하는 행위를 엄벌에 처하는 방안이 필요(…) 중국공안 당국자가 확인해준 바에 따르면, 북으로 돌아간 주민들은 4주간 조사 후 귀가 조치한다고 했다. 남에서 생각하는 것과는 다르다." (2004년 11월7일, 민노당 在中이북경제유민 진상조사단 실태조사 결과 발표)

서울시는 최근 해명자료(2014년 10월13일자)를 통해 최규엽의 교수 임용 사유에 대해 "현장의 목소리를 담은 강의를 지속적으로 운영할 필요가 있어,

본교 교수의 추천으로 인사위의 심의를 거쳐 금년부터 초빙교수로 위촉했다"고 밝혔다. 이 같은 이유로 국민행동본부(본부장 서정갑)는 2014년 12월28일자 성명에서 "대한민국의 자유와 번영을 파괴하고 북한식 생지옥을 건설하려는 역적모의에서 가장 핵심적 전략을 만든 최규엽은 지금 어디에 있는가? 그는 박원순 서울시장이 관장하는 둥지(서울시립대)에서 초빙교수가 되어 국민세금으로 월급을 받아가면서 학생들을 가르치고 있다"고 비판했다. 국민행동본부는 "시립대 운영위원으로서 큰 영향력을 행사하는 박원순 시장은 서울시를 從北숙주 센터로 만들 생각인가"라고 반문한 뒤, 정부에 대해 "利敵반역 집단으로 확인된 통진당 구성원과 종북숙주 세력에 대한 조사에 착수, '從北癌'에 걸린 조국을 구출하라"고 촉구했다.

3
....

從北의 뿌리

① 이념적 배경

1) 민중민주주의

〈피청구인(통합진보당) 주도세력은 자본가 계급 또는 특권적 지배계급이 실
질적으로 주권을 가지는 자유민주주의 체제의 불평등 구조를 타파하고 민중이
주권을 가지는 민중민주주의 사회로의 전환을 단순한 양적 변화가 아닌 '變革
(변혁) 또는 革命(혁명)'으로 이해하고 있다고 할 수 있다. 다만, 피청구인 주도
세력이 진보적 민주주의에서 민주주의의 실현보다 자주, 즉 민족해방문제를 선
결해야 할 강령적 과제로 설정하고 있으므로 그 '민중민주주의 변혁' 또는 '민중
민주주의 혁명'은 이른바 '민족해방 민중민주주의 변혁' 또는 '민족해방 민중민
주주의 혁명' 이라 할 수도 있다.〉(헌법재판소, 《통합진보당 해산 결정문》中)

통진당 주도세력, 즉 국내 從北·左派세력의 기본이념 및 이론이 '민중민주
주의(인민민주주의)'라는 헌재의 설명 중 일부이다. 從北의 개념을 이해하기 위
해서는 우선 민중민주주의의 淵源(연원)을 살펴볼 필요가 있다. 공산주의 이

146

론가인 윤원구 前 명지대 교수와 김창순 前 북한연구소 이사장은 역사적으로 '민중'과 '민주'가 결합된 용어나 이론이 한반도에 처음 거론된 시기를 1920년 대 初(초)로 보았다. 이들 용어는 日帝시대 때부터 일부 공산주의자들 사이에서 사용되었으며, 이후 북한의 지도를 받은 통일혁명당(1968년 검거)이 민중민주주의를 黨(당) 강령으로 삼았다. 민중민주주의는 기본적으로 집권관료와 자본가를 反민족적, 외세 의존적 성격으로 규정하고 있다. 이에 따라 빈농·노동자·도시빈민 등이 주체가 되어 '폭력혁명'을 통해 집권관료 및 자본가를 타도해 지배계급과 피지배계급이 없는 同一性(동일성) 민주주의를 실현해야 한다는 것이 민중민주주의의 기본 骨子(골자)이다.

민중민주주의와 폭력혁명의 상관관계

민중민주주의는 자유민주주의 체제를 19세기 부르주아(bourgeoisie)가 권력을 독점하는 부르주아 체제로 본다. 이 때문에 자유민주주의 체제를 매도하고 전복시켜 민중이 주인이 되는 '민중민주' 체제를 구축하는 것이 민중민주주의자들의 '중간목표'이다. 민중민주주의는 또 자본주의체제로는 對外的(대외적) 종속과 구조적 모순의 病弊(병폐) 때문에 분배문제는 어려워지고, 買辦(매판)자본가와 保守 권력층만 비대해진다는 논리에 입각하고 있다. 결국 착취당하는 민중이 기존의 체제와 제도를 파괴하고 사회주의를 목표로 하게 된다는 것이다. 이러한 민중민주주의는 '폭력혁명'을 전제하고 있다. 다시 말해 정치투쟁만으로는 민중민주주의가 성취될 수 없고 필연적으로 무장투쟁의 과정을 거칠 수밖에 없다는 것이다.

실제로 민중민주주의를 지향했던 통진당은 《2017년 집권을 위하여: 집권전략 10대 과제》에서 "저항권은 현존하는 정부를 부정하고 새로운 정부를 수립하는 것을 목적으로 하고 있기 때문에 그 본질상 혁명적이다. 실제로 저항권과 혁명권은 명확하게 구분되지 않는다"면서 "혁명적 저항권은 민중들이 기존의 법질서 전체를 합법적인 폭력으로 인식하고 새로운 법질서를 마련하는 폭발적인 과정"이라고 주장해 폭력혁명을 정당화했다.

이상과 같은 기본 틀에서 출발한 민중민주주의는 李承晚 대통령 주도의 대한민국 정부수립을 建國으로 인정하지 않으며, 역대 정부를 미국에 종속된 식민지 정부로 규정하고 있다. 6·25전쟁에 대해서는 開戰(개전)의 책임을 북한에게 일체 묻지 않는다. 대신 6·25전쟁을 민중의 통일의지가 표출된 內戰(내전), 즉 '민족해방전쟁'으로 규정해 오히려 反共 이데올로기 극복의 한 과정으로 본다.

민중민주주의는 민족의 자주성을 강화하기 위해 주한미군 철수와 군사파쇼·보수정권 타도를 주장하며, 과거 左翼세력이 주도한 대구폭동, 제주4·3사건, 여순반란사건 등을 민중항쟁의 시각에서 재조명한다. 통진당과 함께 남한 내 운동권 세력인 NL(민족해방)계와 PD(민중민주)계는 이러한 민중민주주의(인민민주주의) 이론을 그대로 수용했으며, 북한은 여기에 '민족해방'을 추가해 '민족해방 인민민주주의 혁명(NLPDR)'으로 발전시켜 이를 對南혁명 이론으로 체계화했다.

2) 시기별 북한의 對南혁명론

〈북한은 식민지 半(반)자본주의 사회인 우리 사회를 계급해방을 기본임무로 하는 자본주의 국가들과는 다르게 인식하면서, 변혁운동의 기본임무는 美帝의 식민지 관계를 청산하고 민족의 자주화를 실현하는 민족해방과 사회의 모든 분야에서 민주주의의 개혁을 실시하고 민중민주주의제도의 수립을 기본내용으로 하는 민주주의의 과제가 제기된다고 한다. 그리고 민족해방 민주주의 변혁론은 對美종속성의 근본원인 또는 정당화 근거가 분단이라는 현

실에 있다고 보고 민족통일도 민족적 과제로 제기된다고 하여, 변혁운동의
핵심과제를 민족자주(자주), 민주주의(민주), 민족화해(통일)라고 한다. 그중
북한은 우리 사회 모순의 핵심은 미국에의 예속성에 있다고 하면서 '자주'를
'민주' 및 '통일'보다 선차적으로 달성해야 할 과제라고 한다〉 (헌법재판소,《통
합진보당 해산 결정문》中)

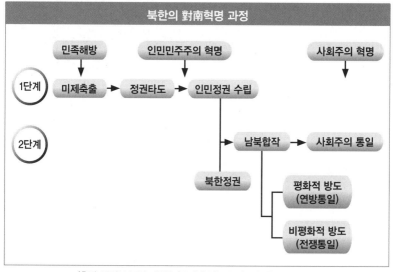

(출처: 통일부 통일교육원, 〈주제가 있는 통일문제 강좌 23: 북한의 대남전략〉, p. 25)

북한은 〈조선노동당 규약〉에서 주체사상과 함께 '마르크스·레닌주의' 세
계관을 혁명의 원칙으로 삼고 있다. 따라서 계급혁명과 한반도 공산화가 필연
적이라고 보고 있다.

북한은 남한과 달리 1948년 김일성에 의해 독재정권을 수립한 이후 한 번
도 정권교체를 이루지 않았기 때문에 형식적인 측면에서 일관된 통일노선(한
반도 공산화 통일)과 對南정책 기조를 유지해 왔다. 시기별 북한의 對南혁명
전략을 살펴보면 아래와 같다.

▲1970년대 이전: 反帝·反봉건적 민주주의 혁명

북한은 1970년대 이전까지 남한에서의 혁명을 '反帝·反봉건적 민주주의 혁명'으로 규정지었다. 이것은 북한이 1946년에 실시한 소위 토지개혁과 산업국유화 등의 '민주개혁'을 '민주주의혁명'이라 하고 그 성격을 '反帝·反봉건적 민주주의 혁명'이라고 했던 것에서 비롯됐다.

당시 북한은 〈조선노동당 규약〉에서 "(노동당의) 당면목적은 북반부에서 사회주의의 완전한 승리를 보장하며 전국적 범위에서 반제 반봉건적 민주주의 혁명의 과업을 수행하는데 있으며 (중략) 최종목적은 공산주의 사회를 건설하는데 있다"고 못 박았다.

〈조선노동당 규약〉에서 북한은 자신들이 수행한 '反帝·反봉건적 민주주의 혁명'을 남한에서도 수행한 다음 사실상 북한이 주도하는 남북한 통일정권을 수립 후 사회주의 혁명을 거쳐 공산주의 사회를 건설하겠다는 꿈을 밝힌 것이다.

여기서 反帝는 帝國主義(제국주의) 세력을 반대한다는 뜻으로 주한미군의 철수를 비롯해 韓美 간의 우호와 동맹관계 등 남한에 영향을 미치는 모든 미국 세력의 추방을 뜻한다. 물론 북한이 주장하는 反帝에는 일본도 포함되어 있다. 反봉건이란 북한이 1946년 3월 실시한 無償沒收(무상몰수), 無償分配(무상분배, 실제로는 경작권만 인정)를 내용으로 하는 이른바 '농촌개혁'을 의미한다. '민주주의 혁명'이란 공산당을 중심으로 하는 통일전선 정권의 수립을 목표로 하는 것이다.

북한은 '反帝·反봉건적 민주주의 혁명'과 병행해 1945년 10월10일 조선공산당 북조선분국을 조직하기 위해 개최된 서북5도 黨대회에서 '혁명적 민주기지론'을 내놓았다. 이것은 미군의 남한 주둔으로 전국적 범위에서 혁명을 동시에 추진시킬 수 없는 상황에서 보다유리한 조건이 형성된 북한지역의 혁명역량을 먼저 강화하고, 그 역량을 바탕으로 全 한반도의 공산혁명을 완수한다는 전략이다.

북한은 '혁명적 민주기지론'에 따라 해방 직후부터 建黨, 建國, 建軍이라는 구호를 내세워 △북한지역에서 노동당을 먼저 건설하고 △무장력인 인민군을 창건하였으며 △1948년 9월에 조선민주주의인민공화국 수립을 선포했다.

▲1970년대 이후: 민족해방 인민민주주의 혁명

북한은 1970년 11월 노동당 제5차 대회에서 남한혁명의 성격을 '反帝·反봉건적 민주주의 혁명'과 '혁명적 민주기지론'에서 한 단계 업그레이드 하며 '민족해방 인민민주주의 혁명(NLPDR)'이라고 새롭게 정리했다. '민족해방 인민민주주의 혁명'의 주요 내용은 "남조선 혁명은 남한의 혁명세력이 주체가 되어 수행해야 한다"는 일종의 '지역혁명론'이다. 우선 1단계로 남한에서 '민족해방 인민민주주의 혁명'을 수행한 다음, 2단계로 사회주의 혁명을 진행시킨다는 '단계적 혁명론(先남조선혁명 後조국통일론)'이다.

북한이 '혁명적 민주기지론' 전략에서 이처럼 지역 혁명론을 주장하게 된 배경은 6·25전쟁 이후 분단이 장기화됨으로써 남북한의 상반된 정치·사회 체제가 고착화되고 武力·赤化통일이 점점 어려워질 것이라는 인식에서 비롯됐다. 흔히 NLPDR이라고 불리는 '민족해방 인민민주주의 혁명' 노선은 남한 혁명의 성격과 임무를 다음과 같이 규정하고 있다.

①남조선혁명은 美제국주의 침략세력과 그와 결탁한 지주·매판자본가·반동관료배들을 한편으로 하고 남조선의 노동자·농민·인텔리·청년학생을 비롯한 각계각층 인민들을 다른 편으로 하는 두 세력 사이의 모순에 의해 생긴 反帝·反봉건 민주주의혁명이며, 전체 조선혁명의 중요한 구성 부분이다.

②남조선혁명은 美제국주의 침략자들을 반대하는 민족해방혁명인 동시에 美帝의 앞잡이들인 지주·매판자본가·반동관료배들과 그들의 파쇼통치를 반대하는 인민민주주의혁명이다.

③남조선혁명의 대상은 美제국주의자들을 비롯, 지주·매판자본가·반동관

료배들이며 남조선혁명의 동력은 노동 계급과 농민·진보적 청년학생·지식인·애국적 군인·일부 애국적 민족 자본가들과 소자산계급이다.

④남조선혁명의 기본임무는 美帝의 식민지 통치를 청산하고 남조선사회의 민주주의적 발전을 보장하며 북반부의 사회주의 역량과 단합하여 나라의 통일을 달성하는 데 있다. (인용: 한국사사사전편찬회 著, 《한국 근현대사 사전》, 도서출판 가람기획)

김일성은 '민족해방 인민민주주의 혁명(NLPDR)' 전략에 따른 구체적 전술로 ▲反美·救國(구국)통일전선의 구축 ▲정치투쟁과 경제투쟁, 合法·半합법투쟁과 非합법투쟁, 폭력투쟁과 非폭력투쟁 등 투쟁에서의 배합의 원칙 ▲大衆(대중)의 정서와 수준에 걸맞은 大衆的인 투쟁방법 ▲창조적이고 다양한 투쟁형태 등을 강조했다.

북한은 1980년 10월10일 제6차 黨대회에서 김일성 주체사상만을 黨의 유일한 지도이념으로 명문화하고 '민족해방 인민민주주의 혁명 수행', '온 사회의 주체사상화'와 '공산주의 사회건설'을 黨의 목표로 내걸었다. 이에 따르면 북한의 仝(전) 조선혁명의 목표에 있어서 당면 목적은 '민족해방 인민민주주의 혁명'이고, 최종 목적은 '온 사회의 주체사상화와 공산주의 사회건설'이다.

NLPDR노선은 1986년을 전후해 主思派(주사파)를 중심으로 한 남한 운동권에 광범하게 받아들여졌으며, 1987년 소위 '민주화투쟁'과 1988~1989년 '통일투쟁'의 기본방침이 됐다.

▲1990년대 이후: 민족해방 민주주의 혁명

2015년 현재 북한의 對南혁명론은 1970년대 '민족해방 인민민주주의 혁명'을 골자로 1990년대 변화된 남한 현실을 고려해 일부 내용을 수정·보완한 '민족해방 민주주의 혁명(NLDR)'이다. 민족해방 민주주의 혁명은 2003년 10

월 북한의 對南선전·선동 웹사이트인 〈반제민족민주전선(反帝民戰)〉에서 《주체의 한국사회 변혁운동론》이라는 제목의 문건으로 공개됐다.

이후 북한은 2010년 9월 〈조선노동당 규약〉을 개정해 기존의 '민족해방 인민민주주의'에서 인민을 삭제한 뒤 '민족해방 민주주의'로 수정했다. 그러나 《주체의 한국사회 변혁운동론》에서는 "우리의 변혁운동은 민족해방 민중민주주의 변혁운동이다"(57페이지)라고 설명하고 있어 두 이론(민족해방 인민민주주의, 민족해방 민주주의)이 폭력 혁명을 수반하는 한반도 공산화 노선이라는 점에 있어서는 차이가 없다.

'從北'이란 용어의 등장배경

從北이란 용어는 북한의 '조선로동당과 김일성, 김정일, 김정은으로 이어지는 3대 독재세력을 무조건적으로 추종하는 경향'을 의미한다. 민노당은 2002년 대선을 1년 앞둔 2001년 사회당과의 통합을 시도했지만 거부당했다. 2001년 11월30일 민노당의 황광우(당시 민노당 중앙연수원장) 등이 黨 기관지와 인터넷 홈페이지 등에 '사회당 동지들에게 드리는 7가지 질문'이라는 제목의 글을 게재했다.

여기서 황 씨는 "조선노동당 역시 자본주의에 반대하는 세력이요, 이 자본주의의 세계적 지배자인 미국의 '철천지 원수'다. 자본주의하고도 싸우고, 미국하고도 싸우고, 그 미국에 대해 싸우는 북한의 조선노동당하고도 싸우고, 어쩌자는 것인가. 남한의 노동계급이 북한으로 쳐들어가 조선노동당을 물리치자는 것인가"라고 주장했다.

이에 대해 신석준 사회당 대변인은 2001년 12월11일 '민주노동당 황광우 중앙연수원장에게 드리는 단 한가지 질문'이라는 제목의 글에서 "사회당은 모든 종류의 테러나 전쟁에 반대하며 '남한의 노동계급을 이끌고 북한에 쳐들어가 조선노동당을 물리치는 일'은 국가 간 전쟁의 범주에 속한다"며 "통일은 (남북) 국가간 상호승인 및 평화협정 체결을 통한 한반도 평화체제 구축 이후에 논의될 문제"라고 주장했다. 그는 또 "사회당은 조선노동당의 사회관이 관철되는 통일에는 단연코 반대한다"며 "황 원장은 조선노동당 주도로 '조선민주주의인민공화국'의 사회 체제가 全(전) 한반도화하는 통일에 찬성하는 가"라며 문제를 제기했다.

이후 2001년 12월21일 사회당은 기자회견에서 "조선노동당의 외교정책을 우위에 놓는 '從北세력'과는 함께 黨을 할 수 없다"고 밝혔다. 당시 원용수 사회당 대표는 "6·15 남북공동선언을 무조건 지지해야 한다고 생각하는 사람들이 있다. 이들은 이 선언의 한 당사자인 김대중 정권에 대해 퇴진을 요구하는 투쟁도 할 수 없다고 생각한다"고 했다. 원 대표는 이어 "이는 민중의 요구보다 조선노동당의 외교정책을 우위에 놓는 것"이라며 "이들이 바로 '從北세력'이며 이들과는 黨을 함께 하지 않겠다는 게 바로 '反조선노동당의 의미'"라고 설명했다. 그는 또 당시 널리 일반화된 '親北'이라는 표현 대신 '從北'이라는 용어를 사용하게 된 이유에 대해 "親北세력에는 從北세력 즉, 조선노동당 추종세력 말고도 북한과 친해지자고 주장하는 사람들도 포함되기 때문"이라고 밝혔다.

'從北'이라는 용어가 본격적으로 공론화 된 것은 2006년 일심회 사건 때 민노당의 일부 간부들이 관련된 사실이 드러나면서 부터이다.

당시 민노당 내 PD(민중민주) 계열은 사건과 관련된 당직자의 제명을 요구했지만 받아들여지지 않았다. 당시 PD계열의 조승수는 민노당 내 다수 계파인 NL(민족해방) 계열을 '從北주의'로 규정하고 2008년 2월 탈당하게 된다. 이후 노회찬, 심상정 등의 PD계열 黨 지도부가 탈당해 진보신당을 창당했다.

남파간첩 출신의 김동식 씨는 최근 언론과의 인터뷰에서 1990년대 북한의 對南공작 부서가 남한의 좌경(左傾)세력에 지침을 내려 "북한에 대한 지엽적 비판은 허용하지만 다섯가지는 비판하면 안 된다"고 못을 박았다고 했다. 이 다섯 가지는 ▲북한 독재자 김일성·김정일·김정은 ▲3대 세습 문제 ▲북한체제 ▲주체사상 ▲북한 주민들에 대한 인권탄압 문제이다. 대체적으로 국내 左派 세력 가운데 '從北'으로 규정할 수 있는 개인·단체들은 위 다섯가지 '禁忌語(금기어)'를 충실히 따르고 있다.

3) 주체사상

국내 운동권의 주력이라 할 수 있는 NL(National Liberation, 민족해방) 세력은 북한의 주체사상 추종 여부에 따라 다수파인 NL주사파와 소수파인 NL비(非)주사파로 분류된다. 같은 NL계열이라 하더라도 주체사상 추종여부에 따라 두 종류로 나뉘는 것이다. 憲裁는 《통합진보당 해산 결정문》에서 〈피청구인(통진당) 주도세력의 다수가 경기동부연합, 광주전남연합, 부산울산연합의 주요 구성원들로서 과거 민혁당 및 영남위원회, 실천연대, 일심회, 한청 등에서 주체사상을 지도이념으로 하여 자주, 민주, 통일 노선을 제시하면서 북한의 주장에 동조하거나 북한과 연계하여 활동하였다〉고 摘示(적시)했다. 따라서 해산된 통진당의 주도세력은 NL주사파로 분류된다.

주체사상은 북한의 정치·경제·사회·문화·군사 등 모든 영역을 지배하는 지도이념이다. 북한 憲法의 서문에는 "조선민주주의인민공화국은 사람중심의 세계관이며 인민대중의 자주성을 실현하기 위한 혁명사상인 주체사상을 자기 활동의 지도적 지침으로 삼는다"고 되어 있다.

이와 함께 〈노동당규약〉에서는 ▲조선로동당은 위대한 수령 김일성동지의 혁명사상, 주체사상을 유일한 지도사상으로 하는 주체형의 혁명적 당이다. ▲조선로동당은 주체사상을 당건설과 당 활동의 출발점으로 당의 조직·사상적 공고화의 기초로, 혁명과 건설을 령도하는데서 지도적 지침으로 한다고 명시되어 있다.

주체사상의 이론적 배경

북한의 주체사상은 마르크스·레닌·모택동의 공산주의 사상에 이론적 배경을 두고 있다. 공산주의 창시자인 마르크스는 1844년 《경제학·철학 원고》

에서 "인간이 자기의 노동에 의한 생산품을 자기가 완전히 統率(통솔)하지 못하고 다른 사람에게 讓渡(양도) 한다면, 바꾸어 말해서 노동자가 자기를 위해 물건을 생산하지 못하고 자본가를 위해 생산한다면 이는 자기 생활에 주인이 못되고 從(종)이 되어 있다는 의미에서 인간은 동물적인 존재"라고 말했다.

마르크스는 또 "인간은 思惟(사유)기관을 가진 사회적 존재이며 물질세계를 자기의 의도에 따라 合目的的(합목적적)으로 개조하고 지배할 수 있는 위대한 존재"라며 "인간이 인간 사회의 주인이 되어야 한다"고 주장했다.

러시아 공산혁명을 일으킨 레닌은 1902년 《무엇을 할 것인가》에서 "意識的(의식적)인 것만이 혁명적이다. 왜냐하면 그것은 미래를 생각하기 때문"이라고 했다. 레닌은 여기서 시종일관 프롤레타리아에게 계급의식과 혁명사상을 주입시켜야 한다는 것을 강조했다. 이는 노동자들이 혁명의 주체임을 자각시키고 자주적이고 창조적인 투쟁을 전개시키기 위한 혁명 지침서와 같은 것으로 여기에서도 주체사상의 근원을 찾아볼 수 있다.

중국의 모택동은 1938년 10월 黨중앙위원회에 제출한 보고서에서 아래와 같이 공산주의 이론에 입각한 이른바 '주체적 사상'을 강조했다.

"마르크스·레닌·스탈린의 이론을 하나의 공식으로 보지 말고 행동 강령으로 이해해야 한다. 우리는 마르크스·레닌의 文字(문자)를 배울 필요는 없으나, 그들의 관점이나 방법론을 배워야 한다. (중략) 그리하여 중국의 특수성에 맞도록 마르크스주의를 적용시켜야 할 것이다."

중국 공산당은 1945년 4월 제7차 黨대회에서 "중국 공산당은 마르크스·레닌주의 이론과 중국 혁명 실천의 통일된 사상인 모택동 사상을 自己(자기)의 모든 사업의 지침으로 삼고 어떠한 敎條主義(교조주의)적 또는 경험주의적 偏向(편향)도 이를 반대한다"고 밝혔다. 이를 통해 중국 공산당은 주체성을 강조하며 모택동 一人(일인)독재의 기초를 확립했다.

주체사상의 형성과정

북한에서 '주체성' 논의가 활발해지기 시작한 것은 1950년대 중반이다. 북한은 1955년 '사상에서의 주체'를 시작으로 1956년 '경제에서의 자립', 1957년 '정치(내정)에서의 자립', 1962년 '국방에서의 自衛(자위)', 그리고 1966년 '정치(외교)에서의 자주'를 표명하면서 주체사상의 이론적 체계화를 시도했다. 이후 '주체사상'이라는 명칭이 정립되기 시작한 것은 1967년에 접어들면서부터이며 1970년 제5차 黨대회를 통해 주체사상은 마르크스·레닌주의와 동등한 위상을 점하며 노동당의 공식이념으로 채택됐다. 이후 1980년 제6차 黨대회에서 주체사상이 북한의 독자적인 통치이념으로 자립 잡게 됐다.

주체사상의 형성과정을 살펴보면, 초기에는 제국주의 사상과 문화 침투에 대한 민족주의적 대응의 성격을 강하게 표출하며, 이른바 북한주민의 주체의식을 확보하는데 초점을 맞추었다. 정치적으로는 흐루시초프의 스탈린 격하운동이 소련 및 중국 내 수정주의자들에 의한 일인독재 체제의 비판을 촉발시킴에 따라 이러한 비판을 차단하면서 북한의 독재체제를 옹호하는데 주력했다. 대외적으로는 中蘇(중소) 간 교조주의자 대 수정주의자의 이념분쟁이 가열되는 상황에서 북한의 독자적 생존을 위해 中蘇사이에서 중립적 위치를 고수하려는 외교적 대응이 정치 이념적으로 표출된 측면도 있었다.

1960년대 이후 북한은 김일성 개인 우상화에 치중하며 주체사상의 '김일성주의'로의 이론적 변환작업을 시도했다. 주체사상을 신봉하는 공산주의자들이 따라 배워야 할 모범적 인간형으로 김일성의 소년시절이 제시되는가 하면, 인간에게 육체보다 더 중요한 사회정치적 생명을 주는 존재가 바로 김일성 수령이라는 우상화 논리가 전개됐다. 혁명과 건설을 추진하는 주체인 인민대중의 정점에 수령이 존재하며, 인민대중을 인도하는 知的(지적) 영도자의 역할을 수령이 담당한다는 '수령론'은 개인우상화의 극치라 할 수 있다.

주체사상 체계의 형성과정

내용	제기 시기	주요 활동
사상에서의 주체	당 선전선동원대회 (1955.12.28)	• 스탈린의 사망 • 당내 남로당파 숙청
경제에서의 자립	당 중앙위원회 전원회의 (1956.12.11)	• 대외원조 감소(5개년 경제계획 수립 차질) • 당내 반 김일성 움직임 고조
정치(내정)에서의 자주	당 중앙위원회 확대 전원회의 (1957.12.5)	• 공산권내 개인숭배 반대운동 • 당내 연안파, 소련파 타도
국방에서의 자위	당 중앙위원회 제4기 제5차 전원회의 (1962.12.10)	• 중·소분쟁 심화 • 미·소 공존 모색 • 한국의 5·16 군사쿠테타
정치(외교)에서의 자주	제2차 당 대표자회(1966.10.5)	• 중·소분쟁의 확대 • 비동맹 운동의 발전
유일사상체계 확립	당 중앙위원회 제4기 제15차 전원회의 (1967.5.28), 당 중앙위 제5기 제8차 전원회의(1974.2.12)	• 김일성 1인 지배체제 확립 • 김일성 개인숭배운동 전개
온 사회 주체사상화 강화	제6차 당 대회(1980.10.10)	• 부자 세습체제 공고화

출처: 통일연구원, 《2009 북한개요》, p. 31

'수령론'은 인민대중이 개별적 이해관계의 차이를 상호 극복하는 데 한계를 지니기 때문에 수령의 올바른 지도가 필요하다는 논리이다. 1980년대 접어들면서 주체사상은 김일성의 공식 후계자로 등장한 김정일을 우상화하기 위해 세습수령에 대한 지속적 충성심을 강조하는 작업이 더해졌다. '주체의 위업은 결코 하루아침에 이루어질 수 없는 만큼 代(대)를 이어가며 주체의 위업이 달성되어야 한다'는 논리였다. 사회주의권 내에서도 유례없는 부자세습을 정당화하기 위해 세습왕조에 대한 기존의 비판적 시각까지 바꿔버린 것이다. 1980년대 후반 이후 동구 사회주의권과 소련이 연속적으로 붕괴됨에 따라 북한은 체제의 위협을 느끼고 주체사상의 논리적 보강을 통해 북한식 사회주의의 우월성을 강조했다. 체제수호를 위한 대안논리로 이른바 '우리식 사회주의'라는 이름으로 재해석된 주체사상은 '북한식 사회주의'가 이미 붕괴한 동구권 사회주의와 어떻게 차별화 되는지를 설명하고, 북한 체제의 붕괴 가능성에 대한 우려를 불식시키는 데 주력했다.

주체사상의 한계

북한의 공식포털 사이트 〈내나라〉에 게재되어 있는 주체사상 강좌에 따르면 "사람이 모든 것의 주인이며 모든 것을 결정한다"고 되어 있다. 주체사상은 이 원칙에 입각해 혁명과 건설의 주체와 원동력을 인민대중에게 歸着(귀착)시키고 있다. 주체사상의 이 같은 내용은 사상에서의 주체, 정치에서의 주체, 경제에서의 자립, 국방에서의 自衛(자위) 등으로 요약할 수 있다.

구체적으로 ▲주체사상에서 자주의 주체는 개인이 아니라 집단이며, 이 집단의 의지는 수령의 것이어야 한다. 결국 자주의 주체는 김일성·김정일·김정은으로 귀결된다. ▲사상에서의 주체 및 정치에서의 자주는 북한이 다른 외세의 지배를 받지 않겠다는 뜻이다. ▲경제자립, 국방에서의 自衛도 북한의 3대 세습체제에 대한 외부 간섭의 근거를 만들지 않겠다는 의도가 숨어있다. 결국 주체사상은 김일성·김정일·김정은으로 이어지는 3대 세습 독재의 당위성을 전개하는 논리체제에 불과하다.

조선노동당의 남한 내 지하당인 한국민족민주전선(現 반제민전)은 1987년 3월 〈구국선언〉을 발표하면서 "남조선의 오늘의 정세는 8·15 해방 이후보다 낫다"라고 주장했다. 이는 남한 내 從北·左翼세력이 주체사상으로 무장됐으며, 그 조직이 매우 강화됐음을 북한이 인정한 것이다. 북한은 주체사상으로 무장된 곳이고 그 모습대로 남한의 從北·左翼세력도 주체사상을 지도이념으로 삼고 있다.

그러나 주체사상은 근본적으로 다음과 같은 문제점이 있다.

첫째, 사회주의 건설에 관한 김일성의 敎示(교시)는 그 자체로 많은 오류를 낳았다. 그의 교시는 이른바 '주체농법', '주체공업' 등의 강령적 지침이 되어 실천됐다. 우리는 그러나 오늘날 북한의 사회주의 경제, 주체의 경제가 파산됐음을 직접 목격하고 있다. 그런데도 북한은 '주체의 경제'(김일성의 敎示에 따른 경제) 탓이 아니라 舊소련을 비롯한 사회주의 국가들의 실패로 사회주의 경제권이 무너진 데다 미국과 남한의 '反北정책' 때문에 북한이 어려운 지경에 빠져 있을 뿐이라고 주장하고 있다.

둘째, 혁명의 계승문제에 대해 김일성은 "혁명은 한 世代(세대)에 이룩되는 것이 아니라 代를 이어가며 성사해 나가야 한다. 혁명 성패의 관건이 후계자의 문제에 있다"면서 아들 김정일을 후계자로 결정했다. 雪上加霜(설상가상)으로 김정일은 2011년 사망하기 전 자신의 아들인 김정은을 후계자로 삼아 3대 세습정권을 탄생시켰다. 이러한 권력세습은 과거 봉건적 신분제도의 유물로 공산당의 강령인 '反帝(반제)', '反봉건'에 위배되는 것이다.

셋째, 남한 내 左傾세력이 북한의 3대 세습을 순순히 받아들인 이유는 주체사상의 핵심이라 할 수 있는 '조국통일'과 관련된 문제 때문이다. 남한 사전에는 '조국'과 '통일'이란 낱말은 있어도 '조국통일'이란 낱말은 없다. 그러나 북한 사전은 '조국통일'이란 낱말이 따로 있다. 북한이 주장하는 '조국통일'은 단순히 군사분계선을 없애고 갈라졌던 민족과 국토를 재통합하는 분단국 재통일이 아니라, 外來(외래) 제국주의 세력(대표적으로 美國)에게 빼앗긴 영토와 인민을 되찾는 것으로 해석하고 있다. 즉 북한과 남한의 從北세력이 주장하는 '조국통일'은 '남조선 혁명'과 表裏一體(표리일체)의 관계이며, 투쟁대상도 外來(외래) 제국주의세력과 現 대한민국 정부이다. 이 때문에 從北세력은 북한식 '조국통일'의 전제조건으로 국보법 철폐, 주한미군 철수, 국정원·기무사 등 공안기구 해체, 사상범 석방, 연방제 통일, 3대 부자세습 인정 등 북한 정권의 주장과 동일한 요구를 하고 있다. 따라서 從北세력은 대한민국 체제를 부정하고, 북한의 한반도 공산화 통일노선을 추종하며, 國體(국체)를 변경하려는 諸(제) 세력으로 규정할 수 있다.

4) 운동권의 주체사상 수용과정

〈주〉 아래 논문은 이동호(前 전대협 연대사업국장) 자유민주연구학회 이사가 2006년 5월25일 '친북반국가행위 진상규명위원회' 출범식에서 발표한 〈민족해방민중민주주의혁명론과 80년대 학생운동〉의 일부이다.

〈1985년부터 1988년까지 진행된 이 시기 학생운동은 이전의 학생운동과는 전혀 다른 양상으로 전개됐다. 가장 큰 특징은 운동권의 지도사상으로 주체사상을 수용하고, 그 혁명노선을 학생운동에 적용한 것이다. 그 이전의 학생운동은 자생적 사회주의 혁명론자들이 다수를 차지했으나 이후의 학생운동은 主思派(주사파)가 장악해 학생운동의 대세를 형성했다.

주체사상의 학생운동권 내의 수용과정은 1983년에 학원가에 유포됐던 《예속과 함성》이 그 시작이었다. 1985년 9월 공안당국에 의해 '구미 유학생 간첩단' 사건의 주범으로 밝혀진 김성만, 양동화 등이 북한의 혁명론을 남한의 학생운동에 소개한 것이다. 이들은 책자에서 한국은 1945년 이래로 미국의 식민지 이며, 한국의 군부독재정권은 미국에 의해 양성되고 조종되는 괴뢰정권이라고 주장했다. 이 책자는 당시 학생운동에 큰 충격이었다. 그러나 아직 이러한 주장은 학생운동 내에서 본격적으로 수용되지는 않았다.

주체사상의 본격적인 수용은 〈강철서신〉으로 알려진 김영환의 '단재사상 연구회'로 부터 시작되었다. 이 시기 김영환은 단파 라디오로 북한의 '구국의 소리' 방송을 집중적으로 청취하는 한편 여기서 제기되는 남한혁명론을 토대로 민족해방 민중민주주의 혁명론(NLPDR)을 본격적으로 제기했다. 이는 1960년대의 통혁당, 70년대의 남민전 이후 최초의 조직적 형태를 띤 反제국주의세력의 등장이며, 학생운동을 모태로 출발하는 것으로는 최초였다.

미국을 제1의 敵으로 설정

김영환 그룹은 당시 학생운동의 주류였던 NDR(민족민주혁명론)과 치열한 사상투쟁을 전개해 활동영역을 넓혀나갔다. 이들은《반제민중 민주화 운동의 횃불을 들고 민족해방의 기수로 부활하자(일명 해방서시)》라는 소책자를 학생운동에 광범위하게 전파했다.

이 소책자에서 그들은 19세기 말부터 지금까지의 한반도 근대사 100년은 제국주의의 침략의 역사요, 제국주의에 대한 민중의 투쟁의 역사다. 한국사회는 美제국주의와 그 앞잡이가 파쇼적으로 지배하는 식민지 사회라고 주장했다. 이들의 이러한 주장은 그간의 학생운동이 美제국주의의 침략적 본성과 민중의 민족해방에 대한 열망을 제대로 주시하지 못한 데에 대한 반성을 촉구한 것이다. 이는 학생운동 내부에 커다란 충격과 파급을 가져왔다.

이제까지 학생운동은 주요한 운동의 대상 즉 주적이 독재정권과 그들의 물적 토대인 독점자본이라고 보았으나, 이들은 우리 사회를 관통하는 가장 큰 주적은 미국, 다시 말해 미국의 제국주의적 침략에 있다고 본 것이다. 이러한 인식은 오늘날 反美운동의 뿌리를 형성하고 있고, 20여년이 지난 현재까지 386 핵심운동권의 우리사회에 대한 인식의 주요한 기조를 이루고 있다. 주사 NL파는 치열한 사상투쟁으로 학생운동의 대세를 장악하는 한편 서울대를 필두로 지하 지도부를 건설했다. 1986년 3월29일 서울대에서 非합법 지도부인 '구국학생연맹'(이하 구학련)을 결성하고, 그 산하에 반합법투쟁기구인 '반미자주화 반파쇼민주화 투쟁위원회'(일명 자민투)를 1986년 4월에 발족시켰다. 그 산하에 '반전반핵투쟁위원회' 등 5개 투쟁위원회를 두었다. 구학련의 투쟁기구인 자민투는 1986년 4월 '반전반핵투쟁위원회'를 중심으로 반전반핵투쟁과 전방 군부대 입소 반대투쟁을 감행하면서 김세진, 이재호 등이 분신을 감행했다. 자민투의 선도적인 구호와 투쟁은 당시 학생운동에 커다란 충격을 주었고, 이를 토대로 자민투는 학생운동의 주도권을 급속히 장악했다. 또 기관지로 〈해방선언〉을 발행해 전체 학생운동에 그들의 혁명론을 파급시켜 나갔다.

1985년 하반기 민족민주혁명(NDR)론 하에 '삼민혁명론'으로 통일됐던 학생운동은, 1986년 초 민족해방민중민주주의혁명(NLPDR)론으로 무장한 자민투가 反제국주의직접투쟁과 反戰·反核투쟁을 선언했다.

이에 MT(민주화투쟁위원회)계열은 NDR론을 기본골간으로 계승하면서 反帝·反파쇼투쟁을 선언하는 '反帝·反파쇼 민족민주 투쟁위원회'(일명 민민투)를 조직하고 기관지로서 〈민족민주선언〉을 발행했다. 이로써 학생운동은 1986년 상반기 이후 '자민투'와 '민민투'로 양분되었으며, 각자의 기관지를 통해 본격적인 논쟁에 돌입했다.

1986년 상반기 투쟁을 통해 학생운동의 주도권을 장악한 주사NL진영은 서울대 '구학련'을 필두로 연세대의 '구국학생동맹', 고려대의 '애국학생회' 등을 결성하고, 이를 바탕으로 86년 10월 28일 건국대에서 '전국 반외세 반독재 애국학생 투쟁연합(애학투)'의 결성식을 감행한다.

그러나 건국대 투쟁으로 주사NL진영은 큰 타격을 받게 된다. 당시 내걸었던 구호가 국민정서와 매우 동 떨어진 것이었다. 북한방송에서나 들을 수 있었던 구호가 집회장소에서 등장했던 것이다. 이들의 모험적인 구호와 투쟁으로 국민들의 지지를 받는데 실패했고, 대규모 검거선풍으로 당시의 지도부가 대부분 구속되고 수배를 받았다. 건대 사태로 구속된 학생만 1290명에 이르고, 각 대학의 학생운동은 3, 4학년 실질주도 그룹이 대거 구속됨으로써 심각한 차질을 낳았던 것이다. 건대 투쟁에 대한 주사파 내부의 평가를 보자.

건대 항쟁은 주·객관적인 정세와 유리되고, 대중의 준비 정도에 걸맞지 않은 반공 이데올로기 분쇄투쟁, 조국통일촉진투쟁 등을 제기함으로써, 정권에게 엄청난 탄압의 빌미를 제공하고, 사상 유래 없는 탄압을 촉발시킨 것이다. 중요한 문제는 엄청난 탄압을 받았다는 사실보다, 정권의 탄압으로부터 조직을 보위하고 대중으로부터 보호를 받으면서 탄압을 극복하지 못했다는 사실이다. 그리고 구학련, 애국학생회 등의 혁명적 대중 조직들도 구성원이 건대 항쟁 이후 대부분 검거됨으로써 와해지경에 이른다. 주사NL진영은 이러한 평가를 바탕으로 건대사태를 통해서 두 가지의 결론에 이른다.

첫째, 투쟁노선에서 左편향의 문제다. 1986년 초 반전·반핵투쟁으로 시작해 서울대에서의 〈민주조선〉 대자보 게재 사건, 애학투 발족식에서의 반공 이데올로기 분쇄투쟁 선언에 이르기 까지 일관된 흐름으로 지속된 투쟁노선상의 심각한 좌편향은 건대투쟁을 계기로 더욱 극대화되어 대중과의 심각한 괴리를 초래했다. 아무리 反美투쟁이 절박하다고 할지라도 주·객관적인 정세와 대중의 준비 정도에 걸맞게 투쟁을 조직 전개해야 함에도 불구하고, 구체적인 실정에 의거하지 못한 전략적인 구호의 남발은 대중을 투쟁으로 고무할수 없을 뿐더러 오히려 대중으로부터 고립을 자초했다는 것이다.

둘째, 조직 노선상의 左편향의 문제이다. 지도조직은 대중조직 속에서 단련되고 대중조직의 보호를 받아야 함에도 불구하고, 성급히 지도조직을 건설하고 그 산하에 투쟁위원회를 건설해 선진적 활동가를 끊임없이 투쟁으로 내몰아 조직의 붕괴를 자초 했다는 것이다. 이러한 노선은 그동안 문제로 제기되었던 선도투쟁론의 재판이라는 것이다. 그러나 NL진영은 이러한 편향에도 불구하고 올바른 사상관점과 혁명이론이 이를 계기로 제기되고 확산되었다는데 그 의의를 높이 평가했다. 여기서 올바른 사상관점과 혁명론이란 북한의 주체사상과 혁명론을 지칭하고 있다.〉

2

계파

左翼의 사전적 의미는 '급진적 사상이나 노선, 또는 사회주의적이거나 공산주의적 경향'을 뜻한다. 역사적으로는 1792년 프랑스 국민의회에서 의장석의 왼쪽에 급진파인 '자코뱅당(Jacobin Club)'이 의석을 차지했던 데서 온 용어이다.

국내 左翼세력 가운데 從北세력은 자유민주주의와 시장경제 체제를 폭력혁명에 의해 사회주의 체제로 전환시키려는 세력으로 '혁명적 사회주의자(Revolutionary Socialists)', 또는 '공산주의자(Communists)'로 분류된다. 물론 이러한 분류는 이론적인 것이며, 사회주의 운동을 하는 활동가들이나 언론에서는 이러한 분류 및 용어를 엄밀하게 분간하여 사용하지 않고 있다.

혁명적 사회주의 세력의 쇠퇴는 세계사적 추세이다. 그러나 한반도에서만은 북한으로 인해 혁명적 사회주의 세력이 쇠퇴하기는커녕 그 狂氣를 강화하고 있는, 세계사적 추세에 역행하는 기이한 현상이 벌어지고 있다.

현재 從北세력을 포함한 국내 左翼세력은 크게 NL파, PDR파, NDR파, 트로츠키파 등 크게 4개 분파로 나누어져 있다. 이들 각각의 혁명론 및 혁명전략을 살펴보자.

국내 左傾세력의 계파별 혁명론 및 혁명전략

NL파

혁명론	민족해방 인민민주주의 혁명(NLPDR)
남한에 대한 시각	• 美帝의 식민지 • 식민지 半자본주의 사회
혁명 전략	美國축출→남한정권 타도→민족자주정권 수립→고려연방제 통일→한반도 공산혁명(수령 독재) 완수
최종목표	사회주의·공산 혁명 완수

PDR파 – 제독(反帝·反독점) PD파

혁명론	마르크스·레닌주의 (PDR: 민중민주주의 혁명, NDR :민족민주주의 혁명)
남한에 대한 시각	新식민지 국가독점 자본주의 사회
혁명 전략	제국주의·국가권력·독점자본 타도→민중연합권력 수립→프롤레타리아 독재권력 수립·사회주의 혁명 완수
최종목표	사회주의·공산 혁명 완수

PDR파 – 제파(反帝·反파쇼) PD파

혁명론	마르크스·레닌주의 (PDR: 민중민주주의 혁명, NDR :민족민주주의 혁명)
남한에 대한 시각	新식민지 국가독점 자본주의 사회
혁명 전략	제국주의·국가권력·독점자본 타도→민중연합권력 수립→프롤레타리아 독재권력 수립·사회주의 혁명 완수
최종목표	사회주의·공산 혁명 완수

NDR파

혁명론	마르크스·레닌주의 (PDR: 민중민주주의 혁명, NDR: 민족민주주의 혁명)
남한에 대한 시각	• 제국주의 예속심화 • 新식민지 국가독점 자본주의 사회
혁명 전략	민족민주주의혁명·민중정권수립→프롤레타리아 독재 권력수립·사회주의 혁명 완수
최종목표	사회주의·공산 혁명 완수

트로츠키파

혁명론	국제사회주의혁명론(ISR)

남한에 대한 시각	국가자본주의사회
혁명 전략	노동자계급의 국제연대에 의한 사회주의 혁명 완수
최종목표	사회주의·공산 혁명 완수

*민족해방 인민민주주의 혁명(NLPDR): 북한의 대남혁명 노선을 그대로 수용
*국제사회주의 혁명론(ISR): 동구 사회주의권 몰락 후 이론적 대안으로 제시된 트로츠키 혁명론
*국가자본주의 사회: 국가가 국민경제를 통제하며 노동자를 착취하는 세계 체제에 긴밀히 결합된 사회

4대 운동권 세력

左翼세력은 각각의 계파별 혁명론에 따라 북한의 對南혁명론인 '민족해방 민중민주주의 혁명(NLPDR)'을 추종하는 '민족해방파(NL파, National Liberation)', 마르크스·레닌주의를 신봉하는 '민중민주주의파(PDR파, People's Democratic Revolution)', 민족민주혁명을 추구하는 'NDR파(National Democratic Revolution)', 러시아 공산혁명가 트로츠키의 혁명노선을 추종하는 '트로츠키파(Trotsky)' 등으로 分派(분파)되어 있다.

●NL파: 국내 운동권 세력의 대부분을 차지하고 있는 NL파는 북한의 主體思想(주체사상) 추종 여부에 따라 NL주사파(다수파)와 NL비주사파(소수파)로 분류된다.

梁東安(양동안) 한국학 중앙연구원 명예교수는 〈한국 左翼革命세력의 係譜와 實勢〉에서 "관변자료에 따르면 계파에 속하는 인원수로 따질 경우 주사파가 이 나라 좌익혁명세력의 90%를 차지할 것으로 추정된다. PD파는 나머지 10%도 다 채우지 못할 것으로 추정된다"고 밝힌 바 있다.

NL파는 남한 사회의 모순을 제국주의(예: 美國 등 자유진영 국가) 對 민중의 대립관계로 보고 모든 투쟁에서 항상 反美자주화를 기본투쟁으로 설정하고 있다. NL파의 혁명론은 '식민지 반자본주의론'과 '민족해방 민중민주주의 혁명(NLPDR)'으로 나뉘는데, 구체적으로 '식민지 반자본주의론'은 현실 모

순에 대한 인식이며, '민족해방 민중민주주의 혁명'은 이러한 모순을 타개하
는 방법론이다.

'민족해방 민중민주주의' 혁명론에서는 식민지 반봉건사회, 또는 식민지 반
자본주의 사회를 민중혁명으로 타파할 것을 주장하고 있다.

이에 따라 NL파는 한국 사회를 미국의 식민지로 보고 이러한 민족 모순
을 기본 모순으로 설정해 민족해방 민중민주주의 혁명의 입장에서 反美 자주
화 운동을 주도해왔다. 특히 이 과정에서 NL주사파의 경우 혁명을 위한 실
천적 지도이념으로 북한의 主體思想을 받아들여 사상적 통일의 기초로 삼았
다. NL파 가운데 북한의 主體思想을 신봉했던 최초의 NL주사파는 1986년
4월 서울대에서 결성된 '반미자주화반파쇼민주화투쟁위원회(자민투)'라는 명
칭의 학생 운동권 조직과 이 조직의 상부조직이었던 '구국학생연맹(구학련)'
이다. 이들 조직은 모두 북한의 對南혁명론인 '민족해방 민중민주주의 혁명
(NLPDR)'을 조직의 지도이념으로 삼았다.

대표적인 NL계열 단체로는 △舊통합진보당 △한국진보연대 △조국통일범
민족연합남측본부(범민련남측본부) △민생민주평화통일주권연대(민권연대)
△6·15공동선언실천청년학생연대(청학연대) △6·15공동선언실천남측위원회
(6·15남측위) 등이다. 다만 통진당 주도세력을 제외하고 이들 단체의 主體思
想 추종여부(NL주사파)는 판단이 불가능한 상태이다.

● PDR파: 민중민주주의 혁명(PDR, People's Democratic Revolution)을
통해 남한 사회를 사회주의화하려는 세력인 PDR파는 이념적으로 정통 마르
크스·레닌주의의 사회·철학적 전통을 중시하며 운동권 내에서는 이른바 '평등
파'로 불리기도 한다. PDR파는 남한 사회를 '新식민지 국가독점 자본주의'로
규정하고, 사회 변혁 방법으로 민중민주주의(인민민주주의) 혁명론을 따른다.

PDR파는 단일 지도 이념에 따라 통일된 조직(연대·연합체)을 형성하고
있는 NL주사파 및 NL비주사파와 달리 단일 政派(정파)로 존재하지 않고 있

으며, 몇 개의 정파가 독립적으로 형성되어 조직적으로 분화된 양상을 띠고 있다.

PDR파는 크게 '제독(帝獨)PDR파(反帝·反독점 민중민주주의 혁명파)'와 '제파PDR파(反帝·反파쇼 민중민주주의 혁명파)'로 나누어진다. 현재 '제독 PDR파'는 NL파에는 못 미치지만 상당수의 세력이 학원계와 노동계, 문화예술계, 학계 등에 포진해 있다.

대체로 남한 혁명운동의 실천영역에서는 NL파가 확고한 헤게모니를 장악하고 있고, 사회주의 이론을 연구·토론하는 영역에서는 PDR파가 상대적으로 우세한 것으로 알려져 있다. 대표적인 PDR계열 조직으로는 △舊노동자의힘 △舊한국노동이론정책연구소(한노정연) △학생행동연대(SAS) △인권의정치학생연합(인학련) △대학생사람연대 등이 있다.

●NDR파: 민족민주혁명(NDR, National Democratic Revolution)에 의해 남한사회를 사회주의화하려는 세력을 지칭하는 NDR파는 1983년 9월 결성된 운동권 연대체인 민주화청년운동연합(민청련)의 기본노선이었다. NDR파는 투쟁의 주된 대상을 '파쇼'와 '美제국주의'로 규정하고, 노동계급만을 투쟁의 주체로 삼아 파쇼타도→美帝축출→임시 혁명정부 수립→제헌의회(CA) 소집→민중민주공화국 건설을 추구했다.

NDR파의 혁명론은 박헌영(前 남로당 당수)의 '8월 테제'와 그 기원이라 할 수 있는 코민테른의 '12월 테제'에 등장하는 1단계 혁명론인 '부르주아 민주혁명론'과 유사하다. NDR파는 '反帝·反파쇼·민족민주화 투쟁위원회(민민투)'계열의 제헌의회(CA)그룹의 후신(後身)인 혁명적노동자계급투쟁동맹(혁노맹), 남한사회주의노동자동맹(사노맹) 등으로 구체화 되어 사노맹재건위, 전국학생정치연합(전학련), 들불그룹 등으로 이어졌다.

●트로츠키파: 러시아 공산혁명가인 트로츠키(Leon Trotsky)의 혁명노선(영구혁명론)에 입각해 남한 공산화혁명을 획책하는 국제사회주의혁명 세력

을 지칭한다. 현재 활동 중인 트로츠키 계열의 조직으로는 노동자연대다함께(다함께), 국제사회주의자들(IS), 사회주의학생연합(사학련), 사회주의노동자연합(사노련), 노동해방실천연대(해방연대) 등이 있다.

트로츠키파 조직 중 가장 활발한 활동을 벌이고 있는 단체로는 다함께를 꼽을 수 있다. 다함께는 前身인 '민주노동당 학생그룹' 시절 월간 잡지 〈열린주장과 대안〉, 〈다함께〉를 발행했고, 단체 성장과 정세 변화에 맞춰 주간 신문 〈맞불〉, 〈저항의 촛불〉 등을 발행했다. 현재는 격주간 신문 〈레프트21〉, 계간 이론지 〈마르크스21〉 등을 발행하고 있다.

NL·PD의 궁극적 목표는 공산혁명

국내 운동권 세력의 양대 분파인 NL과 PD는 그 태생만 다를 뿐 민중민주주의(인민민주주의) 노선을 지향하며 북한 문제와 관련해 일관되게 從北的 또는 親北的 행태를 보여왔다. 憲裁는 《통합진보당 해산 결정문》에서 민중민주주의자들이 "남북한의 통일문제를 변혁운동의 기본과제로 보고 있다"면서 아래와 같이 이들의 최종목표가 한반도 공산화임을 밝혔다.

〈민족해방 민주주의변혁론은 남북한의 통일문제를 변혁운동의 기본과제로 보고 있고, 남한에서의 자주적 민주정권의 수립은 연방통일정권의 수립으로 직결된다고 본다. 연방의 대상은 남한에서 설립될 자주적 민주정부가 되어야 하며, 남한에서의 식민지반자본주의사회의 성격을 개조하고 진보적 민주주의를 실현하는 과업은 연방통일정부의 지도하에서 자주적 민주정권이 담당하는 정치과업이 된다고 주장한다. 그리고 이러한 연방제는 과도기 체제로서 민중민주주의를 거쳐 최종적으로 하나의 체제인 사회주의 또는 공산주의 국가로 나아간다고 한다.〉

PD계열의 대표적 활동가인 노회찬 前 정의당 대표는 2007년 대선에서 "코리아연합을 거쳐 코리아연방을 건설하는 제7공화국을 건설하자"며 이를 위해 역시 영토조항 삭제, 주한미군 철수, 국보법 폐지, 韓美동맹 해체를 주장했다. 또 다른 PD계열 활동가인 심상정 現 정의당 원내대표 역시 지난 17대 대선 당시 민노당 경선에 출마해 憲法(헌법) 영토조항 변경, 국보법 폐지, NLL(북방한계선) 폐지, 韓美전시증원훈련 중단을 주장했다. PD계열의 운동권은 2008년 2월에도 민노당 주류(NL파)의 '從北主義'를 비판하면서도, 정작 북한의 對南전략과 동일한 민노당의 강령·규약은 건드리지 않았다. 이들은 또 2011년 12월 민노당 주류와 다시금 합세해 통진당을 만들었다. 從北세력과 손을 잡지 않고서는 권력을 얻기 어렵다고 판단했기 때문이다. 심상정·노회찬의 사례에서 알 수 있듯이 남한의 左翼세력이 북한과 선을 긋기란 사실상 어렵다. 정치투쟁 과정에서 이들의 主敵은 남한의 보수·우파가 될 수밖에 없고 보수·우파 척결을 위해서 북한과 연대해왔다. 敵의 敵은 동맹이기 때문이다.

憲裁는《통합진보당 해산 결정문》에서 민중민주주의 세력이 한국 사회를 어떤 시각에서 보는지에 대해 아래와 같이 밝혔다.

〈피청구인 주도세력은 민중민주주의변혁(혁명)을 통해 진보적 민주주의체제를 구축하고 사회주의체제로 나아가기 위해서는 기존의 착취계급인 수구보수세력 등과의 치열한 계급투쟁에서 승리하여 정권을 장악, 낡은 지배구조를 혁파하고 그들의 권력회복 시도를 저지해야 한다고 주장하고 있다. 이를 종합하여 보면, 피청구인 주도세력은 한국사회를 '자유민주주의체제' '신자유주의체제' 또는 '자본주의체제'로서 소수의 특권적 지배계급이 다수의 민중을 정치경제적으로 지배하고 착취수탈하고 있는 '거꾸로 된 사회'로 인식하고, 소수의 특권적 지배계급에 장악되어 있는 주권을 빼앗아 참된 주인인 민중에게 되돌려 주는 것과 기존의 거꾸로 된 낡은 지배구조를 혁파하는 것을 '민주주의의 실현'으로 보고, 이에 반대·저항하거나 기존의 낡은 지배구조를 관철·고착시키려는 행위를 반민주적으로 보고 있다. 그리고 그들은 민주주의의 실현과 민중권력이 주권을 행사하는 진보적 민주주의체제를 제도적·구조적으로 구축하기 위해 낡은 지배구조인 국가보안법체제와 친미보수동맹체제 등을 혁파하고, 낡은 정치세력인 외세와 친미보수세력, 수구보수세력 등을 규제하고 척결해야 한다고 한다. 즉, 피청구인 주도세력이 주장하는 진보적 민주주의 체제는 민중정권으로서 주권 내지 국가권력이 민중에게 있다는 것을 의미하고, 국가는 민중에 적대적인 계급(즉, 자본가 계급 내지 특권적 지배계급)을 억압하기 위한 수단이 될 수 있다는 것이다. 마르크스-레닌주의에 따르면, '독재'라는 단어는 주권 내지 국가 권력의 소재와 적대적 계급에 대한 계급적 억압을 위한 수단을 의미한다.〉

PD계열이 주도하는 정의당은 憲裁가 통진당을 해산하자 같은 날 특별성명을 내고 "이번 판결은 민주주의에 대한 중대한 도전으로 강력히 규탄한다"며 "憲裁의 역사 중 가장 치욕적인 역사로 기록이 될 것"이라고 주장했다. 성명은 이어 "2014년 12월19일 오늘, 정의당은 대한민국 민주주의의 수준에 비통한 심정을 금할 수 없다"며 "이제 정의당은 오늘을 박근혜 대통령 당선일이 아니라 대한민국 민주주의가 무너진 날로 기억할 것"이라고 평가했다. 결국 NL이건 PD건 간에 變革(변혁)의 수단과 방법이 상이할 뿐 목표는 동일하다고 볼 수 있다.

공산혁명은 소수에 의해 달성

세계 최초로 공산혁명을 달성한 러시아에서 볼셰비키 당원의 수는 가장 많았을 때가 4만 명(1905년)으로 당시 러시아 인구(1억 5000만 명)의 0.027%에 불과했다. 그 후 제정 러시아 비밀경찰의 강력한 조직 파괴 공세로 볼셰비키 당원 수는 크게 줄어들어 1917년 '2월 혁명'이 일어나기 직전에는 2만 3600명 정도 밖에 되지 않았다. 당시 러시아 인구의 0.016%에 불과한 수치였다. 그러나 全(전) 국민의 0.016%의 인원으로 러시아는 공산화됐다.

오늘날 대한민국의 국체(國體)가 위협받고 있는 가장 큰 원인은 從北 세력을 중심으로 하는 左派세력의 규모가 우리의 자유민주주의 체제가 감당할 수 있는 규모를 초과한 데 있다. 反체제 세력의 충격강도가 체제의 충격 흡수 용량을 초과하게 되면 국가 시스템은 정상적으로 작동할 수 없다. 從北세력을 척결해야 하는 이유가 바로 여기에 있다.

③
시기별 학생운동권 조직

　1980년대 이후 국내 학생 운동권의 주요조직을 시기별로 보면 전국반제반 파쇼민족민주학생투쟁위원회(전민학련), 전국학생총연합(전학련), 민족통일민 주쟁취민중해방을위한투쟁위원회(삼민투위), 반제반군부반파쇼민족민주투쟁 위원회(민민투), 구국학생연맹(구학련), 反美자주화反파쇼민주화투쟁위원회 (자민투), 전국반외세반독재애국학생투쟁연합(애학투련), 전국대학생대표자 협의회(전대협), 조국통일범민족청년학생연합남측본부(범청학련 남측본부), 한국대학총학생회연합(한총련), 21세기한국대학생연합(한대련) 등으로 이어 져 왔다.

　이들 조직의 목표와 주요 주장을 간략히 살펴보면 다음과 같다.

　▲ 전민학련(1981년 결성)의 조직 목표 및 주요주장은 학생과 노동자의 의 식화를 통해 결정적 시기에 민중봉기, 폭력혁명에 의한 사회주의 국가를 수 립하는 것이었다. 전민학련은 서울대 민주화추진위원회(민추위, 1985년) 사 건을 배후조종한 것으로 알려져 있다.

　▲ 전학련(1985년 4월17일 결성)의 조직 목표는 反외세, 反독재, 민주화투

쟁을 위한 학생운동의 연계투쟁과 민족통일·민주쟁취·민족해방투쟁으로 민주화운동의 주도권을 장악하는 것이었다. 산하기구 중 대표적 조직으로는 '反외세민족수호특별위원회', '민중생존권수호특별위원회', '三民鬪委(삼민투위)' 등이 존재했다.

▲ 삼민투위(1985년 5월6일 결성)는 三民(민족통일·민주쟁취·민중해방)을 위해 싸우는 것이 목표로 기본노선은 민중민주주의(인민민주주의)였다. 三民鬪委는 從屬(종속)정권의 타도, 反외세·민족자주통일의 쟁취, 매판정권 타도를 통한 민중해방 이룩, 군부통치 분쇄를 통한 민주쟁취 실현, 美軍철수, 정권에 대한 미국의 지원 중단, 現 정권 퇴진 등을 주장했다. 三民鬪委는 조직이 와해된 것으로 알려져 있었으나 관련자들은 인간관계를 지속해서 나중에 다른 사건에 관련된다. 그 예가 노무현 정부 당시 중국의 北京을 거점으로 한 이른바 일심회 사건이다. 2006년 발생한 일심회 사건에서 간첩 장민호에게 포섭된 이정훈 前 민노당 중앙위원은 1985년 고려대 三民鬪委(삼민투위) 위원장을 지내면서 美문화원 점거농성 사건에 참여했던 인물이다. 이정훈을 장민호에게 소개해 준 인물은 허○○로 알려져 있다. 이 씨와 허 씨는 모두 고려대 82학번 동기이다. 일심회 사건으로 7년간 수형생활을 한 장민호는 2013년 미국으로 추방됐다. 이후 그는 미국에서 엠네스티 등 인권단체 관계자들을 상대로 한국의 국보법 폐지 운동을 벌이고 있다.

▲ 민민투(1986년 3월21일 결성)는 三民鬪委의 三民투쟁 이념과 민주화추진위원회(민추위, 서울대 내 非공개 학생운동조직)의 민족민주혁명론을 그대로 답습했다. 군부독재정권, 매판독점재벌, 美日 제국주의 타도, 민중폭력혁명에 의한 정권타도로 민중연립정권 수립 등을 주장했다.

▲ 구학련(1986년 3월29일 결성)의 주장 및 목표는 美帝 식민주의와 파쇼정권 타도, 민중 생존권 쟁취, 조국의 자주적 통일 등이었다. 북한의 주체사상을 받아들였던 구학련은 자민투의 상부조직으로 학원가 극렬시위 배후조

종, 서울을 4개 지역(동부·서부·남부·북부)으로 나누어 대학소재지 중심으로 4개 지역 평의회를 구성했다. 1994년 8월29일 김두희 당시 법무부 장관은 국회 법사위에 나와 현안보고를 통해 〈주사파의 실상과 대책〉을 공개했다. 이 문건에 따르면 "주사파의 뿌리는 1986년 결성된 지하조직 구국학생연맹으로 파악된다. (중략) 1985년 10월부터 서울법대, 서울공대의 운동권 학생들이 〈구국의 소리방송〉에서 보내는 '정치사상강좌', '정치철학강좌' 등을 집중적으로 듣고 북한의 對南혁명노선인 민족해방인민민주주의혁명론(NLPDR)을 학습하면서 주사파의 실체가 형성되기 시작했다"고 밝혔다.

▲ 자민투(1986년 4월4일 결성)는 민민투의 미온적 투쟁노선에 반발해 결성된 과격 투쟁조직으로 상부조직인 구학련과 더불어 주체사상을 받아들였다. 反帝·민중민주주의혁명론, 민족해방 민중민주주의 혁명론을 주장했으며, 反美救國(반미구국) 통일전선을 형성해 美 제국주의를 타도한 후 노동자 계급 중심의 민중민주주의 사회를 건설하는 것이 목표였다.

▲ 애학투련(1986년 10월18일 결성)은 와해된 전학련을 재건하고 三民鬪委와 같은 前衛(전위) 행동조직의 필요성에 의해 결성됐다. 애학투련은 1986년 10월 건국대에서 "反共이데올로기 까부수자" 등의 구호를 외치며 反美자주화투쟁과 민주제 개헌투쟁을 결합시키려했다.

▲ 전대협(1987년 8월 결성)은 결성 이후 해체된 1993년까지 줄곧 국보법 철폐, 주한미군 철수, 평화협정 체결, 연방제 통일의 4대 과제를 주장했다. 이는 북한이 한반도 공산화를 위해 주장해온 對南노선과 大同小異(대동소이)하다. 1989년 3기 전대협은 임수경(새정치민주연합 의원)을 평양에서 열린 제13차 세계청년학생축전에 대표로 보냈다. 임수경은 제3국을 통해 방북한 뒤, 문익환 목사와 함께 군사분계선으로 내려왔다. 이 사건을 기획·지원한 임종석(서울시정무부시장) 전대협 3기 의장은 임수경과 함께 국보법 위반으로 구속됐다.

▲ 범청학련 남측본부(1992년 8월15일 결성)는 한총련이 자신들의 上級(상급)단체로 부르는 단체다. 김정일을 "한국을 미국의 구속에서 해방시켜 7000만 전체를 하나로 재결합하는 민족지도자" 등으로 묘사하며 "김정일 장군의 천재적 핵전략으로 북조선은 붕괴되지 않고 한국이 붕괴되며 조선반도는 하나가 될 것"이라는 등 김정일의 전위대를 자처해왔다.

▲ 한총련(1993년 5월27일 결성)은 국보법 철폐·주한미군 철수·연방제 통일을 노골적으로 주장하다 1998년 利敵(이적)단체로 판시됐다. 그 계기는 1996년 여름 연세대에서 열린 '통일대축전' 행사였다. '한총련' 소속 학생들은 8월12일~20일 기간동안 연세대 내 종합관과 과학관을 점거해 농성을 벌이며 폭력을 행사했다. 행사 후 농성 장소에서는 김일성을 찬양하는 낙서와 유인물 등이 발견됐다. 또 김일성이 사망한 1994년 7월 한총련 내에 배포된 '김일성 선전지침서'에서는 "김일성 주석의 抗日무장투쟁, 조국해방전쟁, 사회주의 복구시기, 核문제를 둘러싸고 벌였던 외교전 등의 위엄스런 업적에 대해 선전사업을 전개해야 할 것"이며 특히 6·25전쟁에 대해 "통일을 위한 미국과 한민족의 전쟁이므로 조국해방전쟁"이라고 했었다.

▲ 한대련(2005년 4월30일 결성)은 한총련의 後身(후신)으로 전국학생회의 연합조직이다. 한대련은 강령에서 주한미군 철수, 국보법 철폐, 연방제 통일 같은 북한의 對南赤化구호 대신 '교육공공성 강화', '차별 없는 평등사회 구현', '여성·장애인·性的(성적)소수자 등 권리 옹호' 및 '우리민족끼리 힘을 합쳐 평화통일 실현', '자주적이고 당당한 나라 건설', '6·15공동선언 이행 실현' 등을 주장하고 있다. 김재연 통진당 前 의원의 경우 정치권 입성 전 한총련 대의원을 거쳐 한대련 집행위원회 위원장으로 활동했다.

④
시기별 운동권 單一연대체

　'單一連帶體(단일연대체)'란 혁명의 高揚期(고양기) 내지 滿潮期(만조기)에 수시로 등장하는 左翼단체들의 총단결(공동전선) 조직을 의미한다. 左翼세력은 혁명 과정에서 합법투쟁은 물론 半(반)합법, 非(비)합법투쟁을 모두 동원한다. 혁명의 守勢期(수세기)에는 흩어져서 半합법, 非합법투쟁을 하고, 高揚期(고양기)에는 모여서 합법투쟁에 집중한다. 즉 '혁명이 守勢期에서 高揚期로 진입했다는 판단 아래 흩어져 있던 조직들을 하나로 모으는 작업'을 단일연대체로 규정할 수 있다. 이러한 左翼세력의 공동전선 전술은 1921년 코민테른 3차 대회에서 '反파시즘 노동계급 공동전선'이라는 형태로 처음 등장했다. 아래는 1980년대 이후 지속적으로 등장해온 단일연대체 조직이다.

1) 민주화청년운동연합

　전두환 대통령 집권 시기는 左翼세력이 공안당국의 삼엄한 감시를 받으면서 소위 '민주화 투쟁'에 중점을 두었기 때문에 從北的 성향을 직접적으로 드

러내지 않았다. 이 시기 대표적인 운동권의 단일연대체 조직으로는 민주화청
년운동연합(민청련)이 있었다. 민청련은 광주사태 이후 1970년대 학번이 주
축이 되어 결성한 운동권 조직으로 민족민주주의혁명(NDR)에 입각해 '反美·
反독재' 투쟁을 전개했다.

민청련은 1983년 9월 서울 성북구 돈암동 상지회관에서 창립됐다. 의장에
는 김근태(前 열린우리당 의장)가 선출됐다. 민청련의 뿌리는 1978년 5월 결
성된 민주청년인권협의회(민청협)이었다. 維新(유신)에 반대하다 옥고를 치른
조성우(前 민화협 집행위원장), 장만철(본명 장선우, 영화감독), 정문화, 양관
주, 문국주 등의 활동가들이 조직한 민청협은 'YWCA위장결혼사건'으로 지도
부가 대거 구속되어 사실상 조직이 와해됐다. 그러나 1982년 12월 김대중 내
란음모 사건으로 구속된 민청협 의장 조성우가 출소하자 민청협 재건 문제가
논의되기 시작했고, 그 결과 조성우, 이명준, 이해찬(前 국무총리), 이범영,
박우섭 등이 새로운 단체로 민청련을 만들었다. 민청련은 단체 기관인 〈민
주화의 길〉과 대중신문인 〈민중신문〉을 발간하고 레이건 대통령 방한 반대
투쟁, 전두환 대통령 방일 반대투쟁, 광주영령 추모집회 등을 전개했다.

민청련은 1992년 한국민주청년단체협의회(한청협)가 창립되자 조직 내부
에서 해체논의가 시작됐다. 이후 1992년 11월 제15차 정기 대의원 총회를 통
해 "민청련을 발전적으로 해체하고 민청련의 지부 조직들은 한청협과 서울민
주청년단체협의회(서청협) 등에 가입하여 서울지역과 전국 청년단일 조직 건
설을 앞당기기 위해 노력한다"고 밝혀 공식 해체를 선언했다.

민청련의 기본노선이었던 민족민주혁명(NDR)은 운동권 내에서 민민투(反
帝·반파쇼·민족민주투쟁위원회) 계열의 투쟁 이념으로 주된 대상을 '파쇼'
와 '美제국주의'로 규정하고, 노동계급만을 투쟁의 주체로 삼아 파쇼타도→美
帝축출→임시 혁명정부 수립→制憲(제헌)의회 소집→민중민주공화국 건설을
추구했다. NDR은 박헌영의 '8월 테제'와 그 기원이라 할 수 있는 코민테른의

'12월 테제'에 등장하는 1단계 혁명론인 민족민주혁명, 즉 부르주아민주혁명론과 유사하다.

2) 민주통일민중운동연합

민주통일민중운동연합(민통련)은 민청련 출범 후 민중민주운동협의회(민민협, 1984년 6월 창립)와 민주통일국민회의(국민회의, 1984년 10월)가 통합되어 1985년 3월 결성된 단체이다.

설립당시 고문으로는 함석헌, 김재준 등이 위촉됐고, 상임의장에는 문익환목사가 선출됐다. 기관지로는 〈민주통일〉, 신문으로는 〈민중의 소리〉를 발간했으며, 1986년 5·3인천사태로 간부 대부분이 수배되고 문익환 의장이 구속되기도 했다. 이런 가운데 전두환 정부는 5·3인천사태를 계기로 민통련을 '불온단체'로 규정했다. 당시 치안본부는 민통련이 궁극적으로 노동자, 농민, 도시빈민 등 이른바 무산계급인 '민중'이 지배하는 '민중국가' 건설을 목적으로 하고 있다고 판단했다. 민통련은 이를 위한 전술로 학생운동·노동운동·농민운동의 상호 연대투쟁을 추진했으며, 창립 이래 정권타도, 남북분단을 고착시키는 現 헌법개정, 미군철수 등을 표방했다.

실제로 민통련은 13개 구조로 된 강령에서 △민중의 힘에 의한 자주적 평화통일 △자주적 민주정부 실현 △대외적 불평등 관계 청산과 자주외교 실현 △反戰·反核운동 전개 등을 내세웠다. 강령은 또 한국의 경제구조가 '식민지적 파행성'을 일으키고 있다고 주장했다. 민통련은 강령을 해설하면서 전두환 정부에 대해 "對美 예속적 反민중적 군부독재 정권으로서 지극히 폭력적"이라고 규정했다. 남한의 경제구조와 관련해서도 "우리 국민경제는 新식민지 세계자본주의 체제에 편입되어 있다"고 주장했는데 이는 PD계열 운동권의 인식과 동일했다.

민통련은 1987년 5월 정치권과 민주화 세력을 총망라한 민주헌법쟁취국민운동본부를 결성하는데 주도적인 역할을 했다. 그러나 같은 해 대선을 둘러싸고 양김(김영삼, 김대중)씨에 대한 입장을 놓고 내부 분열이 발생, 대선에서 야당이 패배하면서 조직이 사실상 와해됐다.

민통련은 1988년 서울올림픽 개최를 앞두고 남북 공동올림픽 쟁취투쟁을 벌였으며 북한과 함께 조국통일범민족연합(범민련, 利敵단체)을 결성했다. 단체 상임의장이었던 문익환은 민통련이 전민련(전국민족민주운동연합)에 흡수된 다음인 1989년 3월 비밀리에 북한을 방문했다.

3) 전국민족민주운동연합

전국민족민주운동연합(전민련)은 1989년 1월 창립된 운동권의 전국적 통합조직으로 민주주의민족통일전국연합(전국연합)의 前身(전신) 조직이다.

전민련은 80년대 후반 분열됐던 운동권 세력이 힘을 결집해 만든 조직으로 서울민족민주운동연합회 등 지역운동단체 12개, 전국노동운동단체협의회, 전국농민운동연합 등 부문운동단체 8개 등 총 20여개 단체(개별운동단체 200여개 참여)가 주축이 됐다. 자주·민주·통일을 내세웠던 전민련은 결성문에서 "애국적 민족민주운동 역량의 총집결체로 (중략) 민중해방과 자유평등 사회를 위해 자주화 운동, 反독재 민주화 운동, 조국 통일운동에 매진할 것"을 선언했다.

이러한 목표에 맞춰 단체는 출범 이후 국보법 철폐, 토지공개념 도입, 민주자유당 해체 등의 '反파쇼민주화' 투쟁과 함께 주한미군철수, 팀스피리트 훈련 중지 등의 '反美자주화' 운동, 8·15범민족대회 등의 '조국통일' 운동을 전개했다. 전민련은 그러나 이부영(前 국회의원) 상임의장을 비롯해 조성우, 이재오, 이창복 등 주요 간부들이 국보법 위반 혐의 등으로 구속되어 구심력을 잃고 1991년 민주주의민족통일전국연합(전국연합)이 결성되면서 해체됐다.

4) 민주주의민족통일전국연합

　전민련의 후신 조직인 민주주의민족통일전국연합(전국연합)은 창립 이래 국보법 철폐, 주한미군철수, 자주적 민주정부 수립 등을 주장하며 '연방통일 조국건설'을 지향했던 운동권의 단일연대체 조직이다. 권영길 주도의 국민승리21의 결성에 참여했던 전국연합은 민노당 창당 당시 공식적으로 불참을 결정했다.

　그러나 憲裁의《통합진보당 해산 결정문》에 따르면 이상규, 김미희, 정형주, 이용대, 김영욱, 김근래, 박우형(이상 경기동부연합), 김창현, 민병렬, 천병태(이상 부산울산연합), 장원섭, 김선동(이상 광주전남연합) 등 일부 전국연합 산하 지역연합 구성원들이 민노당 창당 시부터 개별적으로 민노당에 입당해 활동한 것으로 摘示(적시)되어 있다. NL계열의 전국연합은 그 후신격인 한국진보연대가 출범하면서 2008년 공식 해산됐다.

　민노당은 2006년 10월 제6차 중앙위원회에서 재석 224명 가운데 137명 찬성으로 소위 진보진영의 상설연대체(단일연대체)건설 준비위원회 참가를 의결했다. 이후 2007년 8월 민노당은 중앙위원회 재석 229명 중 146명의 찬성으로 한국진보연대 가입을 의결했으며 2007년 자주·민주·통일을 지도이념으로 하는 한국진보연대가 만들어졌다.

　전국연합의 뒤를 이은 한국진보연대는 2007년 10월3일 광화문에서 개최한 간첩·빨치산 추모제(민족민주열사·희생자 범국민추모제)를 개최했다. 2008년에는 광우병 촛불집회를 주도했는데 당시 '광우병대책회의'를 주도했던 단체가 바로 한국진보연대였다.

地上黨·地下黨

시기별 從北 지상·지하당 계보

시기	해방~1959년 (초창기)	1960~1986년 (침체기)		1987~1996년 (준비기)		1997~현재 (활성기)	
黨名	조선공산당 조선인민당 남로당 진보당	공개 정당	통일사회당 대중당 사회당 사회민주당	공개 정당	민중의당 한겨레민주당 민중당	공개 정당	국민승리21 민노당 (NL·PD통합) 통진당 (NL계열 주도) 정의당 노동당 (PD계열 주도)
		지하당	인혁당 통혁당 남민전	지하당	중부지역당 구국전위 민혁당	지하당	일심회 왕재산 R.O.(이석기 주도)

영국의 보수주의 철학자 에드먼드 버크(Edmund Burke)는 政黨(정당)을 "여러 사람들이 모두 동의하는 어떤 특정원리에 입각해서 그들의 합치된 노력을 '國益(국익)'에 헌신하기 위해 결합된 집단(Party is a body of men united, for promoting by their joint endeavours, the national interest, upon some particular principle in which they are all agreed)"이라고 정의했다. 버크의 논리를 한국의 역대 '左派정당'에 적용하면, 이들 정당은 대개 國是(국시)인 자유민주주의에 반하는 사회주의 또는 공산주의를 추종했기 때문에 '급진·좌파(radical left)' 정당으로 규정할 수 있다. 실제로 세계 어느 나라에서나 '진보(進步)'라는 용어를 정치적으로 쓰면 공산주의 또는 親共(친공)이란 말과 거의 동의어로 쓰고 있다.

대한민국의 역대 급진 정당은 크게 ▲초창기(해방~1959년) ▲침체기(1960~1986년) ▲준비기(1987년~1996년) ▲활성기(1997년~현재)로 구분되며, 활동 형태상으로는 '공개(합법 정당)' 조직과 '非공개(非합법 정당)' 조직으로 나누어진 '이중적 구조'를 띠어왔다. 建國 이후 북한과의 직간접적 연계 속에 활동해온 급진정당의 계보와 활동은 아래와 같다.

1) 초창기(해방~1959년)

1945년 8월15일 해방과 함께 공산주의 세력은 조선공산당, 남조선신민당, 조선인민당과의 합당을 통해 박헌영 주도로 남조선로동당(남로당, 1946년 11월 결성)을 조직했다. 남로당은 초기 美軍政(미군정)하에서 합법적 공산주의 운동을 하면서 노동자·농민들을 선전·선동해 각종 파업 등을 주도하며 '제주 4·3사건', '여수·순천 반란사건' 등을 일으켰다.

1946년 精版社(정판사) 위폐사건으로 남로당의 활동이 美軍政에 의해 불법화되자 당의 주요 지도자들이 대거 越北(월북)했다. 남로당은 1949년 6월 북조선로동당(북로당)과 합당해 조선로동당이 됐다. 조선로동당이 결성되자 박헌영을 주축으로 했던 남로당 세력은 김일성의 지배 하에서 갖가지 명목으로 숙청 및 처형을 당했다.

남로당 궤멸 후 국내 급진정당의 계보는 조봉암 주도의 진보당(1956년 11월 창당)으로 이어졌다. 조봉암은 일제시대 소련으로 건너가 모스크바 '동방노력자 공산대학'을 수료하고 1925년 조선공산당이 조직됐을 때 조직중앙위원장을 지냈던 인물이다. 제3대 대선에 출마해 30%의 지지율을 얻기도 했던 조봉암은 1958년 상인 출신의 양명산을 통해 북한으로 부터 정치자금을 받았다는 혐의(진보당 사건)를 받아 사형선고를 받고 교수형을 당했다. 진보당은 1958년 2월25일 소멸될 때까지 약 15개월간 존속했다. 진보당 해산 이후 국내 급진정당은 민중당(1990년 창당)이 등장할 때까지 30년 넘는 공백기가 발생했다.

2) 침체기(1960~1986년)

1960년~1986년 시기는 급진정당 활동의 침체기에 해당된다. 이 기간은 박정희·전두환 대통령 집권시기로 통일사회당, 대중당, 사회당, 사회민주당 등의 급진정당이 조직됐으나 국민의 지지를 받지 못하고 단명했다.

이 시기는 그러나 김일성의 '지하당 구축 강화' 지령에 따라 인혁당(인민혁명당), 통혁당(통일혁명당), 남민전(남조선민족해방전선준비위원회) 등의 지하당이 남한에서 구축됐던 시기이다.

인혁당은 남파간첩 김영춘에 의해 포섭된 도예종, 이재문 등이 북한의 조선노동당 강령을 토대로 작성한 정강에 기초해 1962년 1월에 결성되어 1964년 중앙정보부에 검거됐다. 도예종은 1973년 인혁당 재건(제2차 인혁당 사건)을 꾀하다 1975년 사형당했고, 이재문은 1979년 남민전 사건으로 사형이 확정된 후 1981년 서대문 구치소에서 병사(病死)했다.

통혁당 역시 북한의 지령을 받아 1961년 12월 전남 무안 임자도 주민 최영도가 남파 공작원 김수영에게 포섭되며 조직됐다. 최영도는 이후 평양을 오가며 조선노동당에 입당했고, 이후 김질락·이문규 등과 통혁당을 조직했다. 이 사건에는 한명숙 前 민주당 대표와 그녀의 남편 박성준 성교회대 교수 등의 인물들이 연루됐다. 통혁당 조직원들은 1968년 8월 중앙정보부에 검거됐다.

남민전(1979년 10월 검거)은 1964년 인혁당 사건 연루자인 이재문 등이 출소 후 결성한 지하공산혁명 조직이다. 남민전은 민중봉기로 공산혁명을 한다는 목표 아래 김일성에게 '피로써 충성을 맹세'하는 서신을 보냈고, 결정적 시기에 북한군 지원을 요청할 계획을 세웠다. 주범 이재문·신향식은 검거 후 사형선고를 받았고, 안재구(前 숙대 교수), 김승균(前 〈사상계〉 편집장), 임헌영(민족문제연구소장), 이학영(새정치민주연합 의원) 등의 인물들이 구속됐다.

3) 준비기(1987~1996년)

1987년~1996년 시기는 조봉암의 진보당 해체 이후 침체됐던 급진정당이 다시금 합법적 활동을 재개하는 기간이다. 대표적 급진정당으로는 민중의 당, 한겨레민주당, 민중당을 들 수 있다. 이 가운데 민중당은 이우재, 이재오, 장기표 등이 민중의 당과 한겨레민주당 참여인사들을 중심으로 1990년 11월 창당한 운동권 정당이다. 민중당은 강령에서 국보법·안기부법 등 反민주 악법 철폐, 남북한 연방제 통일, 재벌 해체 및 일정 규모 이상의 토지 국유화 등을 주장했다. 민중당은 북한과의 공조에도 역점을 두었다. 일례로 민중당은 북한의 정당 및 사회단체와 민족통일문제를 협의한다는 명목으로 30명에 달하는 북한방문대표단(단장 이재오)을 구성해 1991년 2월23일 조선로동당의 초청을 수락해 방북을 결정하기도 했다.

민중당은 제14대 총선에서 제6공화국의 失政(실정)을 비판하고 노동자와 농민 등 기층 민중의 이익을 대변할 것을 주장하며 선거운동을 벌였으나, 단 한명의 당선자도 내지 못하고 1992년 정당 등록이 취소됐다.

민중당은 일부 간부들이 '남한 조선노동당 중부지역당(이하 중부지역당)' 사건에 연루되기도 했다. 당시 안기부 기록에 따르면 사건의 주범 이선실(북한 간첩)이 김낙중(민중당 공동대표)에게 접근해 거액의 공작금을 제공한 것으로 밝혀졌다.

1987년~1996년 시기는 중부지역당 사건을 비롯해 구국전위, 민족민주혁명당(민혁당) 등 지하당 활동이 활발했던 시기이다. 구국전위는 주모자들이 북한으로부터 공작금을 받고 구축한 지하당으로 1994년 6월 공안당국에 의해 검거됐다. 민혁당은 김영환이 북한의 주체사상을 기반으로 1992년 3월 조직한 지하조직이다. 지난 19대 총선을 통해 국회로 진출했던 통진당 소속의 前 의원 이석기가 민혁당 사건 연루자이다. 이석기는 1999년 민혁당 사건 발표 이후 지하로 잠적해 3년 동안 수배생활을 하다 2002년 5월 공안당국에 의해 검거됐다.

4) 활성기(1997~현재)

1997년 이후 발생한 급진정당은 기존 운동권 세력을 중심으로 한국사회를 미국의 식민지로 보며 종북적 색채가 강한 NL(National Liberation)계열과 마르크스·레닌주의를 신봉하는 PD(People's Democracy)계열로 양분되어 활동을 지속해오고 있다.

1997년 대선을 기점으로 민노총 위원장 출신의 권영길이 주도했던 국민승리21은 당시 운동권 내 NL·PD그룹이 연대해 조직했던 급진정당으로 민노당의 前身이 됐다. 민노당은 2004년 17대 총선에서 10석의 국회의원 확보로 원내 진출에 성공했다. 민노당은 2011년 12월 야권소통합의 일환으로 국민참여당, 새진보통합연대와의 합당으로 통합진보당(통진당)으로 黨名을 개정해 2014년 12월19일(정당해산)까지 활동했다.

1997년 대선당시 권영길의 국민승리21에 참여했던 PD계열 운동권 세력은 국민승리21이 '계급투쟁을 간과했다'면서 1998년 2월 청년진보당을 창당했다. 국보법 철폐와 주한미군철수를 주장했던 청년진보당은 2001년 8월 사회당으로 당명을 바꾼 뒤 反자본주의 노선을 표명했다. 사회당은 이후 희망사회당, 한국사회당, 다시 사회당으로 수차례 黨名을 바꾼 뒤, 민노당 탈당파(PD계열)를 중심으로 조직된 진보신당(2008년 3월 창당)과 2012년 3월 흡수·통합됐다. 진보신당은 2013년 7월 임시 黨대회에서 노동당으로 黨名을 개정해 활동 중이다.

지하당 일심회·왕재산

2000년대 이후 공안당국에 의해 적발된 지하당 형태를 띤 조직으로는 '일심회'와 '왕재산' 등을 예로 들 수 있다. 일심회는 2006년 10월 국정원이 적발한 조직이다. 북한의 지령을 받은 장민호가 조직 총책이었으며, 최기영(前 민노당 사무부총장), 이정훈(前 민노당 중앙위원) 등이 이 사건에 연루됐다.

2007년 12월13일 대법원은 일심회 사건의 주동자인 장민호에게 징역 7년에 추징금 1900만원, 자격정지 7년을 선고한 원심을 확정했으며, 함께 기소된 이정훈와 손정목(민노당 창당인사)에게 각각 징역 3년과 4년을, 이진강(일심회 조직원)에게 징역 3년을, 최기영 前 민노당 사무부총장에게는 징역 3년 6월을 선고한 원심을 확정했다.

재판부는 "북한이 국가보안법상 反국가단체에 해당한다고 한 원심의 조치는 정당하고 국가의 안전과 국민의 생존 및 자유 확보를 목적으로 하는 국가보안법을 위헌으로 볼 수 없다"며 "이를 전제로 피고인들에 유죄를 선고한 원심은 정당하다"고 판시했다.

2006년 10월27일 김승규 前 국정원장은 일심회 사건 수사가 이루어지던 중 돌연 사의를 표명했다. 폭로전문 웹사이트 〈위키리크스〉가 공개한 미국의 외교 전문에 따르면 이는 청와대의 압력 행사에 의한 것이었다고 한다.

해당 외교전문의 작성자인 알렉산더 버시바우(前 주한 美 대사)는 2006년 11월9일 美 국무부에 타전한 비밀전문에서 "손학규 前 경기지사는 학생운동가 5명 등이 재미동포와 연관돼 스파이활동을 한 혐의로 체포된 것은 중요한 이슈"라고 말했다. "체포·수감된 이들이 북한을 위한 간첩활동을 했다는 일부 주장과 달리 좌파 쪽 일부인사는 단순히 국가보안법을 위반한 사건으로 생각한다고 말했다"고 보고했다. 당시 손학규는 "김승규 前 국정원장이 이 간첩사건을 독자적으로 수사했고 이 때문에 국정원장 자리에서 밀려난 것으로 느껴진다"고 버시바우 대사에게 말했다고 한다.

2011년 적발된 왕재산 조직은 민혁당을 지도했던 북한의 對南공작 조직인 대외연락부(現 225국)가 1993년 "남조선 혁명을 위한 지역 지도부를 구성하라"는 김일성의 지시를 받고, 남한에 조직한 지하당이다.

왕재산은 북한에서 '軍 관계자를 포섭하고 주요 시설 폭파 준비를 하라'는 지령을 받았으며, 미군의 野戰(야전)교범과 군부대·防産(방산)업체의 위치 정보 등이 담긴 위성사진 등 군사정보도 북괴에 넘긴 것으로 조사됐다. 왕재산은 2014년에 인천을 거점으로 하여 인천 남동공업단지 등을 폭파시키는 것을 시작으로 유사시에 인천광역시의 행정기관, 軍 부대, 방송국 등을 장악한 이후 수도권에 대한 시위 형태의 공격작전 및 궐기대회를 실시할 예정이었다.

2013년 7월26일 대법원 3부(주심 이인복 대법관)는 국보법 위반 등 혐의로 기소된 왕재산 총책 김 모씨에 대한 상고심에서 징역 7년에 자격정지 7년을 선고한 원심을 확정했다. 또 서울지역책 이 모씨와 인천지역책 임 모씨에게 각각 징역 5년과 자격정지 5년, 연락책 이 모씨에게 징역 4년과 자격정지 4년, 선전책 유 모 씨에게 징역 1년에 집행유예 2년을 선고한 원심도 확정했다. 재판부는 김 씨 등이 2001년 3월~2006년 2월 4차례에 걸쳐 전국연합·한총련·범민련 남측본부의 동향과 당시 정부 주도세력 등을 수집한 혐의를 유죄로 인정했다.

재판부는 "피고인들이 탐지·수집한 내용이 문건의 형태로 존재한다면 문건 자체가 증거가 될 수 있다"며 "그 내용은 대외적으로 알려지지 않은 사실 또는 지식으로서 이를 누설할 경우 국가 안전에 위험을 초래할 우려가 있어 '국가기밀'에 해당한다"고 원심의 판단을 인정했다. 그러나 2005년 反국가단체를 구성한 혐의, 2005년 6월~2011년 5월 정치권 주요 동향과 재보선 이후 정치 상황 등을 탐지한 혐의에 대해서는 무죄 판단을 내렸다.

이석기 주도 지하조직 RO

국정원과 수원지검 공안부는 2014년 8월28일 이석기 당시 통진당 의원의 사무실과 자택에 대해 형법상 내란예비음모 혐의 및 국보법 위반 혐의로 압수수색을 실시했다. 공안당국은 이석기를 총책으로 하는 지하 혁명조직 'RO(Revolutionary Organization)'가 1997년 해체된 민족민주혁명당(민혁당)의 殘存(잔존)세력이 구축한 북한 추종 조직으로 보았다.

RO는 이석기를 정점으로 하는 '중앙위원회'가 있고, 그 산하에 경기동부·경기남부·경기중서부·경기북부 등 4개 지역별 권역과 '중앙팀', '청년팀'의 조직 체계를 갖추고 있었다.

RO는 2013년 5월12일 경기도 용인의 모처에서 비밀 회합을 갖고 전쟁에 대비해 경기남부지역의 통신시설과 유류시설 파괴를 모의했던 것으로 밝혀졌다.

2012년 8월 경기도 광주시 곤지암에서 열린 '진실승리 선거대책본부 해단식'에서는 2014년 6월 지방선거와 2016년 제20대 총선을 통해 민주당을 제치고 제1야당의 위상을 확보한 뒤, 2017년 대선에서 승리하겠다는 '집권 시간표'

를 제시하기도 했다. 정부는 2013년 9월2일 이석기에 대한 체포동의요구서를 국회에 제출했으며, 같은 해 9월4일 국회의원 과반수 찬성으로 체포동의안이 가결됐다. 당시 公安당국이 국회에 제출한 82페이지 분량의 〈국회의원 이석기 체포동의 요청서〉에는 혁명조직 RO의 가입절차, 이념 및 강령, 조직체계 등이 아래와 같이 상세하게 적시되어 있다.

'RO'의 가입 절차는 '학모(학습모임)', '이끌(이념서클)', '성원화' 등 3단계로 되어 있다. 학모 단계는 RO의 세포책이 대학이나 청년운동단체에서 활동하는 주사파 변혁운동가를 대상으로 모임을 조직해 《다시 쓰는 한국현대사》등 左傾 서적을 교재로 사상학습을 진행하는 단계이다.

이끌 단계에서는 학모 단계 성원 가운데 주체사상을 적극적으로 수용하는 인원을 대상으로 《주체사상에 대하여》, 《주체의 혁명적 조직관》, 《김일성 회고록》, 《김일성 저작집》등 북한 원전을 교재로 심화 사상학습을 진행한다. 성원화 단계는 이끌 단계 성원으로부터 자기소개서와 결의서, 추천서 등을 받아 상부에 보고한 뒤, 가입대상자와 함께 해변이나 산악지역의 인적이 드문 민박집 등에서 수련회를 가지며 '조직성원화 절차(가입식)'를 진행하는 과정이다. 이때 가입식은 ▲지휘성원의 지시에 따른 민주 열사에 대한 묵념 ▲조직의 강령, 5대 의무(조직보위·사상학습·재정방조·분공수행·조직생활) 고지 ▲결의다짐 ▲대상자 결의발표 및 지휘성원의 환영인사 ▲조직명(假名) 부여 ▲북한 혁명가요 '동지애의 노래' 제창 ▲RO에서 내려준 학습자료로 주체사상 학습 실시 순으로 진행됐다. 특히 결의다짐 과정에서는 지도 성원이 "우리의 首(수)는 누구인가"라고 외치면 대상자는 "비서동지"(김정일 지칭)라고 답하는 식으로 한다. RO의 이념 및 강령은 ▲주체사상을 지도이념으로, 남한 사회의 변혁운동을 전개한다 ▲남한 사회의 자주·민주·통일 실현을 목적으로 한다 ▲주체사상을 심화·보급·전파한다로 되어 있다.

이석기는 2013년 5월12일 RO의 비밀회합에서 '필승의 신념'으로 무장할 것과 북한의 전쟁 상황 조성시 이에 호응하기 위한 '물질적·기술적' 준비 체계 구축을 주문했다. 〈국회의원 이석기 체포동의 요청서〉에 언급되어 있는 RO 의 전시 대비 계획은 아래와 같다.

〈同(동) 회합에 참석한 'RO' 조직원들은 약 1시간에 걸친 권역별 토론을 통해 現 정세가 '전쟁 상황'이라는 것에 대한 인식을 공유하고 戰時(전시)에 대비한 '물질적-기술적' 실행방안을 통모·합의하였으며, 그 중 공동피의자 이상호, 한동근이 소속되어 있는 'RO' 경기남부지역 조직원들은 물질적·기술적 준비사항으로 ▲철도·통신 등 국가기간 산업에 대한 타격 ▲주요 보안시설 위치 사전 파악 ▲인터넷을 통한 무기제조법 습득 등 자체 무장 준비 ▲전쟁 대비 매뉴얼 작성 등 실질적으로 실행 가능한 방법을 통모-합의하였다. (중략) 국지전 등 북한의 전쟁 상황 조성시 이에 호응하여 대한민국 내부에서 정부를 전복하고 사회주의 국가를 건설하기 위해 내란 수준의 유격투쟁을 전개할 것을 구체적으로 합의하였다.〉

2015년 1월22일 대법원 전원합의체(주임 김소영 대법관)는 내란음모·선동 혐의로 구속기소된 이석기에 대한 상고심 재판에서 "피고인의 내란선동 행위가 인정된다"면서 징역 9년에 자격정지 7년을 선고했다. 대법원은 검찰 측 증거에 대해 "압수수색 과정에서 확보된 증거는 합법적"이라며 "제보자 이 모씨의 녹음파일도 증거능력이 있다"고 밝혔다. 다만, 이석기가 결성했다는 지하혁명조직(RO)에 대해서는 "실체를 인정하기 어렵다"며 "내란음모죄는 인정되지 않는다"고 선고했다.

이처럼 남로당 등 공산세력은 6·25전쟁이후 주축세력이 瓦解(와해)됐지만 그 殘存(잔존)세력은 끝까지 살아남아 변신을 거듭하며 합법영역에서는 정당을, 非합법영역에서는 북한과 연계해 지하당을 조직해왔다.

4
········

북한의 지령과 호응

① 對南혁명 이론

1) 戰略과 戰術의 개념

　북한의 對南전략을 이해하기 위해서는 戰略(전략)과 戰術(전술)의 개념에 대한 이해가 선행되어야 한다. 북한의 《정치용어사전》은 "전략이란 일정한 단계에서 로동계급의 주되는 공격방향을 결정하며 로동계급의 주위에 모든 역량을 집결하고 옳게 배치하는 등 혁명의 전반적 승리를 보장하기 위한 기본방침을 말한다"고 기술되어 있다. 전술에 대해서는 "일정한 혁명단계에 있어서 정세의 변동에 따라 그 시기에 알맞은 투쟁방침을 결정하며 시기적으로 같은 전략상 목적을 달성하기 위한 행동강령을 말한다"고 했다.

　북한의 對南전략은 〈조선노동당 규약〉에 명시되어 있는 것처럼 "온 사회의 주체사상화" 그리고 "자주, 평화, 민족대단결의 원칙에 따라 조국을 통일하기 위해 전개하는 모든 '실천적 행동지침'을 의미한다. 북한의 對南혁명전술은 남한을 공산화하는 과정에서 비교적 짧은 기간에 적용되는 '구체적 행동방책'이다.

일반적으로 공산주의 계급혁명의 구조는 이론→강령→전략·전술로 나뉘어져 있다. 구체적으로 공산주의 혁명이론은 유물론과 변증법에 입각해 자본주의는 망하고 공산주의가 필연적으로 도래한다는 이룰 수 없는 '유토피아(Utopia)'를 제시하는 것이 핵심이다. 강령은 혁명이론을 철저히 신봉하고 공산당이 처한 입장에 따라 혁명목표를 설정하는 것을 뜻한다(북한의 경우 〈조선노동당 규약〉). 전략과 전술은 강령이 추구하는 바에 따라 목표달성을 위해 기본계획을 설정(전략)하고 기본계획을 주어진 환경과 정세에 맞게 구체적 혁명운동으로 실천(전술)해 나가는 것이다. 이처럼 북한의 對南전략은 공산주의의 일반적인 계급혁명 이론체계를 한반도의 특수환경에 맞추어 체계화시킨 것이다.

2) 북한의 對南인식 및 목표

북한의 對南 인식은 전통적으로 '美제국주의가 세계제패를 위한 병참기지로 활용하기 위해 강제로 점령한 植民地(식민지)가 남한'이라는 관점에서 출발하고 있다.

북한은 8·15 광복 이후 줄곧 "남조선은 美帝의 완전한 식민지이며 침략적 군사기지이다", "美帝는 남조선을 정치·경제·군사적으로 완전히 예속시켰다", "美帝에 의해 일부 재편성된 남조선의 사회경제 관계는 지난 일제 식민지 통치시기에 비해 아무런 본질적 변화도 없이 여전히 식민지 半봉건적 성격을 띠고 있다"고 주장해왔다. 이러한 인식을 바탕으로 북한은 이른바 美제국주의자들로부터의 '해방'과 파쇼적 反共세력에 대한 '혁명'을 통해 남한에서 공산정권을 수립하는 것을 對南전략의 목표로 추구해왔다. 북한은 2010년 9월28일 개정된 〈조선노동당 규약〉에서 '조선노동당의 당면목적'을 아래와 같이 밝혔다.

〈조선로동당의 당면목적은 공화국북반부에서 사회주의 강성대국을 건설하며 전국적 범위에서 민족해방민주주의 혁명의 과업을 수행하는데 있으며 최종목적은 온 사회를 주체사상화하여 인민대중의 자주성을 완전히 실현하는데 있다. (중략) 조선노동당은 주체사상교양을 강화하며 자본주의사상, 봉건유교 사상, 수정주의, 교조주의, 사대주의를 비롯한 온갖 반동적 기회주의적 사상조류들을 반대 배격하여 맑스·레닌주의의 혁명적 원칙을 견지한다. (중략) 조선로동당은 남조선에서 미제의 침략무력을 몰아내고 온갖 외세의 지배와 간섭을 끝장내며 일본군국주의의 재침책동을 짓부시며 사회의 민주화와 생존의 권리를 위한 남조선인민들의 투쟁을 적극 지지성원하며 우리 민족끼리 힘을 합쳐 자주, 평화통일, 민족대단결의 원칙에서 조국을 통일하고 나라와 민족의 통일적 발전을 이룩하기 위하여 투쟁한다.〉

북한의 對南인식 및 목표 (출처: 대한민국의 敵)

남한사회 성격	– 美제국주의의 新식민지 국가 – 남한정권: 反통일, 反민족세력, 민주세력(從北 · 容共세력) 탄압정권	
反혁명세력	– 美帝의 新식민지 정책 추구자 – 매판자본가, 반동관료배 – 反사회주의 · 反공화국 책동을 하는 반동분자(保守 · 右派세력)	
해결방도	– 민족해방 인민민주주의 혁명(주한미군철수, 남한정권 타도, 容共정권수립) – 3대 혁명역량 강화(북한–남한–국제 혁명역량 강화) – 고려연방제에 의한 자주적 평화통일(한반도 공산화 통일)	
목 표	당면목표	최종목표
	– 對南 우위의 군사력 확보 – 3대 혁명(사상, 기술, 문화) 수행 – 민족해방 인민민주주의 혁명수행	– 수령 독재 국가 완성

북한은 김일성·김정일 사후 심화된 경제난을 타개하기 위해 한국과 미국을 중심으로 한 국제사회로부터의 경제적 지원을 받아들이고 있다. 그러면

서도 천안함 爆沈(폭침)·연평도 포격 등 무력 對南도발을 서슴지 않았다. 따라서 북한이 일시적 宥和(유화) 제스처를 구사한다고 해서 지금껏 유지해 온 '남조선혁명'을 통한 全 한반도의 공산화라는 對南 전략의 목표를 포기했다고 볼 수는 없다.

3) 북한의 對南투쟁 과제

북한은 민족해방 인민민주주의 혁명(NLPDR) 달성을 위한 통일전선의 슬로건(slogan)으로 '自主·民主·統一(이하 自民統)'을 전술적 행동지침으로 삼고 있다.

自民統과 관련해 북한의 對南선전선동 매체인 〈반제민전〉은 '전국적 범위에서 민족해방과 인민민주주의의 혁명과업을 완수한다'는 내용을 근거로 "우리나라의 일부지역을 강점하고 있는 美帝 점령군을 축출함으로써 식민통치 체제를 청산하는 한편, 식민지 예속 정권을 자주적 민주정권으로 교체하고 그 새로운 정권이 민족해방 민주주의 혁명의 과업을 끝까지 완수하는 것"이라고 밝히고 있다.

이와 함께 "美帝 점령군을 몰아내고 反혁명세력을 打勝(타승)함으로써 식민지 예속체제, 국가보안법 체제를 청산하는 것은 곧 자주적 민주정권을 수립하는 것이다. 자주적 민주정권의 정치강령과 전국적 통일전선의 정치강령은 동일하게 자주·민주·통일의 3대 강령"이라고 했다. 따라서 북한과 북한을 추종하는 남한 내 從北세력이 주장하는 '自主'는 주한미군철수를 위한 反美 자주화 투쟁을 의미한다. '民主'라는 용어는 남한의 자유민주주의 정권을 타도해 從北세력이 주도하는 인민민주주의 정권 수립을 위한 反파쇼 민주화투쟁(예: 국보법 철폐·국정원·기무사·경찰보안수사대 해체)을 의미한다. '統一'이라는 용어는 대한민국 憲法에 입각한 자유민주주의적 통일(자유통일)이 아니라 북한이 주도하는 연방제 공산화 통일을 의미한다.

북한은 自民統을 통해 낮은단계연방제가 실현되며 낮은단계연방제가 실현되면 한반도 공산화 통일을 위한 전국적 범위의 통일전선이 형성된다고 판단하고 있다.

〈민족해방민주주의혁명의 당면과업은 우리나라의 일부 지역을 식민지로 강점하고 있는 미제점령군을 몰아내고 식민지통치제제를 타도하는 것입니다. 조선노동당의 규약 전문은 이렇게 밝히고 있습니다. '조선노동당은 남조선 미제국주의 침략군대를 몰아내고 식민지통치를 청산하기 위한 투쟁을 전개한다'는 것입니다. 미제 점령군을 철거하고 식민지통치제제를 타도하는 당면과업을 조선노동당이 수행한다는 말을 이해할 때, 조선노동당이 그 당면과업을 수행하는 데서 식민지의 혁명세력을 배제하고 단독적으로, 배타적으로 수행한다는 의미로 오해해서는 안 되며, 조선노동당이 혁명과업을 수행하고 있으므로 식민지의 혁명세력은 수수방관하고 있어도 혁명은 승리할 것이라고 착각해서도 안 됩니다.

미제 점령군을 철거하고 식민지통치체제를 타도하는 민족해방민주주의혁명과 당면과업은 조선노동당의 영도에 따라 조선반도 전역에 존재하는 각이한 사회정치세력들이 전국적 통일전선을 축성함으로써 함께 수행하여야 할 과업입니다. (중략) 식민지 민중의 사회민주화를 위한 투쟁의 목표는, 파시스트 폭압통치의 산물인 국가보안법과 노동관계법을 비롯한 온갖 반파쇼악법을 철폐하고 국가정보원을 비롯한 반민주적 폭압기관을 해체하고 인민대중의 민주주의적 권리를 보장하며 인민대중을 위한 사회정치체제로 개조-변혁하는 것입니다. (중략) 국가보안법 철폐투쟁과 민중생존권 보장 투쟁은 일반민주주의 개혁을 실현하기 위한 식민지 인민대중 자신의 투쟁입니다. 우리 민족민주운동은 식민지에서 각계각층 인민대중의 자주적 민주역량을 조직-동원하여 지역통일전선을 형성하고, 그 통일전선역량으로 국가보안법 철폐투쟁과 민중생존권 쟁취투쟁을 진공적으로 전개해야 하며, 조선노동당은 그 투쟁을 적극 지원하게 됩니다.

지역통일전선의 국가보안법 철폐투쟁과 민중생존권 쟁취투쟁이 승리하여 식민지에서 일반민주주의개혁이 실현되면, 자주적 민주정권을 수립하기에 결정적으로 유리한 조건이 마련됩니다. 지역통일전선은 일반민주주의의 기초 위에서 자주적 민주정권을 수립하기 위한 투쟁을 전개해야 합니다. 또한 일반민주주의개혁의 실현은 낮은 단계의 연방제를 실현하는 지름길이기도 합니다. 일반민주주의개혁과 낮은 단계의 연방제가 실현되면, 혁명의 주체는 조직-정치사업을 전국적 범위에서 활발히 전개하여 전국적 통일전선을 축성하게 됩니다.〉 (출처: 北 통일여명 편집국, 〈조선노동당의 강령과 전국적 통일전선의 강령〉, 2002년 9월)

從北세력의 自民統 수용 사례

남한의 從北세력은 북한 自民統을 혁명전략으로 수용한다. 예를들면 이러하다.

▲〈우리나라에서 진보적 민주주의라는 용어는 1980년대 후반 이후 고려대 애국학생회, 전국노동운동단체협의회, 민주노동자 전국회의 등 이른바 자주파 계열로 분류되는 단체를 중심으로 다시 등장하였다. 이러한 단체들의 강령은 지향하는 이념 내지 목적으로 진보적 민주주의를 들었고, 그 내용을 '자주·민주·통일'로 표현하였다.〉 (헌법재판소 통합진보당 해산 결정문 中)

▲〈전대협 제1기 의장 이○○은 1986년 12월 고려대 중심 주체사상 신봉자들이 결성한 주사파 지하조직 전국사상투쟁위원회(전사투위)가 전대협 의장 감으로 사전물색, 김일성 주체사상으로 철저히 무장시킨 후 의장에 당선

시킨 자이고, 전대협 제2기 의장 오○○은 1988년 1월20일 고려대 출신 조○, 김○○ 등이 전국 대학생 72명을 규합, 결성한 주사파 지하조직 반미청년회 출신이며, 전대협 3기, 제4기, 제5기 의장 임○○, 송○○(전남대), 김○○(한양대) 등도 주사파 지하조직 자주·민주·통일그룹(자민통)이 전국 학생운동을 주도, 장악하기 위해 전대협에 침투시킨 지하조직원들이었음.〉 (국가안전기획부, 〈전대협은 순수 학생운동조직인가〉, 1991년)

이정희 前 통진당 대표는 2014년 12월19일 憲裁가 통진당을 결정하자 같은 날 기자회견을 통해 "오늘 이후 자주, 민주, 평등, 평화통일 강령도, 노동자·농민·민중의 정치도 금지되고 말았다. 암흑의 시간이 다시 시작되고 있다"고 말했다. 이 씨는 "그러나 저의 맘속에 키워 온 진보정치의 꿈까지 해산시킬 수 없다. 오늘 자주, 민주, 통일의 강령을 금지시켰지만 고단한 민중과 갈라져 아픈 한반도의 사랑마저 금지시킬 수 없다"고 주장했다. 이 씨가 기자회견에서 자주, 민주, 통일을 언급하자 북한의 통일전선부가 운영하는 인터넷 선전·선동 웹사이트 〈반제민전〉이 2014년 12월22일 성명을 발표했다.

〈반제민전〉은 '주요문건: 반제민족민주전선 중앙위원회 대변인 성명'을 통해 "이 당(통진당)의 강령인 '진보적 민주주의'는 절대다수 근로민중의 요구를 반영한 것이고, 자주와 민주, 연북통일도 우리 국민의 지향과 염원에 부합되는 것으로서 절대로 문제시 될 수 없다"고 주장했다. 〈반제민전〉은 이어 "자주, 민주, 통일을 바라는 전 국민과 함께 反박근혜, 反정투쟁을 더욱 힘차게 벌임으로써 근로민중이 주인되고 진보정당의 자유가 보장된 새 제도, 새사회를 기어이 안아오고야 말 것"이라고 밝혔다.

한국진보연대는 2015년 1월22일 이석기 내란 음모 사건에 대한 대법원의 최종선고가 내려지자 단체 성명을 통해 "이 땅에 자주, 민주, 통일을 위한 운동과 이를 지향하는 정당이 있는 것은 북한이 지령했기 때문이 아니라 이 땅에 미군이 전시작전권을 장악한 채 주둔해 있으며, 이에 근거한 미국의 군사적, 정치적, 경제적 지배가 엄연히 존재하고 있기 때문"이라며 직접적으로 自民統을 언급했다.

4) 북한의 통일노선

고려연방제 통일론

북한은 〈노동당 규약〉을 통해 한반도 공산화 통일 기조를 변함없이 고수하면서 1960년대 초부터 聯邦制(연방제) 통일을 주장해왔다. 북한은 이후 시기와 정세의 변화에 따라 '연방제'의 의미를 여러 차례 수정해왔으며, 공식적인 통일방안으로 1980년 10월10일 제시된 '고려민주연방공화국 창립방안'(이하 고려연방제)을 제시하고 있다.

고려연방제는 통일의 원칙으로 '자주(주한미군철수)', '평화(미국과의 평화협정 체결)', '민족대단결(남한 내 공산주의 활동보장)'의 3개항을 제시, 남한에서 이른바 자주적 민주정부(인민민주주의 정권) 즉, 連共(연공)정권 수립을 기본 목표로 하고 있다. 고려연방제는 통일을 이루기 위한 전제조건으로 남한의 국보법 폐지·주한미군철수·공산주의 합법화·남한 내 인민민주주의 정권 수립 등이 충족되어야 한다고 주장하고 있어 북한 정권의 남한 무장해제를 통한 공산화 통일 의도를 분명히 하고 있다.

여기서 인민민주주의 정권이란 과거 소련공산당이 제20차 전당대회에서 채택한 후진국에서의 공산화전략으로 완전한 공산정권수립에 앞서 민족주의 세력을 포함하는 연립정권(국방·내무 등 핵심은 공산당이 장악)을 세우는 것을 뜻한다. 이 같은 북한의 의도는 1974년 1월30일 개최된 남북 조절위원회 제3차 부위원장회의에서 구체적으로 드러났다.

당시 북한 측 부위원장 류장식은 '대민족회의' 구성문제와 관련해 쌍방 대표단의 인원수를 각각 350명 내지 1천500명 규모로 하고, 남한 측 대표단 속에는 반공정당·반공단체·반공인사들이 참가할 수 없으며 '통일혁명당' 대표가 반드시 포함되어야 한다고 주장했다. 북한은 또 고려연방제가 '주체사상'에 기초하고 있다고 밝혀왔다. 실제로 김일성주의는 역사·이념적 배경으로 스탈린주의에 의존하고 있고, 스탈린주의는 레닌주의에 뿌리를 두고 있기 때문에 고려연방제는 레닌주의 혁명전통의 연장선상에 위치해있다고 할 수 있다.

따라서 공산주의자들이 말하는 연방제는 볼셰비키 혁명 후 러시아에서 실시되고 경험된 역사적 사실이며, 고려연방제는 레닌주의의 유산으로 북한이 적용한 과도적 조치로서 '북한식 흡수통일론'이라 할 수 있다. 북한은 이 점을 주체사상에 의존해 다음과 같이 주장한다.

"고려민주연방 창안방안은 무엇보다도 주체사상의 원리로부터 출발하고 그것으로 일관 되게 관통되어 있다. (고려연방제는) 주체사상과 우리나라의 구체적 현실에 기초하고 있는 가장 정당한 통일 강령이며, 통일구국 대헌장이다."(黨 기관지 〈근로자〉, 1980년 제11호 54면)

예컨대 공산주의 역사에서 민족은 과도기적 형태로 존재하며 그들이 민족주의자를 용서했다는 사실이 없었음에 주목할 필요가 있다. 연방제는 그들에게 있어 '전술적 과제'에 다름 아닌 것이다. 이에 대해 작고한 황장엽 비서는 "북한 통치자들이 주장하는 연방제 통일방안은 본질상 체제경쟁에서 승리하기 위한 통일전선전략을 구현한 전술적 방안으로서 그들의 통일전선전략은 계급투쟁론과 무산계급 독재론에 기초하고 있다"고 경고한 바 있다.

고려연방제의 가장 핵심이 되는 키워드는 1국가 2제도다. 이것은 북한의 조선노동당이 주도하는 평양정부를 중앙정부로 하고 북한 정권을 추종하는 남한의 서울정부를 지방정부로 하여 연합한다는 것으로 북한이 남한을 흡수·병합한다는 의미를 내포하고 있다.

고려연방제는 과거 중국의 모택동이 주도한 '國共合作(국공합작)'과도 매우 유사하다. 1923년 1월 중국의 손문은 소련 특명전권 대사인 '코민테른' 특사

요폐와 회동해 '對蘇(대소)용공정책' 수용의 '공동선언'을 발표했다. 이는 부르주아(bourgeois)가 진보적 역할을 하고 있는 한 공산당이 원조해야 한다는 것으로 혁명적 부르주아와의 합작을 뜻했다.

남북한 통일방안 비교

	(한)민족공동체 통일방안	고려연방제 통일방안
원칙	자주 · 평화 · 민주	자주 · 평화 · 민족대단결 (남조선혁명, 연공합작, 통일 후 교류 협력)
주체	민족 구성원 모두	프롤레타리아 계급
철학	자유민주주의(인간중심)	주체사상(계급중심)
전제조건	없음	국가보안법 폐지, 공산주의 활동 합법화, 주한미군 철수
통일과정	화해·협력 → 남북연합 → 통일국가완성(3단계) ※민족사회건설우선 (민족통일 → 국가통일)	연방국가의 점차적 완성 (제도 통일은 후대에) ※국가체제 존립우선 (국가통일 → 민족통일)
과도통일 체제	남북연합-정상회담에서 '남북연합헌장'을 채택, 남북연합기구구성·운영 ※남북합의로 통일헌법초안 → 국민투표로확정	없음
통일국가 실현절차	통일헌법에 의한 자유민주적 남북한 총선거	연석회의 방식에 의한 정치협상
통일국가의 형태	1민족 1국가 1체제 1정부의 통일국가	1민족 1국가 2제도 2정부의 연방국가

이에 따라 중국에서는 혁명적 부르주아적 정당으로서 손문의 중국국민당이 선정됐다. 이것이 바로 國共合作이다. 1924년 중국국민당 제1차 전당대회는 "소련과 연합하고 공산당을 허용한다"는 '連蘇連共(연소연공)' 정책을 발표한 결과 이 대회에서 국민당 중앙위원 1/3을 중국공산당이 장악하게 됐으며,

중국공산당은 소위 '국민혁명'의 명분하에 대중조직 공작과 군중투쟁을 전개해 세력을 급속히 확장시킬 수 있었다. 國共合作 과정에서 중국공산당은 국민당이 마땅히 국민혁명의 중심세력이 되어야 하며, 국민혁명의 영수로서의 지위에 서야 한다고 철저하게 '양보전술'을 구사했다. 나아가 중국공산 당원은 국민혁명을 위하여 충실한 국민당원 노릇을 할 것이고 공산주의 선전을 절대로 하지 않을 것임을 천명하기도 했다.

그러나 1936년 중국공산당이 국민당에 제2차 國共合作을 요구하는 역사적 書翰(서한)을 보내 혁명적 抗日통일전선 구축을 촉구했으나 내부적으로는 "우리의 敵으로 하여금 우리의 연합전선 앞에 굴복시켜라!"는 지휘방침을 세웠다. 이에 그치지 않고 1937년 모택동은 팔로군 간부들에게 행한 비밀연설에서 "우리의 정책은 국민당과의 항일통일전선 결성 성공에 의해 숨 돌릴 시간을 얻었다. (중략) 이제 우리는 금후 우리세력의 70%를 자기발전에, 20%를 대 국민당 타협에, 10%를 항일 작전에 경주한다"는 투쟁의 계획을 제시했다.

國共合作을 통해 모택동과 중국공산당은 자신들의 생존기반을 확보하는 계기를 만들어 냈으며, 이후 민족해방투쟁의 전략적 구도를 다음과 같이 체계화할 수 있었다.

▲1단계(타협단계): 눈을 꼭 감고 표면적으로 국민당 정부에 복종하며 손문의 '三民主義'를 신봉하는 체하여 생존과 발전을 꾀한다.

▲2단계(경쟁과 대립단계): 2~3년 동안 정치력과 무장의 기초를 확보하며 국민당 정부와 대항할 수 있는 수준까지 끌어 올린다.

▲3단계(공세와 진출단계): 중화지구에 깊숙이 들어가 근거지를 설치하고, 국민당 세력을 고립 시켜 주도권을 쟁취한다.

(인용: 윤상환 著,《제2의 한국전: 가상시나리오》, 2005, 도서출판 메드라인)

이를 통해 중국공산당은 國共合作 과정에서 자신들의 행동원칙을 전술적으로 포기·양보·은폐시킴으로서 국민당 정부와 '抗日연합전선'을 형성, 전략적 세력관계를 정반대로 뒤집어 놓아 모택동의 중국공산혁명을 성공시킬 수 있었던 것이다. 중국은 國共合作을 통한 공산화 통일 방안을 이후 대만과 홍콩에도 그대로 적용시켰다. 실제로 중국은 모택동 사후 등소평 시대가 시작되면서 대만통일정책을 '무력통일노선'에서 '평화통일'로 정책을 바꾼다. 그리고 여기서 구사한 정책이 바로 '1국가 2제도 통일방안'이다. 1979년 1월 1일 중국은 '대만 국민에게 보내는 서신'을 통해 1국가 2제도 통일방안을 제안했다. 당시 중국은 이를 구체화해 葉九條[엽구조: 1981년 중국 전국인민대표대회 상무위원장이었던 葉劍英(엽검영)이 제안한 '대만평화통일과 관련한 9개조 방침']라는 對대만정책을 내놓았다. '葉九條'의 구체적인 내용은 다음과 같다.

▲제3차 國共合作 형식의 조국통일 ▲3통(通商·統合·通郵), 4류(학술·문화·체육·공예) ▲통일 후 대만은 특별행정구로서 고도의 자치권 부여, 군대를 보유할 수 있고 중앙정부는 대만지방사무소에 간섭하지 않는다 ▲대만의 현행제도 유지 ▲대만당국과 각계의 대표자는 전국 단위의 정치지도자가 된다 ▲대만의 재정은 중앙정부가 보조한다 ▲중국본토 이주희망자는 받아들이고 자유로운 왕래를 허용한다 ▲대만 기업인의 본토 투자를 환영하고, 그 권익을 보장한다 ▲대만 각계의 통일에 대한 제안의 일원화

이상이 '葉九條'의 내용이다. 북한 정권의 1국가 2제도 통일방안은 바로 이 '葉九條'의 대만통일방안을 모방한 것이다. 그러나 保守 성향의 대만정부는 대만이 주권국가임을 들어 중국의 대만 흡수 통일방안인 '葉九條'를 받아들이지 않았다.

연방제 통일을 주장하는 從北단체

左派단체 중에는 일관되게 연방제 통일을 주장하는 단체들이 존재한다. 조국통일범민족연합남측본부, 조국통일범민족청년학생연합남측본부, 6·15남북공동선언실천연대, 한국대학총학생회연합, 한국청년단체협의회와 같은 利

敵단체들을 비롯해 이른바 진보좌파 진영에 상당수 단체가 그렇다. 몇 가지 사례를 예시하면 아래와 같다.

▲ 조국통일범민족연합남측본부(범민련남측본부): "낮은 단계의 연방제와 연합제의 공통점을 인정하고 이에 기초하여 나라의 통일을 지향해 나간다." (범민련남측본부 강령)

▲ 조국통일범민족청년학생연합남측본부(범청학련남측본부): "南과 北, 海外의 모든 통일애국세력들과 온 민족은 연방제통일을 민족공동의 목표로 합의했다." (2005년 3월 제작 일꾼교양지 〈청춘〉)

▲ 6·15남북공동선언실천연대(실천연대): "고려연방제 통일방안은 남북 간의 차이를 존중하고, 통일의 실현가능성을 있게 해준다는 점에서 의미 있는 통일방안이다.", "이 정신(6·15선언)에 따른 연합연방제 통일방안은 분단 반세기를 통틀어 가장 합리적이고, 공명정대하며 현실적이고, 과학적인 통일방안이다." (실천연대 산하 민권연구소, 2006년 8월27일 세미나, 상임연구위원 류옥진 발언)

▲ 한국대학총학생회연합(한총련): "우리의 당면목표는 연방통일조국 건설이다. 모든 것을 3~4년 안에 연방통일조국을 건설하는 목표에 복무시켜야 한다." (2006년 3월14일, 14기 총노선 최종안)

▲ 한국청년단체협의회(한청): "우리는 민족의 자주와 민주를 실현하는 정권을 창출하고 마침내 연방통일조국을 건설하는데 앞장서 나갈 것." (2001년 2월11일, 창립선언문)

▲ 천주교정의구현사제단: "6·15선언이 한(조선)반도에 평화를 이룰 수 있는 최선의 현실적 방안임을 인정한다. (중략) 北의 고려연방제와 南의 국가연합제(남북연합제) 통일방안에 대해 깊이 연구하고, 대중적 논의를 통해 한(조선)반도에 필요한 방안을 마련할 것." (2002년 2월18일, 한(조선)반도 평화선언)

▲ 민주주의민족통일전국연합(전국연합): "낮은 단계 연방제가 실현이 되면 주

한미군철수 등 반미자주화는 비약적으로 촉진되고 남측 지배세력이 급속히 약화되는 가운데 민족민주운동세력의 주도아래 諸(제)민주역량을 결집하여 자주적 민주정부를 수립함으로써 연방통일조국의 완성에 이르게 될 것이다."(2001년, 전국연합 발간 문건 〈3년의 계획, 10년의 전망: 9월 테제 혹은 '군자산의 약속'〉)

▲전국교직원노동조합(전교조): "남북의 민중들이 민족적 단합을 이루면서 평화적으로 통일이 되도록 해야 한다. 그렇게 통일하는 구체적 방안은 연방제에 의한 통일이다." (2001년 5월, 참교육연구소 참교육연구)

▲전국농민회총연맹(전농): "'단일연대체'를 통해 '자주적 민주정부'를 세운 뒤 '남북연방제'로 통일하자." (2006년 2월10일, 전농 10기 출범식 자료집의 결의내용)』

▲우리민족끼리연방통일추진회의(연방통추): "연방제는 나쁜 것이 아니다. 연방제는 1년 중 6개월은 남쪽에서 대통령을 하고, 나머지 6개월은 북쪽에서 대통령을 하는 것이다." (2009년 1월21일, 광화문 집회 발언)』

북한과 남한 내 左派세력은 위와 같이 일관되게 남북한의 연방제 실현을 주장해왔으며, 이러한 행태는 지금도 전혀 달라지지 않고 있다. 대한민국 정상화의 핵심은 북한식 연방제 동조세력에 대한 설득 또는 처벌이 될 것이다.

연방제의 결과는 사회주의·공산주의

憲裁는 통진당 해산 결정문에서 연방제에 대해 아래와 같이 북한식 연방제의 최종 결과가 '사회주의' 또는 '공산주의'라고 밝혔다.

〈민족해방 민주주의 변혁론은 남북한의 통일문제를 변혁운동의 기본과제로 보고 있고, 남한에서의 자주적 민주정권의 수립은 연방통일정권의 수립으로 직결된다고 본다. 연방의 대상은 남한에서 설립될 자주적 민주정부가 되어야 하며, 남한에서의 식민지반자본주의사회의 성격을 개조하고 진보적 민주주의를 실현하는 과업은 연방통일정부의 지도하에서 자주적 민주정권이 담당하는 정치과업이 된다고 주장한다. 그리고 이러한 연방제는 과도기 체제로서 민중민주주의를 거쳐 최종적으로 하나의 체제인 사회주의 또는 공산주의 국가로 나아간다고 한다.〉

北 고려연방제 하에서 '統一대통령'을 선출하면?

남북한 同數(동수)의 대표, 적정수의 해외 동포들로 구성된 '최고민족연방회의'를 기반으로 하는 고려연방제를 통해 통일 대통령을 뽑으면 어떤 결과가 나올까?

북한의 평균 투표율은 99%에 달한다. 2011년 7월24일 치러진 북한의 지방인민회의 대의원 선거의 경우 선거자 명부에 등록된 전체 선거자의 99.97%가 선거에 참가, 해당 선거구들에 등록된 도(직할시), 시(구역), 군인민회의 대의원 후보자들에게 100% 찬성투표를 했다.

반면 남한의 최근 투표율은 50~60%(2012년 4월 국회의원 총선거 투표율은 54.2%)로 이마저도 4~5개 정당의 후보들에게 표가 나뉘어진다. 이런 상태에서 통일대통령을 뽑는 남북한 총선거를 하면 북한은 99% 투표율에 북한 후보를 지지하는 100% 몰표가 나오게 된다. 반면 남한은 50~60% 투표율에 여러 후보에게 표가 분산되기 때문에 통일대통령은 자연스럽게 북한 후보가 된다. 국회에서도 북한의 노동당이 제1정당이 될 가능성이 높다.

2

從北의 11개 전술

1) 국군와해전취전술

國軍瓦解戰取(국군와해전취) 전술은 북한과 從北세력이 한반도 공산화 통일에 방해되는 대한민국 군대를 와해시키는 전술이다. 북한의 사회과학출판사가 발행한 《주체사상에 기초한 남조선혁명과 조국통일이론》에는 국군와해전취전술이 아래와 같이 서술되어 있다.

〈위대한 수령 김일성동지께서 밝히신 남조선혁명의 전략전술적 지도에 관한 이론에서 남조선 괴뢰군을 와해전취할데 대한 문제는 혁명역량의 강화와 관련하여 특별히 중요한 위치를 차지한다. 김일성동지께서는 항일무장투쟁시기 적군 와해사업에서 창조하신 고귀한 업적과 풍부한 경험, 남조선혁명역량을 마련하는데서 괴뢰군의 와해전취가 가지는 의의, 식민지 고용군대로서의 남조선 괴뢰군의 내부 모순과 약점에 대하 전면적 분석에 기초하여 남조선 괴뢰군을 와해전취할데 대한 독창적 방침을 내놓으시었다.

경애하는 수령 김일성동지께서는 다음과 같이 교시하시었다.

"국군 병사들과 장교들을 인민과 민족의 편으로, 혁명의 편으로 돌려세우는 것은 반혁명세력을 약화시키고 혁명역량을 강화하는데서 매우 중요한 의의를 가집니다. 남조선의 혁명조직들과 혁명가들은 국군과의 사업을 잘하여 병사 대중과 중하층 장교들을 혁명의 편에 전취하는데 깊은 관심을 돌려야 할 것입니다."

수령님께서 밝히신 괴뢰군을 와해전취할데 대한 방침은 혁명의 준비기에 있어서 반혁명 세력을 고립시키고 혁명역량을 강화하며 혁명을 무장시킬데 대한 전략사상의 중요한 구성부분을 이루고 있다. 괴뢰군을 와해 전취할데 대한 수령님의 전략사상은 괴뢰군의 와해 전취가 혁명투쟁에서 가지는 거대한 의의에 대한 과학적 평가에 기초하고 있다.〉

일본의 〈산케이신문〉이 2004년 발간한 《김일성의 비밀교시》에도 국군와해전취전술과 관련된 김일성의 教示가 수록되어 있다. 주요 내용을 소개하면 아래와 같다.

▲"남조선 괴뢰군은 작전 지휘권도 없는 美帝의 고용병으로써 식민지 대리정권을 지탱하는 마지막 보루이며 남조선혁명과 조국통일을 가로막고 있는 反혁명 무장력이다. 과거 1948년에 있었던 여순 군인폭동과 表武源(표무원), 姜泰武(강태무) 대대의 의거입국 사건은 좋은 경험으로 된다. 남조선 혁명가들과 지하혁명조직들은 혁명역량을 꾸리는 사업과 함께 괴뢰군을 와해 전취 공작에 항상 깊은 관심을 돌려야 한다." (1968년 1월, 對南공작담당요원들과의 담화)

▲"軍 침투공작에서 우리가 주목해야 할 대상은 중·하층 장교들이다. 지금 중·하층장교들 중에는 직위 불만자들이 많은데 그 대부분이 非육사출신이며 또 육사출신들 가운데서도 타 지역 출신 장교들은 경상도 출신들에게

밀리어 소외감을 갖고 있는 실정이다. 이러한 출신지역과 육사·非육사 간의 갈등을 이용하여 그들을 자극하고 희망을 불어넣어 준다면 얼마든지 혁명의 편으로 끌어당길 수 있다." (1968년 1월, 對南공작담당요원들과의 담화)

▲"과거에는 학생들에게 軍 입대를 기피하도록 선동했지만 이제는 그럴 필요가 없다. 남조선의 사회환경이 달라졌고, 학생들의 의식도 달라졌다. 남조선 군대가 식민지 고용병이고, 또 군대의 위상이 떨어졌기 때문에 이제부터는 오히려 자원입대하도록 적극 교양해야 한다. 對국군 공작을 보다 진공적으로 벌여나가기 위해서는 학생운동에서 검열되고 단련된 핵심들을 집단 입대시켜 그들로 하여금 동료 사병들을 의식화하고 포섭하도록 하여 군대 내에 조직을 부단히 확대시켜 나가야 한다." (1988년 8월, 對南공작원과의 담화)

국방부가 2012년 10월10일 진성준 당시 민주당 의원에게 제출한 '사상전의 승리자가 되자'라는 제목의 장병 교육용 〈從北실체 표준 교안〉에 따르면 우리 軍은 從北세력을 '대한민국의 안보를 위협하고 있는 북한의 對南전략 노선을 맹종하는 利敵세력'으로 규정했다. 軍 당국은 이에 대해 "從北세력이 활동 목표로 북한의 對南 전략 목표인 '한반도 赤化'를 추구하고 주한 미군 철수와 국가보안법 폐지를 통해 연방제 통일을 추구하는 북한의 노선을 그대로 추종할 뿐 아니라 간첩에게 포섭되는 등의 利敵 행위를 하기 때문"이라고 밝혔다. 표준 교안은 장병들의 사이버 從北카페 가입 등 군내 從北세력이 침투한 사례를 언급하며 군사기밀 유출, 장병 전투의지 약화, 군사 반란 배후 조종 등이 우려된다고 지적했다.

2) 폭력전술

폭력전술(무장봉기전술)은 공산혁명 과정에서 피지배계급이 무기를 들고 궐기하여 지배계급에 항거해 정권을 顚覆(전복)하는 大衆(대중)행동으로 계급투쟁의 최종적 형태로 알려져 있다.

공산주의자들은 자유민주주의 국가를 타도하기 위한 전술의 한 형태로 무장봉기를 중시하는 경향이 있다. 최근에는 군사기술의 고도화로 피지배계급이 무장봉기와 같은 형태로 정치투쟁을 전개하는 것이 거의 불가능하지만 6·25전쟁 당시 빨치산과 베트남 전쟁의 게릴라전을 보면 인민무장에 의한 蜂起(봉기)의 실효성이 완전히 사라지지 않았음을 알 수 있다.

일례로 남민전(남조선민족해방전선)의 경우 1960년대 인민혁명당(인혁당), 통일혁명당(통혁당)사건 관련자들이 출감 후 노동자·농민·청년학생 등 각계각층을 규합, 북한과의 연계 속에 결성했던 대표적인 무장봉기 조직이었다.

남민전 사건은 70년대를 대표적 公安사건으로 사건발생 당시 구자춘 내무부 장관은 1979년 10월9일 경찰이 북한의 공산화 통일혁명 건설을 꾀한 대규모 反국가단체를 적발, 총책 李在汶(이재문) 등 일당 20명을 10월4일 검거하고 나머지 54명을 수배했다고 발표했다.

당시 정부 발표에 따르면 1974년 민청학련 배후조종자로 수배된 이재문은 1976년 2월 남한 체제 전복을 위해 학생, 교직자 등 74명을 포섭, 이른바 '남조선민족해방전선' 준비위를 조직하고 10대 강령, 9대 규약, 10대 생활규범, 4대 임무, 3대 의무 등을 만들었다.

불온전단을 뿌리고 도시게릴라 방법에 의한 강도행위 등을 자행하면서 민중봉기에 의한 국가변란을 획책했던 남민전은 인혁당 재건위사건 관련 사형수 8명의 옷을 모아 물감을 들여 北韓旗(북한기)를 모방한 남민전 깃발을 제작하기도 했다.

경북대 법대를 나와 〈민족일보〉 기자로 근무했던 이재문은 민청학련사건 이전에는 인혁당 중앙상위 조직부책으로 정부 전복을 꾀한 혐의로 검거, 징역 1년에 집행유예를 선고받았다.

남민전은 이재문이 위원장인 중앙위원회 산하에 총무, 조직, 교양, 선전,

선동, 출판, 통일전선, 무력, 대외연락 및 정보, 재정 등 9개 부와 검열위원회와 서기 및 지역책을 두고 그 산하에 한국민주투쟁국민위원회(약칭 민투, 위원장 임헌영)라는 前衛(전위)조직을 설치, 청년·학생·농민·노동·연합·교양 등 6개 부와 지도요원 및 221대(특수행동대)를 편성했다.

남민전은 김일성에게 "피로써 충성을 맹세"하는 서신을 보냈으며, 조직원 상당수가 假名(가명)을 사용했다. 이들은 彗星隊(혜성대)라는 행동대를 조직한 뒤 활동자금을 마련하기 위해 '땅벌작전' 등의 암호를 사용하면서 기업인의 자택과 금은방에 침입, 3차례에 걸쳐 50여만 원의 금품을 털었다.

경찰은 1979년 10월16일 추가수사발표를 통해 이들이 反정부적인 일부 학생, 지식인, 근로자 등을 선동, 대규모 민중봉기를 일으키고 봉기한 민중과 남민전 무장전위대로 인민해방군을 조직, 전국 각지에서 국가전복투쟁을 전개한다는 계획을 세웠다고 발표했다. 남민전은 혁명시기가 성숙되면 김일성에게 북한군의 지원을 요청하고 남한의 혁명세력과 북한구의 배합으로 투쟁을 강화, 공산민족혁명이 성취되면 모든 용공세력을 규합, 남북연합 정부를 수립하려 했다. 이 계획에 따라 당시 간첩죄로 기소중지중이었던 安龍雄(안용웅)이 이재문의 지령에 따라 김일성에게 충성을 맹세하는 신년메시지와 사업보고서를 휴대하고 일본을 통해 월북했다. 이 같은 남민전 활동의 최종목표는 베트남식 공산화 전략이었다.

지하조직 RO의 무장폭동 모의

통합진보당 前 국회의원 이석기는 2013년 5월12일 밤 10시 '마리스타 교육수사회 강당'에서 지하혁명조직 RO조직원 130명과 함께 유사시 남한 내 기간산업 시설파괴 등 무장봉기를 의논했다. 판결문에 수록되어 있는 당시 이석기의 연설 내용은 아래와 같다.

▲"조국의 현실은 전쟁이냐 평화냐고 하는 엄중한 상황에 놓여 있고 침략 전쟁을 정의의 전쟁으로 화답하고자 하는 전민족의 투쟁의 의지가 높아가고 있는 현실입니다. (중략) 핵보유 강국 개념의 분기점은 이미 북은 3차 핵실험을 통해서 소량화·경량화·다종화를 이뤘고, 더 나아가서는 정밀도, 정밀도에 의해서 미국 본토까지 타격할 수 있는 위협세력으로 등장했다. 이 말이 곧 핵보유 강국이라는 겁니다."

▲"핵보유 강국이 되면 全面戰(전면전)이 없는 거에요. 전면전이 아닌 局地戰(국지전), 정규전이나 전면전이 아닌 非正規戰(비정규전), 이런 상태가 앞으로 전개가 될 것이다. (중략) 이게 그 전과는 다른 현재에는 정치, 군사적인 대결을 첨예하게 전개되고 있다는 것. 그게 심리전, 사상전, 선전전에서 다양한 방면에서 전개되고 있다는 것이 그전과 다른 새로운 전쟁의 형태다."

이석기는 북한이 소위 핵무기 소형화에 성공했다고 확신했다. 북한이 앞으로 핵을 등 뒤에 깔고(註: 이것을 병풍전략이라고 부른다) 전면전이 아닌 국지전 또는 비정규전 형태로 도발에 나서면 소위 "남녘의 혁명가는 필승의 신념으로 무장하여", "정치 군사적 준비를 해야 한다. 기술 준비가 필요하다"면서 기간산업 시설파괴 등 무장폭동을 준비했다.

이석기는 당시 회합에서 北核에 대해 "우리가 지배세력이 아니잖아. 근데 北은 집권당 아니야. 그렇지. 거기는 모든 행위가 다 애국적이야. 다 상을 받아야 돼. 그런데 우리는 모든 행위가 다 반역이야. 지배세력한테는 그런 거야"라고 덧붙였다. 북한은 2012년 말 〈전시사업세칙〉을 개정해 從北세력의 요청이 있을 경우 '전시상태'를 선포할 수 있도록 규정했다. "남조선에 혁명이 일어나면 같은 민족의 입장에서 방관할 수 없다. 남조선 인민을 적극적으로 도울 것"이라는 김일성의 교시는 북한의 핵무기 개량과 함께 여전히 살아 있는 셈이다.

이석기는 또 "평화로 가기 전에 전쟁이 있다"는 전제 하에 "우리 동지부대가 선두에서 적들에게 군사적인 파열음을 내고, 적들의 통치에 파열구를 꺼내는 선봉이 될 것"을 촉구했다.

이에 대해 조직원들은 '총기 폭탄 구입·제조, 무기 탈취, 철도·통신·가스·유류시설 등 주요시설 타격, 주요시설 근무자 포섭, 정보전·선전전' 등 구체적 발언을 했다. 판결문에 수록된 2013년 5월12일 회합 당시 이석기의 발언을 아래와 같이 이어진다.

▲"오는 전쟁 맞받아치자. 시작된 전쟁은 끝장을 내자. 어떻게? 빈손으로? 구체적 준비하자. 정치·군사적 준비를 해야 한다. 구체적으로 하면 물질·기술적 준비 체계를 반드시 구축해야 한다."

▲"그야말로 끝장을 내보자. 그래서 이 끝장내는 역사의 새로운 전환기를 우리 손으로 만들 데 대한 긍지와 자부심을 바탕으로 당면 정세를, 또 다가오는 전투를 준비하자. 이건 이미 전쟁으로 가고 있다는 거. 새 형태의 전쟁이라는 것을 말씀드립니다."

▲"그런데 오늘 강의의 핵심주제는 평화에 대한 무기를 정치·군사적으로 준비를 해야 한다. 왜? 그 최후에 어떻게 되겠어? 그러나 역사적 경험과 그 조선반도에 진행된 결과를 보면 최후에는 군사적으로 결정될 수밖에 없다. 그러한 준비를 우리는 단단히 해야 한다. 정전협정, 평화협정 그게 중요한가?"

"인터넷 사이트 보면 사제폭탄 사이트 있어"

이석기의 발언 후 권역별 토론이 진행됐고, 이튿날 새벽 1시30분 경 이석기는 아래와 같이 말한 뒤 회합을 마무리했다.

▲"오늘 강조된 것은 물질, 기술적 준비 문제만이 아니라 전제하에 현 정세에 대한 주체적으로 자기 입장을 투철히 하자.… 지금 우리에게 필요한 것도 한 자루 권총이란 사상이에요. 이 한 자루 권총이 수만 자루의 핵폭탄과 더한 가치가 있어요. 우리가 관점만 서면 핵무기보다 더한 것을 만들 수 있어,

이게 쟤들이 상상 못할 전쟁의 새로운 것이에요"

▲"A라는 철탑이 있다고 합시다. 그 철탑을 파괴하는 것이 군사적으로 굉장히 중요하다. (중략) 정말 보이지 않는 곳에 을 숨겨놔도 그야말로 쟤들이 보면 귀신이 곡할 노릇이야. 존재가 보이지 않는데 엄청난 위력이 있어서 도처에서 동시 다발로 전국적으로. 그런 새 형의 전쟁을 한다면 그 새로운 전쟁에 대한 새로운 승리를 새로운 세상을 갖추자. 언제부터? 이미 그전부터 갖췄어야 하는데 오늘부터 하자"

▲"이 싸움은 이기는 거야. 이기는 거다. 왜? 분단은 무너지는 거다. 통일 시대, 시대의 민족사에 있다"

▲"볼셰비키는 제국주의, 지배세력에 대한 전쟁이다. 그것을 보고 국내 내전으로 전환했다. 그게 볼셰비키 혁명역사예요. 그 입장을 견지하면서 줄초상이 났지. 엄청나게 죽었다 그 당시에. 그 당시에는 엄청난 피해가 있었으나 나중에 종국적인 혁명의 승리하는데 결정적인 계기가 된 거야"

▲"이 첨예한 시대에 우리 세대가 통일의 조국통일의 새로운 역사를 만드는 첫 세대가 된다는 것 나는 영예롭다고 봅니다"

▲"물질, 기술적 銃(총)은 어떻게 준비하느냐? 인터넷 사이트 보면 사제폭탄 사이트가 있어요. 심지어는 지난 보스턴 테러에 쓰였던 이른바 압력밥솥에 의한 사제폭탄에 대한 매뉴얼도 공식도 떴다고. 그러니깐 관심 있으면 보이기 시작한다. 근데 관심 없으면 주먹만 지르는 거에요. 이미 매뉴얼은 떴는데 쟤들은 이미 벌써 그걸 추적하고 있다는 것. 그게 현실이라는 것."

이석기는 소위 혁명을 위한 물질·기술적·정치·군사적 준비를 거듭 강조했고 조직원들의 대비태세를 확인한 뒤 철탑파괴, 사제폭탄 등 구체적 실례를 들었다. 대한민국 파괴를 위해선 수단과 방법을 가리지 말라는 요지였다. 이석기의 발언을 통해 從北세력이 남민전 이후에도 여전히 폭력전술을 공산혁명의 유효한 전술로 여기고 있음을 알 수 있다.

3) 용어혼란전술

러시아 공산혁명 지도자 레닌은 생전에 "혁명의 성공적 수행을 위해서는 용어를 혼란시켜야 한다"고 말했다. 레닌은 또 《민주주의 혁명에서의 사회민주주의당의 두 가지 전술》에서 "동일한 사안이라도 同志와 敵을 대할 때 각각 구분해서 용어를 사용하라. 敵에 대해서는 가능한 한 부정적인 용어·언어를 구사해 비판하고, 同志에 대해서는 우호적이고 순화된 용어·언어를 사용하였을 때 선전·선동에 유리하고 혁명이란 목표달성에 효과적"이라고 주장했다. 따라서 용어혼란전술은 언어를 통한 '영향공작(Influence Operations)'의 일종으로 일반 대중이 선호하고 긍정적으로 받아들이는 용어를 사용, 공산주의를 우호적으로 생각하도록 만드는 저강도 심리전이라 할 수 있다.

북한과 국내 左傾세력의 용어혼란전술에는 아래와 같이 세 가지 특징이 있다.

▲첫째, 자신들의 필요에 따라 새로운 용어를 만드는 것이다. ▲둘째, 기존의 용어들 가운데 대중적 이미지가 좋은 '민족'과 '우리민족끼리'와 같은 용어를 선점해 사용하는 것이다. ▲셋째, 그들은 연방제통일 같은 기존의 용어들을 자신들 나름대로 새롭게 정의해 사용하는 것이다(인용: 양동안, 〈국내 정치·사상 관련 용어 사용의 혼란실태〉, 2009년, 자유민주연구학회).

현재 북한과 남한 내 從北세력이 용어혼란 차원에서 가장 널리 사용하고 있는 단어는 '진보세력'과 '민주화세력'이다. '진보세력'은 1980년대 민족민주운동, 다시 말해 마르크스·레닌주의와 볼셰비즘, 그리고 북한의 주체사상을 계승한 민족해방 민중민주주의 혁명(NLPDR) 운동세력과 사실상 동의어라고 할 수 있다. 공산주의 이론 전문가인 한국학중앙연구원의 양동안 명예교수의 경우 "'진보세력'은 친북·반미·좌파세력이며 이들의 운동을 '진보운동'"이라고 정의했다.

그는 또 "'민주화 세력'도 '진보세력'과 같은 범주에 속한다"면서 "친북·반미·좌파들이 실제로는 수구·공산주의를 지향하면서도 '진보'와 '민주' 용어를 선점해 선전선동 용어혼란전술을 쓰고 있으며, 신문과 방송들은 알게 모르게 이런 '긍정적' 용어들을 따름으로써 사상과 이념 및 헌법정신과 국가정체성에 엄청난 피해를 주고 있다"고 지적했다.

언어는 의사소통의 수단인 동시에 사상투쟁의 무기이다. 정치·사상 용어는 사람들의 정치의식에 不知不識(부지불식) 간에 핵폭탄과 같은 엄청난 영향을 끼친다. 선전·선동에 능한 북한과 남한의 좌경세력은 이와 같은 사실을 잘 알고 그 활용을 극대화하고 있는 실정이다.

북한과 남한의 從北세력은 左傾化된 남한 언론을 통해 ▲'공산혁명'을 '변혁운동'으로 ▲'공산화 통일'을 '자주', '평화', '민족대단결'로 ▲'容共(용공)정권'을 '자주적 민주정권'으로 미화해 선전·선동하고 있다. 이들 세력은 또 ▲'容共체제'를 '인민민주주의'로 ▲'국가보안법 위반자'를 '양심수'로 ▲'從北세력'을 '통일·애국·평화·진보세력'으로 ▲'자유민주세력'을 '反통일·매국·전쟁·수구세력' 등으로 용어를 왜곡·확산시키고 있다.

용어혼란전술에 대한 해결방안은 신문·방송·인터넷에 종사하는 언론인들과 일반대중이 북한과 남한 내 從北세력이 쳐놓은 함정에 빠지지 않도록 하는 것이다. 즉 말과 글에서 從北세력이 만들어놓은 용어에 대항하는 새로운 용어를 창의적으로 만들어야 하며, 용어혼란전술의 최종 목표가 '한반도 공산화 통일 완수'라는 사실을 국민들에게 올바로 알려야 한다.

예컨대 '진보'를 '좌파' 또는 '친북좌파', '종북좌파', '좌경세력'으로, '보수'를 '자유통일세력' 또는 '우파'로 쓰는 것이 옳다. 또 '양심수'는 '비전향장기수·공산주의 사상범'으로, '새터민'은 '탈북민'으로 써야 한다. '민족', '민주', '정의' 등 접두어가 붙은 從北세력의 호칭사용도 최대한 제한하거나 단축형으로 표현하는 것이 적절하다. 일례로 '민족화해협력범국민협의회'은 '민화협'으로, '민주노총'은 '민노총'으로, '천주교정의구현사제단'은 '정구사'로 단축해 사용하는 것이 북한과 남한 내 從北세력의 용어혼란전술에 기만당하지 않는 방법이라 하겠다.

4) 의식화전술

意識化(의식화, consciousness raising)의 일반적 정의는 "어떤 대상에 대해 깨닫거나 생각하게 하는 것"이며 공산주의에서는 "계급의식을 갖도록 만든 것"으로 의식화를 정의하고 있다. 브라질 출신의 左派 교육학자인 파울로 프레이리(Paulo Freire)는 "의식화란 피압박자들인 민중을 기존체제 및 사회질서에 순응하도록 교육함으로써 그들을 길들이는, 환언하면 가축화 교육되는 상태에서 벗어나 억압자와 피억압자를 동시에 非인간화의 상황에서 해방시켜 사회의 경제적, 정치적 자원과 노력의 균등한 분배를 기한다는 것"이라고 정의했다. 그는 의식화가 "인간화로 가는 단계로서 구조적 차원의 문제를 인식하게 하는 필수 조건"이라고 주장했다.

페루 출신의 左派 해방신학자인 구스타보 구티에레즈(Gustavo Gutierrez)는 "의식화란 인간에게 억압상황을 인식시키는 것이며, 주님께 향하는 회심으로 함축되고 있다. 그 회심은 억압받는 사람, 착취당하는 계급, 차별을 받는 민족, 피지배 국가를 향하는 회심을 말하는 것으로 구체화된다. 여기서 이웃은 기존의 사회질서와 체제를 '부정'하고 '파괴'하여 새로운 사회질서를 가능하게 하는 혁명성이 잠재적으로 가지고 있는 존재"라고 정의했다.

이처럼 의식화 전술은 인간 삶에서 발생가능 한 수많은 가능성 가운데 하나만을 선택(공산주의)하도록 강요하고 있다. 從北세력은 對국민 의식화의 일환으로 남한의 모든 상황(역사·정치·통일·안보·경제·사회)을 북한과 똑같은 시각에서 부정적으로 평가한다. 그러면서 남한 체제와 사회를 '파쇼독재체제',

'매판종속', '착취와 피착취', '半봉건', '半식민' 사회로 규정해 반드시 타도해야 할 대상으로 본다.

대검찰청 산하 민주이념연구소는 "우리나라의 現 체제와 사회현상에 대해 부정적 의식을 배양케하여 사회변혁운동에 나서도록 하는 일종의 左傾의식 주입작업"을 의식화라고 정의했다.

從北세력의 의식화 과정

의식화전술은 주로 從北세력이 새로운 투쟁인자를 배양하기 위해 사용된다. 대표적으로 대학가에서 의식화된 선배(리더)는 신입생 등 후배들 중에서 적임자를 물색해 비판서적 탐독 및 토론과정을 거쳐 사회적 모순과 갈등에 대한 분노심을 자아내게 만든다. 그 결과 새로운 투쟁인자는 사회변혁(공산화) 운동에 참여하게 된다. 대검찰청 산하 민주이념연구소가 1989년 발간한《급진운동권용어 해설집》에는 대학가에 포진한 운동권 세력의 의식화 과정이 상세하게 기술되어 있다. 從北세력은 대학 1학년부터 4학년 졸업 때까지 체계적인 이론 및 실습 교육을 받는 것으로 나타났다. 주요 내용을 소개하면 아래와 같다.

대학가 의식화 과정

입문과정(1학년1학기)	
주요활동	– 신입생 환영회 및 서클 가입 – MT · 독서토론을 통한 현실비판 및 부정적 의식 고취 – 학내외 시위 및 문제행사 참석 – 농활 · 농촌실상 체험 및 유대강화
활용서적	– 기존가치관 타파, 경제 · 정치현실 왜곡 등 비판서적 – 철학 · 역사 · 정치 · 경제 · 사회사상 등 기초이념 서적 탐독

수련과정(1학년2학기)

주요활동	– 의식화 회원의 그룹화
	– 좌경의식화 학습 심화 및 투쟁현장 체험
	– 좌파서적 학습을 위한 외국어 학습
활용서적	– 현실비판 및 이념 전문서적 탐독(사회발전의 변증법, 러시아 및 중국혁명사)

전문과정(2학년~3학년)

주요활동	– 투쟁의식 우수자 선별–분류
	– 독서: 마르크스 · 레닌주의 이론학습 심화 및 同이론 확산
	– MT: 노동 · 농촌 소외문제 체험적 학습
	– 농활: 1학년생 지도
활용서적	– 마르크스 · 레닌주의 이론서적
	– 남한혁명 관련 전략 · 전술 서적

실천과정(3학년2학기)

주요활동	– 특별회원(핵심층): 인수인계 준비
	– 독서: 사회주의혁명 실천방안 연구모색
	– 교회 · 야학 · 공단잠입: 대중의식화 및 현장투쟁주도
활용서적	– 혁명투쟁 실천지침서
	– 주체사상 해설서

지도과정(4학년)

주요활동	– 각종 지하유인물 작성, 사상투쟁노선 및 지침제시
	– 각 분야 사회활동과 연결, 연합투쟁 고리역할(운동권 이론가 및 혁명가로 진출)
활용서적	– 운동사 연구서적
	– 재야 운동권 유인물

의식화의 3단계 과정

공산혁명은 의식화·조직화·투쟁화(3단계)를 거쳐 진행된다. 1단계 의식화 과정은 일반 대중으로 하여금 공산주의 세계관(계급투쟁에 대한 자각)을 받아들이도록 변화시키는 것이다. 이러한 의식화의 유형으로는 공개적 의식화와 非공개적 의식화가 있다. 공개적 의식화는 일선 초·중·고·대학교에서 벌어지는 親北·反美·反日교육이 대표적이다. 대표적으로 대학입학 후 신입생 오리엔테이션을 통한 초보적 의식화, 동아리를 통한 집단 의식화, 대학신문 등 출판물을 이용한 의식화, 문화예술 공연을 이용하는 의식화 등이 공개적 의식화에 해당된다. 非공개적 의식화는 비밀리에 공산혁명 세력을 양성하는 과정으로 혁명인자를 대상으로 고도의 공산화 교육이 이뤄진다. 의식화 교육은 학교에서만 이뤄지지 않는다. 각종 左派단체, 노동단체, 종교단체, NGO 등이 자매결연을 통해 공개·非공개 의식화를 진행한다.

2단계 조직화 과정은 의식화 작업을 진행하면서 실제 공산혁명 조직을 결성하는 것으로 소규모 의식화 그룹결성→조직 내 지하지도부 결성→지역별 지하지도부 결성→지하당 결성 등의 과정을 거쳐 본격적인 투쟁화 단계로 나아간다. 從北세력은 이 가운데 지하당 과정을 거쳐 합법정당 건설에 전력을 다하는데 한국의 경우 민노당과 그 후신인 통진당을 대표적인 사례로 들을 수 있다.

5) 선거방해전술

선거방해전술은 유력후보 테러, 유언비어 날조, 대규모 파업, 시위 선동 등을 통해 사회혼란을 조성하는 전술이다. 일례로 지난 18대 대선 기간 동안 북한의 對南선전·선동 매체인 〈반제민전〉은 박근혜 당시 새누리당 대선후보를 '維新(유신)잔당'으로 규정하고, 남한 내 從北세력으로 하여금 '박근혜 척결 투쟁'을 선동했다. 〈반제민전〉은 북한의 통일전선부(對南공작조직) 산하 前衛조직이다. 〈반제민전〉은 그 前身으로 알려진 통일혁명당(통혁당)이 출범한지 20년만인 1985년 〈한민전〉으로 개명됐으며, 〈한민전〉 출범 20년만인 2005년 〈반제민전〉으로 개명됐다. 남한 내 從北세력은 줄곧 북한의 〈반제민전〉이 인터넷 홈페이지를 통해 투쟁구호와 지침 등을 하달하면 일제히 국내외 左派단체 및 활동가·인터넷 포털사이트·언론 등을 동원해 親北反韓的 이슈를 확산해왔다.

2000년 이후 〈반제민전〉의 對南선동 사례를 정리하면 아래와 같다.

▲6·25 美帝 침략전쟁 선동(2001년) ▲여중생(미선이·효순이) 사망 1주기 反美결사전 선동 ▲4·15총선투쟁지침(2004년) ▲남한 내 진보정당 건설 지침(2005년) ▲전작권 환수·韓美연합사 해체·평화체제 실현 지침(2006년) ▲反한나라당·反보수 투쟁연합 지침(2007년) ▲광우병 소고기 수입 반대투쟁 선동(2008년) ▲천안함 北風(북풍) 자작극 선동(2010년) ▲반값등록금 투쟁 선동, 현인택·김태효 제거 지령, 10·26서울시장 보궐선거 박원순 후보지지 선동(2011년) ▲4·11총선투쟁 구호 하달, 從北세력 2012년 총선·대선 개입선동(2012년).

북한과 從北세력의 대표적인 선거방해전술은 크게 민주대연합전술(합법투쟁)이 있다. 민주대연합 전술은 非공산 세력과의 연합전선을 형성해 공동의 목표를 위해 투쟁하는 통일전선전술의 변형전술이다. 이는 保守세력에 반대하는 모든 세력을 소위 '汎(범)민주 세력의 결집'이라는 미명하에 모두 규합시켜 '反보수대연합'을 형성하고, 從北的 성향의 '汎민주후보'를 선거에서 당선시켜 최종적으로 保守정권 축출의 계기로 삼는 전술이다. 대표적 從北단체인 민주주의민족통일전국연합은 1992년 작성한 〈민중주도 민주대연합을 위한 후보전술〉이라는 제목의 문건에서 민주대연합전술에 대해 다음과 같이 정의하고 있다.

〈민주대연합이란 독자적이고 대등한 정치세력으로서의 민족민주진영과 ○○당이 주한미군 철수, 국가보안법 철폐, 노동악법 개정, 전노협, 전교조의 합법화, 독점재벌 해체, 평화적인 통일, 한마디로 요약하여 자주, 민주,

통일을 지향하는 민주대개혁과 이를 실현할 수 있는 민주정부 수립을 공동의 목표로 설정하고, 목표를 달성하기 위한 구체적인 프로그램을 함께 마련하며, 선거 국면에서는 공동의 선거대책기구를 구성하여 함께 투쟁하고, 선거 이후에는 민주대개혁을 위하여 권력을 공유할 것을 협정하는 것을 의미한다.〉

가장 최근에 선거방해전술이 사용된 사례로는 민생민주평화통일주권연대(민권연대)가 주도한 18대 대선 부정선거 선동이다. 이 단체의 공동대표 윤기진은 利敵단체 범청학련남측본부 의장 출신이다. 민권연대는 18대 대선 전날인 2012년 12월18일 '긴급호소문: 부정선거를 철저히 대비해야 한다'는 제목의 성명을 발표했다. 민권연대는 당시 성명에서 "이번 대선에서 벌써부터 과견, 탈법, 불법 부정선거 의혹들이 쏟아지고 있다", "재외국민투표에서 발생한 탈법·불법 행태도 매우 심각하다", "부재자 투표 역시 심상치 않다"면서 다수의 음모론을 제기했다.

선거 이후인 2012년 12월29일 발표한 성명에서는 아예 제목을 〈18대 대통령 선거를 마치고 나서: 총체적 여론조작, 부정의혹 선거를 박차고 국민주권, 자주통일 실현으로 내달리자〉라며 앞서 언급한 선거 관련 의혹을 다시금 공론화했다.

민권연대가 당시 발표한 성명의 일부 내용을 소개하면 아래와 같다.

〈이번 대선은 친미보수세력들의 여론조작과 부정의혹 선거로 얼룩진 추악한 선거였다. 독재자의 딸, 소위 선거의 여왕으로 불리는 박근혜를 후보로 내세운 친미보수세력들은 이번에 정권교체가 실현된다면 자신들이 5년 동안 벌여온 추악한 몰골이 드러날 것을 두려워해 최악의 여론조작, 부정의혹 선거를 저질렀다〉

민권연대는 2013년 1월4일 '18대 대선 선거무효 소송인단'이라는 이름의 단체가 대선 무효 소송을 제기한다는 기자회견을 열자, 같은 달 7일 "18대 대선 부정의혹은 국민들이 대선무효 소송까지 할 정도로 커지고 있다"면서 성명을 발표했다.

민권연대의 이 같은 행동은 선거가 끝난 다음 부정선거 문제를 꺼내 선거 결과에 이의를 제기해 불복 분위기를 조장하려는 전형적인 선거방해전술이라 할 수 있다.

6) 통일전선전술

통일전선전술은 공산주의자들이 자신들의 세력을 결집하고 상대편의 세력을 약화 또는 고립시키기 위해 이해관계가 같은 계층 또는 정당·사회단체와 함께 정치적으로 손을 잡는 전술이다. 레닌은 통일전선전술과 관련해 "너에게 3개의 敵(적)이 있거든 그중 둘과 동맹하여 하나를 타도하고 나머지 둘 중 하나와 동맹하여 다른 하나를 타도하고 마지막 하나는 일대 일로 대결하여 타도하라"는 했는데 이 개념은 오늘날 공산주의 운동에 그대로 적용되고 있다.

북한은 한반도 공산혁명을 위해 해방 직후부터 통일전선전술의 중요성을 강조하면서, 이를 대남사업 부문에 지속적으로 사용해 오고 있다. 김일성은 1945년 10월13일 각 도당 책임일꾼들을 대상으로 행한 '새조선 건설과 민족 통일전선에 대하여'라는 연설을 통해 "광범위한 대중을 쟁취하고 적의 세력을 약화시키려면 공산당 대열을 강화하고 민족통일전선을 결성해야 한다"고 강조했다. 이후 김일성은 남조선 혁명에서 통일전선사업의 중요성을 강조하며 이를 체계화시켰고, 현재까지도 북한은 노동당 규약을 통해 꾸준히 그 중요성을 강조하고 있다.

이에 따라 남한 내 從北세력이 구사하는 통일전선전술의 개념을 '남조선 혁명' 노선과 결부시켜 보면 북한의 노동당(노동당의 지도를 받는 남한 내 지하당 포함) 주도의 혁명 과정에서 최대 장애요인인 주한미군을 철수시키고, 남한 保守정권을 타도한 뒤 인민민주주의 정권(자주적 민주정부)을 수립하기 위해 남한의 각계각층을 조직·동원하는 '정치병합전술'이 된다.

북한과 從北세력의 구체적인 통일전선전술은 아래와 같다.

▲하층 통일전선을 위주로 하되 상층 통일전선을 유기적으로 결합. ▲낮은 형태의 공동투쟁에서 높은 형태의 공동투쟁으로, 부분적인 연합으로부터 전반적인 연합 실현. ▲전략적 동맹대상과 전술적 동맹대상을 엄격히 구별하여 양자를 적절히 연합, ▲통일전선 대상이 보잘것없이 영세한 역량이라 할지라도 무시하지 않고 한사람이라도 더 쟁취, ▲정세변화에 따라 조성된 여건에 맞게 신축성 있게 적응, ▲反美·反파쇼·민주화운동에 적극적인 사람은 과거를 불문하고 포섭, ▲지하당 사업과 통일전선 사업을 엄격히 분리하여 공작하는 것 등이다.(인터넷 '통일부 통일교육원 모바일웹' 자료 인용)

북한은 現 시기 남한 혁명을 위한 통일전선을 '민족민주주의전선(민민전)'으로 규정하고 있다. 이는 북한이 과거에 내세웠던 反美구국전선, 反파쇼민주전선, 숯민족통일전선을 모두 포함한 것이다. 이를 위해 북한은 민민전의 기본 구호로 민족자주, 민주주의, 민족화해를 들고 있는데, 이는 자주·민주·통일(自民統)이라는 북한의 對南혁명 3대 과제를 구체화한 것이다.

사이버 통일전선전술

북한은 인터넷의 발전과 더불어 남한 내 從北세력과의 연계공간 확보 및 자생적 從北세력 확산 등 제반 환경의 변화로 전통적 방식에서 사이버 상으로 통일전선전술을 옮겨왔다. 북한의 대남공작 조직인 통일전선부(통전부)는 사이버전담부서를 운영하면서 〈우리민족끼리〉, 〈반제민전〉 등 해외 19개국에 서버를 둔 140여개의 인터넷 웹사이트를 통해 대남 심리전을 전개하고 있는 것으로 알려져 있다.

통전부는 이들 웹사이트를 통해 사이버 통일전선 구축 활동을 해왔는데, 주요 목적은 親北·反美·反日 전선을 형성해 남한 국민을 左傾化하는 것이다. 북한은 2012년 한 해 2만 건 넘는 선동 및 비방 글을 통해 국내 여론의 왜곡과 남남갈등을 조장하려고 했다. 특히 북한의 통전부와 함께 225국, 정찰총국 등의 對南공작 조직들은 남한 국민들의 주민등록번호를 도용해 인터넷상에서 '댓글공작'을 펼쳐 이들의 주장이 마치 일반 여론인 것처럼 호도했다.

북한 직영 및 해외 친북사이트 국가별 현황

국가계	북한	미국	일본	중국	독일	캐나다	싱가폴	이탈리아	태국	네덜란드	체코	덴마크	뉴질랜드	핀란드	폴란드	러시아	영국	프랑스	아르헨티나	홍콩
153	12	55	37	26	4	3	1	1	2	2	1	1	1	1	1	1	1	1	1	1

출처: 치안정책연구소 발간, 《치안전망 2014》, 245면.

구체적인 북한 사이버 요원들의 인터넷을 통한 사이버통일전선 구축 및 사이버 선전선동 방식은 ▲북한 관련 주요 이슈 발생→▲해외 주재 간첩 및 남한 내 從北세력에게 북한 지령 하달→▲從北세력이 해외 친북 사이트에 선전·선동 글 게시→▲북한 사이버 요원들이 국내 사이트에 선전선동 글 게재→▲국내 從北세력은 개인 블로그와 유명 사이트에 퍼 나르기→▲국내 유포 등의 경로를 거친다. 정보 당국의 분석에 따르면 북한 요원 1명이 선전선동 글을 게재하면 추종 세력 9명이 실시간으로 퍼 나르고 이를 90명이 읽는 것으로 알려져 있는데, 이를 '1 대 9 대 90의 법칙'이라고 한다.

"北 통전부 대남 전략 일환 인터넷 댓글팀 운영"

통일전선부 출신 탈북작가 증언…댓글팀 南 인터넷 신조어 능통

북한 노동당 중앙위원회 산하 대남공작부서인 통일전선부가 남한의 인터넷 문화 활성에 발맞춰 댓글팀을 운영하고 있다는 주장이 제기됐다. 탈북작가로 통일전선부 출신인 장 모 씨는 활발한 인터넷 문화로 댓글이 사회 여론에 영향을 주는 것을 착안해 통전부의 대남 선전 전략에도 변화가 생겼다고 〈열린북한통신〉을 통해 증언했다.

장 씨의 증언에 따르면 북한의 통일전선사업부에서는 이러한 남한 문화 양상에 맞춰 새로운 대남 선전 전략으로 인터넷 댓글팀을 운영하고 있다는 것. 이 댓글팀은 2001~2002년경부터 대남 선전 업무를 총괄하는 통일전선부 산하의 101연락소 3국에서 운영되고 있다고 했다.

또 인터넷 댓글팀이라는 것이 따로 존재하는 것은 아니며 101연락소에 인터넷을 이용하여 대남심리전을 펼치는 팀에서 댓글을 다는 등의 업무를 맡아보는 것이라고 설명했다. 이외에도 구국의 소리 방송을 운영하던 26연락소에서도 2002년부터 인터넷 대남심리전과 관련한 팀을 운영하고 있다고 전했다.

장씨는 "101연락소에 있는 팀의 경우 팀은 30여명 가량의 남한 문화 전문가들로 이뤄져 있다"며 "소속 팀원들은 남한 네티즌들 사이에서 유행하는 신조어 사용에도 능통하다"고 말했다. 실제로 장씨는 댓글팀 사무실에 들어가고자 노크를 하면 안에서 "들어오삼"이라는 인사말을 할 정도로 남한 인터넷 문화를 섭렵하고 있다는 것이다.

그는 "이 댓글팀이 네이버와 다음 등 남한의 각종 유명 포털 사이트에서 한국 사회에서 쟁점이 되고 있는 문제에 대한 글을 게시하고 댓글을 달아 이슈와 관련한 논란을 증폭시키기도 한다"며 "활동 목적은 북한 대남 선전 전략의 제1목표인 남한 내 친북 동조 세력 확장"이라고 말했다. 심지어 "북핵이 남한을 위한 핵이라는 식의 댓글

심리전을 펼치는 것을 목격한 바 있다"고 밝히기도 했다. 북한 당국이 대남 선전 전략으로 적극 활용했던 라디오는 남한의 인터넷 보급률에 맞춰 영향력이 줄어들면서 대남 선전의 핵심 매체였던 '구국의 소리'는 2003년 8월 방송이 중단됐다. 장씨는 이후 구국의 소리 라디오 방송팀도 이젠 인터넷 대남심리전팀으로 대체됐다고 증언했다. (출처: 〈뉴스한국〉, '北통전부 대남 전략 일환 인터넷 댓글팀 운영', 2009년 10월7일자 보도)

7) 중립화전술

정부는 1980년 5월17일 비상계엄 전국확대 조치 후 김대중을 연행, 그가 1973년 일본 내 좌익세력과 함께 만든 反국가단체 한국민주회복통일촉진국민회의(한민통) 사건을 수사했다. '김대중 내란음모 사건' 공소장에는 한민통의 발기문 내용이 아래와 같이 적시되어 있다.

〈1973년 8월13일 한민통의 발기대회를 열고, (중략) 피고인이 同 대회에 참석하여 연설을 하고 한민통의 결성을 선언하기로 하는 한편, 한민통의 강령을 ▲파쇼적인 일인체제를 분쇄하고 민주헌정질서를 회복한다 ▲경제의 대외의존성을 지양하고 민족경제의 자주적 발전을 도모한다 ▲非동맹 다원외교를 실시하여 국위선양과 세계평화에 기여한다 ▲한반도를 중립화하고 남북연방제에 의한 점진적 통일을 실현한다 등으로 정했다.〉

위 한민통의 발기문에서 눈여겨봐야 할 부분은 '남북연방제 통일'과 함께 '한반도를 중립화'한다는 대목이다. 해군장교 출신의 1960년대 공산주의 이론가인 김영학 씨는 중립화 전술에 대해 "(공산세력이) 세계 공산화를 위한 준비단계에서 중간지대를 형성하여 자유진영의 힘을 분산시키며, 부동세력을 조성하고 그들을 흡수하여 동조세력으로 키워나가는 한편 자유진영의 힘을 약화시켜 격파하고자하는 속셈"이라고 정의했다.

냉전시기 舊소련은 NATO 해체, 美日안보조약 파기, 일본 중립화, 아시아 非核지대안 등을 제안했는데 이는 모두 중립화 전술의 일환이었다. 최근 러시아와 중국이 아프리카와 제3세계 등지에 진출하며 우호협력 관계를 맺는 것도 羊頭狗肉(양두구육)적인 그들의 중립화 전술이다.

중립화 전술의 구체적인 투쟁방식은 아래와 같다.

〈그들(공산세력)은 중립자들이 쌍방(좌우세력)을 돕지 않기를 요구할 뿐이고, 쌍방을 모두 반대해 주기만을 요구한다. 즉 중립자들이 쌍방에 대해 똑같이 비판하고, 똑같이 排斥(배척)해 주기를 요구하는 것이다. 공산혁명 과정에서 중립자들은 일단 공산당 세력이 창궐하고, 정국이 동요되면 자연적으로 공산당에게 부화뇌동하고, 합의하지 않을 수 없게 된다. 그 실례는 중국에 있어서 1935년 이후의 '抗日救國同盟(항일구국동맹)'의 각종 활동이 그것이었고, 抗日전선 말기 및 전후의 '民國同盟(민국동맹)'의 각종활동 역시 공산당의 중립화 전술에 춤춘 좋은 사례이다.〉(인용: 전두열, 《마르크스·레닌주의의 붕괴: 공산주의의 총괄적 비판》, 1968년, 新文化社)

중국의 한반도 '중립화 통일' 제안 가능성

강성학 고려대 정외과 명예교수는 2014년 12월3일자 〈조선일보〉 기고문(제목: 중국의 '한반도 중립화 통일' 제안에 대비해야)에서 "시진핑 집권 이후 중국의 대한국 정책이 치밀하면서도 꾸준하게 한국을 유혹하고 있다. 한국도 거부반응이 없다. 아니 오히려 반기고 있다"고 지적했다. 강 교수는 "(한국이) 오랜 우방국인 일본에 대해선 모든 현안을 제쳐둔 채 도덕적 우월감으로 일본을 굴복시키려 한다. 反日감정은 높아졌고 중국은 이런 한국의 對日자세가 참으로 반갑지 않을 수 없다"며 "이런 분위기가 계속된다면 머지않아 중국은 한국에 기습적으로 '한반도 중립화 통일 방안'을 제안할 것으로 예상된다"고 말했다.

"그런 중국의 제안은 한국인 사이에 한민족이 정말로 통일될 수 있겠다는 기대감을 폭발시키면서 극심한 국론 분열을 일으켜 정국이 불안정 속으로 빠져들 것이다. 난공불락의 성(城)을 점령하기 위해서는 우선 내분을 일으켜야 한다. 중국의 '한반도 중립화 통일 방안'에 韓·美 간 전시작전권 전환 재연기에 불만을 품고 주한미군의 사드(THAAD) 요격 시스템 배치에 반대하는 사람은 물론이고 무조건적인 反美세력들이 열광할 것이다."

강 교수는 1차 세계대전 당시 중립국 벨기에가 프랑스로 가는 길을 내달라는 독일의 요구를 거절했다가 참담하게 짓밟힌 사례를 언급하며 "중립이나 연립정부 같은 공산주의자들의 제안은 속임수에 불과하다"고 지적했다. 그러면서 중국의 한반도 중립화 통일 방안은 "결국 주한미군 철수와 韓美동맹 체제 손상 및 궁극적 붕괴를 추구해온 북한의 정책을 성공시켜 주는 셈이 될 것"이라며 우려를 표명했다. 강 교수는 "한국의 미래는 나 홀로 야망에 들뜬 중국이 아니라 유럽 및 일본과 동맹을 맺어 '3'을 이루는 미국과의 동맹이라는 토대 위에서 대외 정책이 추진되어야 한다"며 "외교 전략이 군사적 동맹의 국가 방위 전략과 크게 어긋난다면 단순한 외교적 실수가 아니라 자멸의 길을 택하는 셈이 될 것"이라고 말했다.

8) 협상전술

미국의 협상 전문가인 프레드 C. 이클레(Fred Charles Ikle, 前 국방부 차관)는 "협상은 이해충돌이 있을 경우 공동이익의 교환이나 실천에 의사의 일치를 목적으로 분명하게 자신의 의사를 개진하는 과정"이라고 정의했다.

그러나 공산주의자들은 협상을 공산혁명의 한 과정으로 인식하고 있다. 실제로 레닌은 협상과 관련해 "불가피한 상황에서는 어떠한 화해라도 맺을 가능성을 가져야 한다. 단 그것을 통해 이념적 원칙은 상실하지 않고 계급성에 충실하며 혁명과업을 잊지 않으며, 언젠가는 보고야말 혁명의 기회에 대비해 힘을 쌓고 大衆에게 혁명필승의 신념을 가르친다는 명분을 지켜야한다"고 말했다. 김일성의 경우 "대화건 협상이건 우리는 敵을 날카롭게 공격해서 敵을 궁지에 몰아넣는 혁명의 적극적인 支流的(지류적) 공격 형태로 생각해야 된다"고 말해 레닌과 똑같이 협상을 또 다른 혁명투쟁의 수단으로 여겼다.

따라서 공산주의자들에게 협상이란 공산주의의 실현을 위한, 혹은 자본주의 사회의 파괴를 위한 일시적이며 전술적인 수단에 지나지 않는다. 공산주의자들이 협상의 필요를 느낄 때는 공산당의 기도가 좌절될 때, 즉 혁명 퇴조기에 2보 전진을 위한 1보 후퇴로 시간을 벌거나 상대편을 기만할 필요가 있을 때 등이다. 공산주의자들의 전략에 있어 혁명의 퇴조기는 '敵이 강력하여 퇴각이 불가피하며 敵의 도전에 응하는 것이 명백히 불리한 단계'로서 이 시기의 가장 효과적인 투쟁수단은 통일전선전술, 계급적 대중동원, 主敵(주적)의 고립화 등이다. 공산주의자들은 또 생존이 불가능하든가 멸망 직전에 처했을 때, 그들의 세력이 상대방보다 취약하다고 생각될 때, 그리고 상대방에게 원조를 기대할 수 있을 때 협상을 벌인다. 그리고 협상도중 그들에게 유리해 보이는 결정적 시기가 도래하면 곧바로 실력투쟁(무력투쟁)으로 전환하는 것이 그들의 상투적인 전술이다.

공산주의자들은 어떻게 협상하는가?

6·25전쟁 당시 UN군 측 수석대표를 지낸 찰스 터너 조이 (Charles Turner

Joy)제독은 1970년 발간한 《How Communists Negotiate》에서 공산주의자들과의 협상 과정에서 유의해야 할 사항을 정리했다. 주요 내용을 소개하면 아래와 같다.

〈첫째, (공산주의자들은) 결론이 담긴 의제(속임수가 숨어 있는 의제)를 제시한다. 협상이 개시되면 그들의 기본 목적에 유리한 결론들로 구성된 의제를 찾는다. 자신들에게 일방적으로 유리한 내용을 협상의제로 제시해 놓고 그 전제 위에서 모든 논의를 시작하자고 주장하는 것이다.

둘째, 계산된 돌발사건을 일으킨다. 그들은 협상을 자신들에게 유리하게 이끌거나 기본적인 선전 목적으로 또는 이 두 가지를 다 얻으려고 계산된 '돌발사건'들을 일으킨다. 예컨대 정전협상 당시 공산측은 UN군이 중립지대인 개성지역에서 중공군 순찰대를 공격했다거나, UN군 공군이 개성을 폭격했다고 날조했다.

셋째, 공산주의자들의 가장 유명한 협상전술 중 하나는 협상진행을 지연시키는 전술이다. 그들은 서구 사람들의 일을 일단 시작하면 그 일을 완성하려는 조급성을 최대한 이용해 이득을 보려 한다. 그들은 2+2=6 이라고 제안해 놓고는 합의를 끝없이 지연시킴으로써 상대방으로 하여금 2+2=5에 동의하도록 만들고자 한다.

넷째, 합의를 의도적으로 위반하기 위한 술수를 획책한다. 공산주의자들은 협상을 하다보면 본의와 달리 불만족스러운 협상결과가 나오기 때문에 지금은 할 수 없이 합의를 하되, 나중에 지키지 않으려고 생각하는 약속은 가급적 적게 할 수 있는 방법을 찾는다.

다섯째, 거부권 행사와 논점 흐리기를 시도한다. 공산측은 자신들을 제한하게 될 합의사항들을 회피하기 위해 모든 합의사항 집행기구에서 거부권을 갖기 위해 시도한다. 예컨대, 군사정전위원회(MAC)와 중립국감독위원회

(NNSC) 모든 활동은 만장일치제를 주장하거나, 공중정찰 허용을 거부한 것이다. 또 북한 내 군용비행장 건설을 허용하는 동의를 얻어내기 위한 협상카드로 중립국감독위원회 공산 측 국가로 소련을 내세웠다. UN군 측이 소련을 절대로 받아들이지 않으리라는 것을 인지하고, 이를 철회하는 대가로 자신들의 요구를 관철시키고자 한 것이다.

여섯째, 진실을 왜곡하고, 상대방의 양보를 악용한다. 공산주의자들이 진실에 대처하는 수법은 두 가지가 있다. 하나는 진실을 부정하는 것이고, 다른 하나는 진실을 왜곡하는 것이다. 그들은 前者 보다는 後者의 전술을 훨씬 즐겨 구사한다. 또한 공산주의자들은 상대방이 양보하면 약하다는 징표로 보고 더욱 완강한 태도로 나온다. 서방사람들은 공산 측의 제안을 일부 받아들이면 그들도 상응하는 반응을 보일 것으로 기대한다. 그러나 그 결과는 정반대이다. 그들이 악용하기 때문이다. 공산주의자들에게 1인치를 양보하면 그들은 1마일을 빼앗으려 한다.

일곱째, 약속을 파기하고 상대방을 지치게 만든다. 공산주의자들은 이미 합의한 내용을 부인하면서도 전혀 부끄러워하지 않는다. 그 합의가 문서화된 것이라 하더라도 사정은 마찬가지다. 이 경우 공산주의자들은 간단하게 당신의 해석이 잘못되었다고 말한다. 합의가 공산주의자에게 구속력을 가지는 것은 단지 그것이 그들에게 유리하게 작용할 때뿐이다.〉

9) 평화공존전술

평화공존전술은 통일전선전술과 마찬가지로 공산세력의 힘이 미약한 단계에서 충분히 실력행사가 가능해질 때까지 일시적으로 상대를 기만해 경계심을 이완시키는 전술이다. 이후 공산세력의 힘이 자라고 그들에게 유리한 정세가 조성되었을 때 언제든지 침략을 자행하는 저의가 도사리고 있는 전형적인 기만전술이다.

역사적으로 평화공존전술은 1917년 러시아 혁명 이후 전쟁에 의한 황폐를 복구시키기 위해 자본주의 제국과 講和(강화)를 맺는 것이 기원이 된다. 이 전술이 크게 대두된 것은 1956년 흐루시초프(Nikita Khrushchev)에 의한 소련공산당 제20차 대회 연설과 1954년 모택동에 의한 '평화원칙' 등이다. 흐루시초프는 1956년 2월 소련 공산당 제20차 대회에서 평화공존전술에 대해 "평화공존은 결코 계급투쟁의 포기나 타협을 뜻하는 것이 아니다. 평화공존이란 국제무대에서 프롤레타리아의 치열한 경제·정치·이데올로기 투쟁의 한 형태"라고 밝힌 바 있다

이 때문에《수용소 군도》의 著者인 알렉산더 솔제니친은 평화공존에 대해《미국에 경고한다》에서 "어떤 사람은 공산주의자들이 평화공존을 주장하는 것을 보고 그들이 이제는 非인간적 이념을 포기했다고 말한다. 천만의 말씀이다. 그들은 단 1보도 포기하지 않았다"고 지적했다.

從北세력의 평화체제·평화협정 선동

북한의 '과학백과사전출판사'가 1983년 발행한《백과전서》와 북한의 對南 선동 기구인 〈반제민전〉은 한반도 평화체제 및 평화협정의 개념을 아래와 같이 '미군철수'라고 못 박아 놓고 있다.

▲"평화협정은 쌍방이 서로 상대방을 침범하지 않고, 무력증강과 군비경쟁을 그만두며 미국은 조선의 내정에 간섭하지 않고 통일을 방해하지 않으며, 남조선을 强占(강점)하고 있는 미군을 철거시키어 미군이 철거한 다음 조선은 그 어떤 다른 나라의 군사기지나 작전기지로도 되지 않는다는 것을 기본내용으로 하고 있다."(北 '과학백과사전출판사' 1983년 발간《백과전서》)

▲"평화체제를 공고히하고, 미군을 철거하여 민족의 자주와 통일을 성취하

자."(2005년 8월19일자 〈반제민전〉 논평)

利敵단체 남북공동선언실천연대의 경우 북한의 위와 같은 평화체제 논리를 그대로 수용해 2007년 7월27일 '주한미군 철수가 한반도 평화체제다'라는 제목으로 성명을 내기도 했다.

단체는 성명에서 "미국은 소위 북한의 남침을 억제한다는 구실로 한국의 군사적 주권을 장악하고 주한미군을 장기간 주둔시키고 있다"면서 "한국 전쟁과 북한의 남침위협이 미군주둔의 이유라면 당연히 北美終戰(북미종전)선언과 함께 주한미군 철수를 추진해야 한다"고 선동했다. 단체는 또 "우리는 미국의 알맹이 없는 종전선언이니 평화체제니 하는 말을 믿지 않는다"며 "오직 주한미군이 철수하는 그 순간 한반도 평화체제가 시작될 뿐"이라고 주장했다.

美국방대학원 산하 국가전략연구소(INSS) 스티브 플래너건 소장은 2005년 10월4일 국방대가 주최한 국제안보학술회의에서 "북한의 한반도 평화체제 협상이 한미동맹 파기라는 북한의 장기적 전략목표 구현을 위한 전술"이라고 지적했다. 플레너건 소장은 "북한은 아직까지 스스로 지켜낸 약속이 없기 때문에 미국은 북한을 현재 신뢰할 수 없는 협상대상자로 보고 있다. 한반도 평화체제 논의와 함께 韓美동맹이 더 이상 불필요하다는 시각이 대두되면, 장차 동북아 안정에 핵심적 지위를 담당하는 한미동맹의 역할을 간과하는 것"이라며 우려를 표명했다.

베트남 공산화를 초래한 '파리 평화협정'

베트남은 1973년 '파리 평화협정(Paris Peace Accords)'을 체결 2년 만에 공산화됐다. 북베트남(월맹)과 남베트남(자유베트남) 간의 전쟁이 한창이던 1973년 1월27일 베트남에서의 전쟁종결과 평화회복에 관한 '파리 평화협정'이 미국, 남베트남, 북베트남, 남베트남 임시혁명정부 4자간에 체결됐다. '파리 평화협정'은 ▲베트남 주둔 미군의 철수 ▲전쟁포로 송환 전쟁포로의 송환 ▲현재 상태로의 정전 ▲남베트남에서의 사이공 정부와 남베트남 임시혁명정부 간에 연합정부 조직을 위한 협의 ▲정치범의 석방 등을 규정하고 있었다.

이후 북베트남과 이들의 지원을 받는 남베트남 임시혁명정부는 1975년 4월30일 사이공을 점령함으로써 베트남 공산화 통일을 성공시켰다. '파리 평화 협정' 체결 이전 미국의 존슨 대통령은 전쟁에 월 20억 달러가 넘는 戰費(전비)를 지출했다.

그러나 戰況(전황)이 개선의 기미를 보이지 않자 1968년 3월31일 DMZ를 제외한 지역에 대한 폭격을 일시적으로 중단하겠다는 선언과 함께 같은 해 大選 불참을 발표했다. 존슨 대통령은 에버렐 해리먼을 대표로 지명, 장소와 시간에 구애받지 않고 하노이 당국과 평화를 통한 문제해결을 도모하겠다고 말했다. 이에 따라 1968년 5월13일 평화협정의 첫 회의가 개최됐다.

북베트남은 그러나 쉽게 평화협상에 응하지 않았다. 그들은 미국이 받아들이기 어려운 조건들을 제시했다. 핵심은 남베트남에서 미군을 철수시키라는 것이었다. 하루빨리 베트남에서 미군을 철수시킬 것을 요구하는 反戰여론을 의식한 존슨의 후임 닉슨 대통령은 '닉슨 독트린'을 발표해 아시아는 아시아의 손에 맡긴다는 정책으로 급선회하여 미군의 철군을 시도했다.

이후 1973년 1월27일 협정이 체결됐고, 닉슨은 1954년 프랑스가 '디엔 비엔 푸(Dien Bien Phu)' 전투에서 패배한 이후 시작된 인도차이나 개입의 멍에를 20여 년 만에 벗어던질 수 있었다. 닉슨은 모든 자원을 동원해 남베트남의 티우 정권을 돕겠다고 약속했지만 '워터게이트 사건' 이후 그의 영향력은 사라져갔다.

1974년 군사적 균형은 이미 북베트남 쪽으로 급격하게 기울고 있었다. 북베트남은 1975년 본격적인 공세를 감행했고, 불과 55일 만에 사이공 정부로부터 무조건 항복을 얻어냈다. 사이공 함락 후 남베트남의 지도층 인사, 공무원, 지식인들은 수용소에 보내졌다. 심지어 북베트남을 도와 사이공 정권 반대운동을 벌였던 인사들도 대부분 체포되어 사형에 처해졌다.

베트남 전쟁은 동남아의 정치 상황에도 커다란 영향을 끼쳤다. 캄보디아는 1975년 4월 프놈펜이 '크메르 루주'에게 장악되어 공산화됐다. 북베트남의 주요 전쟁물자 供給路(공급로)였던 라오스는 베트남과 캄보디아가 공산화되자 1975년 5월 공산정권이 들어섰다.

10) 프락치전술

공산세력은 혁명과정에서 정치·경제·사회·문화·노동·종교 등 각계각층에 프락치(fraktsiya, 첩자)를 침투시킨다. 이들은 프락치를 통해 정보를 수집하고 세포를 조직하며 동조자를 구한 다음 반란군으로 전환시켜 무장봉기를 일으키거나, 정치적 혼란을 야기시킨다.

북한은 프락치 전술에 많은 노력을 경주해왔는데 대표적 사건으로 '국회 프락치 사건'이 있다. 이 사건은 1948년 5·10총선거에 의해 國會가 구성된 후 院內(원내)에서 정치노선을 명확히 확립하지 못했던 急進세력들이 남로당원들의 사주를 받아 國會장악을 시도했던 사건이다. 당시 制憲(제헌)국회의 김약수를 중심으로 한 同成會(동성회)소속 소장파 의원들은 남로당 특수공작부 국회담당책 하서복과 남파 여간첩 정재한의 지령을 받아 '자유주의에 입각한 급진적 민주정치 실현'을 표면에 내세우면서 국회장악을 시도했다.

이들 소장파 의원들은 정부수립 직후부터 '외국군대의 완전 철수'를 요구하던 북한 정권의 주장과 보조를 맞추었다. 美軍철수 외에 이들이 제시한 '7원칙'에는 남북한 정치범석방, 反민족자 처단, 조국방위군의 재편성, 보통선거에 의한 최고입법기관의 구성, 남북 정당단체 대표에 의한 정치회의구성, 헌법개정 등이 포함되어 있었다.

실제로 1948년 10월13일 노일환, 김약수 등 총 47명의 국회의원들은 外軍 철수 긴급동의안을 제출하기도 했다. 이들의 선전선동과 당시 소련의 '美蘇 (미소) 양군의 한반도 동시 철수' 요구를 받아들인 미국은 1949년 6월 한반도 에서 미군의 완전 철수를 감행했다.

進步(진보)를 가장한 이들의 공작은 공안경찰의 수사를 통해 여간첩 정재 한의 陰部(음부)에서 비밀 암호 문건이 발견된 후 사건의 전모가 백일하에 드 러났다. 이 사건으로 1949년 5월 18일 이문원, 이구수, 최태규 등 세 명의 의 원이 국보법 위반 혐의로 구속되고, 3차에 걸쳐 김약수 부의장을 비롯한 13 명의 의원이 구속됐다.

1950년 2월 10일 서울지방법원에서 사광욱 판사주심, 박용원·정인상 판 사 배심, 오제도·선우종원 검사는 이들에게 최고 징역 12년 형에서 2년 형까 지 선고했다. 국회 프락치 사건 관련자들은 1심 판결에 불복항고, 2심에 계류 중 6·25를 맞았다. 이들 중 서용길을 제외한 나머지 12명은 인민군 치하에서 그들에게 협조하다가 월북 또는 납북됐다. 서용길의 경우 경기도 고양의 농가 에 숨어 지내다가 9·28수복 후 수사당국에 자진 출두했다.

월북했던 노일환, 이문원, 김약수, 강욱중, 김옥주, 배중혁, 이구수, 최태규 등 8명은 북한에서 평화통일협의회 상무위원으로 활동하다가 남로당계 숙청 시기에 함께 숙청된 것으로 알려져 있다. 반면에 김병회, 박윤원, 신성균, 황 윤호 등 4명은 납북 후 행방불명으로 추정된다.

국회 프락치 사건은 현재 한국 사회 전반에 걸쳐 발생할 수 있는 현실이 되고 있다. 국보법이 존속하고 있지만 從北세력에게 철저하게 적용되지 못하 고 있기 때문이다. 현재 남한 혁명역량 강화를 위해 활동 중인 프락치들을 조사·색출·제거하려는 공안당국의 활동은 대단히 어려운 상태이다. 사회 전 반에 걸쳐 利敵 문화가 침투해 있고 자유민주주의 사회에서 의견의 다양성이 라는 미명하에 從北的 주장을 공공연히 말할 수 있는 분위기가 조성되어 있다. 그런 의미에서 북한의 프락치 전술은 성공을 거두었고, 지금도 성공을 거두고 있는 셈이다.

從北세력의 합법당 침투방법

왕재산 사건의 서울지역당 조직책으로 이○○이 운영했던 도서출판 〈대동〉이 1989년 발간한 《통혁당: 역사·성격·투쟁·문헌》에는 〈통일전선적 합법당 건설방도〉가 상세하게 기록되어 있다. 이 책에는 남한에서 간첩 및 從北세력이 남한 내 합법당을 구축하는 세 가지 방법으로 '지하당 역량으로 통일전선적 합법당 구축', '진보적 경향성을 가진 기성 합법정당 안에 진지 구축', 그리고 '보수정당 안에 진지 구축' 등이 소개되어 있다.

이 가운데 세 번째 방안(보수정당 안에 진지구축)을 자세히 소개하면 다음과 같다.

《(보수정당 내에 지하당을 구축하는) 방도는 지금 있는 보수정당 안에 우리의 프락치를 박고 비교적 진보적인 세력들을 규합하였다가 좋은 정세가 도래할 때 그것을 떼 내어 우리 당이 영도하는 합법당을 내오는 것이다. 통일전선적인 합법당은 조성된 조건에 따라 各異(각이)한 방도로 건설할 수 있다.(중략) 통일전선 구호를 드는 데서 특히 중요한 것은 求同存異(구동존이)*의 전술적 원칙을 옳게 관철하는 것이다. 어떤 정당, 단체, 개별적인 인사들이 '남북협상', '민주화', '평화통일' 등은 지지하면서도 '반공'을 들고 나올 수도 있다.

이런 경우에는 구동존이의 원칙에 의하여 우리의 주장과 일치한 면은 우선 합의를 보고 합작하여 행동통일로 발전시키며, 합의되지 않는 면은 보류해 두고 모르는 척하면서 그들에게 접근하여 교양을 주어 점차적으로 반공구호를 철회하도록 만들어야 한다. 만일 통일전선대상이 우리 당의 근본원칙을 계속반대하고 반공구호를 철회하지 않을 때는 그를 고립시켜 타격하여야 한다. 구동존이의 원칙은 공산주의에 대한 그릇된 이해에서 벗어나지 못한 통일전선대상을 아량 있게 포섭하여 진보시키는 방법으로 그들과의 연합을 형성하여 공고·발전시키기 위한 능동자재한 전술이다. 그러므로 통일전선사업에서 구동존이의 원칙을 옳게 적용해 나가야 한다.》

*求同存異(구동존이): '구동'이란 상대방과 이해관계를 같이 하는 사안에 대해 적극적으로 협력하는 것을 의미하며, '존이'란 상대방과 견해가 다른 사안에 대해 마찰을 피하기 위해 당장 해결하기보다는 서로가 이해하는 수준에서 해결할 것을 기약하는 것이다.

11) 폭로전술

폭로전술(disclosure tactics)이란 大衆선동의 한 방법으로 정치적 폭로행위를 시도하는 전술이다. 이 전술을 통해 공산주의자들이 획득하려는 목적은 두 가지로 요약된다. 첫째, 공산주의에 적대적인 인물(정치인)과 세력(정당)을 겨냥한 위신실추·여론교란 행위 등을 통해 기존정부의 정치적 목적 달성을 곤란 또는 불가능하게 만든다. 둘째, 기존정부의 지도자들을 대중으로부터 고립시킨 뒤, 대중으로 하여금 反정부 활동이나 폭동 등을 유발시킨다.

레닌은《무엇을 할 것인가》에서 공산혁명을 위한 하나의 전술로서 다음과 같이 폭로전술을 정의했다.

▲"전면적인 정치적 폭로야말로 대중의 혁명적 적극성을 배양하는데 필요한 기본적 조건이다. 그러기에 폭로 활동은 全(전) 국제공산주의자의 가장 중요한 기능의 하나를 이루는 것이다."

▲"폭로가 혁명가들의 조직에 의해 적절히 활용되기만 했다면 사회민주주의적 활동의 출발점으로, 그리고 그 구성부분으로 될 수 있었을 것이다."

▲"오늘날 러시아 사회민주주의의 특이한 과제인 사회민주주의의 일반적 민주주의적 과제에 입각해 우리활동의 지상과제는 전면적인 '정치폭로'를 수행하는 것과 노동계급의 정치의식을 발전시키는 것이다."

▲"경제적 폭로가 공장주에 대한 선전포고인 것과 마찬가지로 정치적 폭로는 정부에 대한 선전포고이다. 그러므로 정치적 폭로는 이미 그 자체로서 우리에게 적대적인 제도를 해체시키는 가장 강력한 수단이자 적으로부터 동맹자를 떼어내는 수단이다."

폭로전술에서 정치적 폭로의 대상은 정치지도자의 정치행위와 非정치행위가 모두 포함된다. 다시말해 정치지도자의 사생활과 관련된 도덕적 비행이나 약점을 대중의 감정에 호소하는 방법으로 폭로를 했을 때, 정치지도자를 더욱 강하게 고립시키고 대중으로 하여금 폭동과 反정부활동을 하도록 만들 수 있다는 것이다. 북한이 각종 선전·선동 매체를 동원해 對南謀略(대남모략)을 강화하고 유언비어를 유포하는 것은 모두 이 전술에 따른 것이다.

左傾化된 언론의 역할

공산주의자들은 정치적 폭로를 가리켜 선동의 주요한 수단 또는 黨 활동의 기본적 내용이라고 부르며 매우 중요시한다. 그러면 이처럼 중요한 정치적 폭로는 주로 어떤 방법으로써 실시하는가? 그것은 전국적 정치신문(언론)을 만드는 것이라고 레닌은 주장했다.

〈우리 黨 조직 활동의 기본적인 내용, 이 활동의 초점을 이루는 것은 가장 광범한 대중을 대상으로 한 정치적 선동이다. 그리고 이와 같은 활동은 자주 발행되는 전국적 신문 없이는 생각할 수 없다. 이 신문을 중심으로 자연히 형성되는 조직, 이 신문의 협력자들(넓은 뜻의 협력자, 즉 이 신문을 위해서 일하는 사람들의 전체)의 조직이야말로 전 인민의 무장 봉기를 지정하며 준비하고, 실행하는 일 등 모든 사태에 대한 준비를 가진 조직일 것이다.〉 (출처: 레닌 著,《무엇을 할 것인가》中에서)

　러시아의 경우 1917년 7월 볼셰비키가 합법적으로 활동하고 있을 때 공산당 기관지가 무려 41종이었으며, 그 중에서 러시아어로 출판되는 것이 29종, 다른 언어로 되는 것이 12종이었다. 이를 보면 공산주의자들이 교육자, 선전자, 조직자, 선동자로서의 정치신문 발행을 얼마나 중요하게 생각하고 있는지를 잘 알 수 있다. 1945년 8월 해방직후 남한에서는 30여종의 공산계 신문과 잡지가 쏟아져 나왔다. 이는 한반도 공산화를 직업적으로 추구하는 從北세력에 의한 赤化공작이 레닌이 말한 그대로 실천되고 있음을 말해주는 증거이다.

③
對南공작 조직

1) 통일전선부: 北 노동당 對南사업 핵심 조직

　북한의 對南공작부서는 그동안 '통일전선부', '대외연락부', '작전부', '35호실' 등의 공작부서와 함께 인민군 총참모부 산하 '정찰국', '국가안전보위부' 등이 존재했다. 북한은 2009년 '작전부'와 '35호실'을 인민군 총참모부 산하 '정찰 국'과 통합해 '정찰총국'(신설)을 조직했으며 '대외연락부'는 노동당 내각 산하 로 소속이 변경되면서 명칭이 '225국'으로 변경됐다.

　통일전선부는 김일성의 직접 교시에 따라 설치된 북한 노동당의 대남사업 핵심부서이다. 통일전선 공작과 남북대화 등 대남전략·전술 업무를 실질적 으로 총괄·조정·통제하는 역할을 하고 있다. 남북회담, 해외교포 및 외국인 공작사업, 대남심리전 및 통일전선 공작사업 등의 업무를 수행하고 있다. 통 일전선부 산하에는 직할부서로 간첩 우회침투 공작을 전담하는 직접침투과 (科), 남북회담과 교류업무를 전담하는 남북회담과, 조총련 등 외국인 포섭공 작을 담당하는 해외담당과, 대남 심리전과 남한 관련 정보자료를 분석·연구

북한의 대남공작 조직(개편前-개편後)

하는 조국통일연구원 등이 있다. 외곽단체로는 조국평화통일위원회(조평통), 반제민족민주전선, 재북평화통일촉진협의회(재북통협), 조국통일민주주의전선(조국전선), 조선아시아태평양평화위원회(아태평화위), 민족경제협력연합회(민경련), 민족화해협의회(민화협)를 포함해 각종 연락소 등이 있다.

북한이 多黨制(다당제)를 위장하기 위해 만든 사회민주당과 천도교 청우당, 종교단체를 표방하고 있는 기독교연맹·불교도연맹·천주교인협회 등도 모두 통일전선부의 지휘·통제를 받는다. 대부분의 통일전선부 소속 대남공작 요원들은 공개적인 행사나 회담 때 주로 假名(가명)과 假職位(가직위)를 사용한다. 남북대화나 교류 등으로 낯익은 전금진(본명 전금철), 안병수(본명 안경호), 1994년 3월 남북실무접촉에서 '서울불바다' 발언으로 유명해진 박영수 등 對南前衛(대남전위)기구 간부들의 실제 소속직책과 직급도 통일전선부 부부장 급이었다.

한편, 통전부 소속의 사이버 전담부서는 〈반제민전〉, 〈우리민족끼리〉 등 해외에 개설한 140여개의 사이트를 통해 국내 운동권과 연계해 대남사이버 선전·선동을 전개하고 있다.

통일전선부 산하 조직

● **조국평화통일위원회:** 조국평화통일위원회(조평통)는 남한의 4·19로 조성된 정치사회적 혼란을 이용해 북한이 대남혁명전략을 효율적으로 수행하기 위해 각 정당, 사회단체, 각계인사 등을 망라해 급조한 대남전위 기구로 1961년 5월13일 만들어졌다. 조평통은 위원장과 부위원장이 포함된 중앙위원회를 정점으로 그 아래 서기국을 두고 있으며, 산하에 정세판단국과 조직부, 선전부, 회담부, 조사연구부, 총무부 및 자료종합실 등의 부서가 있다. 북한은 조평통을 "정당·사회단체들과 각 계층 인사들을 망라하여 조직된 사회단체" (1973년 사회과학출판사 발간《정치사전》)로 규정하고 있다.《정치사전》은 또 조평통의 활동 목적을 "통일을 방해하는 미제와 그 주구들의 범죄책동을 폭로·규탄하는 것"이라고 밝히고 있다.

조평통의 기능과 임무는 남한 내 각계각층 인사와 해외동포를 대상으로 반정부 통일투쟁 고취, 선전활동을 전개하고 노동당의 통일 및 남북대화 정책을 대변하는 한편, 남한 내 주요사건 또는 새로운 정책 제시 때마다 이를 모략, 비난하는 활동을 전개하는 데 중점을 두고 있다. 조평통이 전개하고 있는 대남사업의 형식은 남한 내 정세변화에 대한 즉각적인 반응이나 반박을 주로 취급하는 '조평통 서기국 보도'를 비롯해 고발장, 공개질문장, 성명, 백서, 비망록 등 사안에 따라 다양하다. 내용은 대체로 남한의 정치, 경제, 사회적 문제들을 부정적 시각으로 매도하는 대남선전·선동이 큰 비중을 차지하고 있다.

조평통은 산하 인터넷 선전·선동 매체로 중국 선양에서 〈우리민족끼리〉를 운영하고 있다. 〈우리민족끼리〉는 2003년 4월1일부터 조평통의 성명과 담화 내용을 게시하고 자체 웹사이트에서 만든 기사, 사진, 동영상 등을 게재해 인터넷 심리전을 수행하고 있다. 2010년 8월부터는 트위터와 유튜브 계정도 운영하고 있다. 한때 페이스북 계정도 운영했지만 페이스북이 이용 약관 위반을 이유로 폐쇄했다.

● **반제민족민주전선**: 반제민족민주전선(반제민전)은 주체사상을 지도이념으로 남한혁명을 위한 북한의 당면 3대 투쟁목표인 '反美자주화투쟁(주한미군 철수)', '反파쇼민주화투쟁(남한 내 親北정권 수립)', '조국통일투쟁(연방제통일)' 등을 수행하는 통일전선부 산하 조직이다. 김일성은 1961년 9월11일 개최된 제4차 조선노동당 대회에서 남한에서 4·19라는 혁명적 정세가 조성되었는데도 불구하고, 이를 남한 혁명으로 유도하지 못한 근본요인이 남한 내 '혁명적 黨'이 없었기 때문이라며 남한 내 지하당 구축을 강조하는 敎示(교시)를 내렸다. 1961년 당시만 해도 북한이 승승장구할 무렵으로 제4차 당 대회에는 중국 공산당의 당 중앙 총서기인 등소평, 소련의 공산당 이론가 수슬로프(Mikhail Andreyevich Suslov) 등이 참가했다. 당시 당 대회에서는 대남공작의 전술적 전환을 모색하는 중요한 결정을 내려졌다.

여기서 북한은 남조선 혁명의 성격을 제국주의와 봉건주의에 반대하는 '민족해방 인민민주주의 혁명(NLPDR)'으로 규정하고, 이 대회를 통해 남한에서 '지하당 조직'의 필요성을 강조했다. 여기서 '지하당 조직'이란 남한사회 저변에 숨어서 정치(反정부·反체제 운동), 경제(노동운동), 사회문화(계급의식 고취·반미·친북 문화 조성) 분야에서 非합법, 非공개를 원칙으로 운동하는 집단을 의미한다. 지하에 숨어야 하는 만큼 핵심으로만 구성되는 두뇌조직이 지하당 조직이다. 어느 정도 사회가 이완되면 半합법, 半공개로 전환하며 정세가 완전히 유리하게 전개되면 비로소 합법, 공개조직으로 변신하여 각종 단체 이름을 걸고 사회에서 대중적 활동을 한다는 것이 북한의 대남혁명 전략이다.

노동당의 이 같은 전략에 따라 북한의 대남공작 지도부는 김종태, 김질락, 이문규 등을 포섭, 이들을 중심으로 남한 내에 새로운 형태의 독자적인 혁명당으로서 통일혁명당(통혁당)을 결성할 것을 지령했다. 그 결과 1964년 3월15일 '통일혁명당 결성준비위원회'를 결성하는데 성공했다. 이후 통혁당 주모자인 김종태는 운수업으로 위장해 통혁당의 조직을 주도하면서 남로당원·좌파 지식인·학생·청년 등을 대량 포섭했다.

이들은 결정적 시기가 오면 무장봉기해 수도권을 장악하고, 요인암살·정부 전복을 기도하려 했으나 공안당국에 의해 일망타진됐다. 통혁당 사건에 연루되어 검거된 인원은 총 158명이다. 이들 중 73명이 송치(23명 불구속)됐는데, 김종태는 1969년 7월 사형이 집행되고, 이문규 등 4명은 같은 해 9월 대법원에서 사형이 확정됐다.

공안당국은 통혁당 일당을 검거하면서 무장공작선, 고무보트, 무전기, 기관단총, 수류탄 7개, 무반동총 1정과 권총 7정 및 실탄 140발, 12.7mm 高射銃(고사총) 1정, 중기관총 1정, 레이더 1대와 라디오 수신기 6대, 미화 3만여 달러와 한화 73만여 원 등을 압수했다.

유동열 前 치안정책연구서 선임연구관의 분석에 따르면 북한은 통혁당 재건 공작에 주력하던 중 김종태가 처형된 직후인 1969년 8월25일 대남 흑색 방송인 〈남조선 해방 민주민족연맹방송〉을 통해 통혁당 창당선언문과 강령을 발표하며 남한 내 지하당인 통혁당이 실재(實在)하는 것처럼 선전했다고 한다. 이후 1970년 6월1일 통혁당 중앙위에서 운영한다는 〈통혁당 목소리 방송〉이라는 대남 흑색방송을 송출하기 시작, 20여 년 동안 대남혁명전선에서 활동했다. 북한은 1985년 8월8일 〈통혁당 목소리 방송〉을 통해 '통혁당 중앙위'가 黨의 명칭을 '한국민족민주전선(한민전)'으로 개칭했음을 보도했다. 한민전의 태동으로 남한 내 운동권은 그동안 부분적으로 비밀리에 반입된 북한 관련 서적 및 복사본을 통해 학습하던 단계에서 벗어나 〈구국의 소리방송〉의 김일성대학 방송강좌, 주체사상교양강좌, 정치철학강좌 등 소위 '운동강좌'를 직접 청취해 주체사상 및 남조선 혁명론을 체계적으로 학습하기 시작했다. 한민전은 산하 인터넷 사이트인 〈구국전선〉을 통해 남한 내 운동권을 지도하다 2005년 3월23일 〈반제민전〉으로 개칭했다.

● **민족경제협력연합회:** 민족경제협력연합회(민경련)는 과거 남한 기업들의 대북투자와 교역을 담당했던 고려민족산업발전협회의 後身(후신)인 광명성경제연합회가 1998년 헌법 개정으로 개편돼 설립됐다. 나진·선봉지대를 제외한 북한 전 지역에서 남한기업들의 대북투자 및 교역을 전담하는 조직으로 북한의 對外교류 창구의 역할을 한다.

민경련 산하에는 피복·경공업·농수산물 분야에서 대남경협을 전문으로 하는 광명성총회사, 전자·중공업·화학 분야에서 남한 기업들과의 투자 및 교역을 담당하는 삼천리총회사, 계약 재배 등 주로 농업 부문에서의 남한 기업들과 합작사업을 맡고 있는 개선무역회사, 새별총회사(가죽·피복 임가공), 명지총회사(자원개발) 등으로 구성되어 있다. 이들 각 총회사는 산하에 무역회사 및 공장, 기업소를 두고 있다. 일례로 삼천리총회사 산하에는 삼천리기술회사 등이 있으며, 사이버전 수행조직 가운데 하나인 조선콤퓨터센터(KCC)의 경우 삼천리총회사 산하의 기업은 아니지만 삼천리총회사를 통해 이른바 대남 협력사업을 진행한다.

● **각종 연락소:** 통일전선부 산하 일부 공작부서는 명칭을 숫자로 표기한다. 조직의 실체와 업무내용을 감추기 위한 일종의 위장이다. 연락소 명칭을 대체하는 숫자들은 조직을 신설할 때 김정은으로부터 사인 받은 날짜를 그대로 사용하게 되어 있는 것으로 알려져 있다.

대남 문화침투를 담당하고 있는 101연락소는 5개 局(국)이 있는데, 1국은 신문 담당, 2국은 잡지, 3국은 비디오, 4국은 음악, 5국은 문예국으로 알려져 있다. 주요 업무는 남한 작가 혹은 민중작가 명의로 된 소설이나 시집 등을 창작해 대학가와 서점에 침투시키는 것이다. 주제는 反독재나 민주화부터 고려연방제 찬양, 반미 등으로 다양하다.

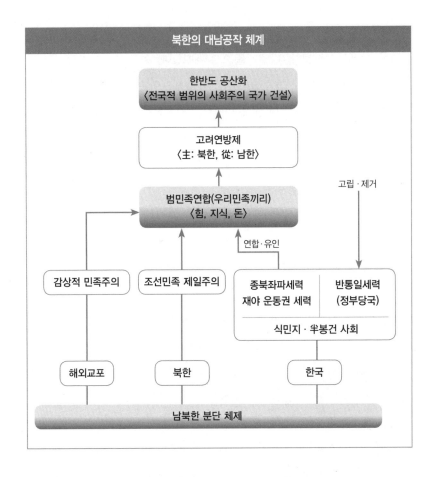

북한의 대남공작 체계

한반도 공산화
〈전국적 범위의 사회주의 국가 건설〉

고려연방제
〈主: 북한, 從: 남한〉

범민족연합(우리민족끼리)
〈힘, 지식, 돈〉

고립·제거

감상적 민족주의 | 조선민족 제일주의 | 종북좌파세력 재야 운동권 세력 | 반통일세력 (정부당국)

연합·유인

식민지 · 半봉건 사회

해외교포 | 북한 | 한국

남북한 분단 체제

26연락소는 남한 내에서 방송되는 것처럼 위장된 한국민족민주전선(現 반제민전) 산하 '구국의 소리' 방송을 담당한다. 남한 억양과 발음으로 훈련된 아나운서들을 내세워 민주화운동을 호소하거나 유언비어를 유포하고 남한 정부의 정책을 왜곡하는 등의 전파침투를 맡았다. 26연락소는 자체적으로 칠보산전자악단을 운영하며 운동권 가요를 창작하거나 남한의 유명 가요 가사를 바꿔 전파를 통해 침투시키기도 했다. 운동권 가요 가운데 작자 미상으로 되어 있는 상당수 노래가 이 무렵 통일전선부의 문화 침투 흔적으로 알려져 있다.

강남출판사, 평양출판사, 목란출판사로 불리는 813연락소는 통일전선부 내 대남침투용 도서와 전단지, 잡지, 신문, 위조 신분증을 비롯한 각종 서류들을 인쇄하는 출판연락소이다. 813연락소는 간부과, 조직과, 출판과, 교정과, 심의과, 해외판매과, 설비실, 자재실, 관리실, 도서실로 구분되어 있으며 인원은 100여명인 것으로 알려져 있다. 813연락소의 제작물들은 남한의 생산품과 똑같이 모방하기 위해 일체 모든 자재를 재일본조선인총연합회(조총련)를 통해 들여오는데, 모든 비용은 조총련 산하 'OO무역회사'에서 부담하고 있다고 한다.

813연락소의 제작물들은 조총련, 재중조선인총연합회(재중총련), 러시아국제고려인통일총연합회(러시아고통련), 한국민족민주전선 산하 동남아지역 지부들을 통해 미국, 일본, 유럽, 동남아지역들에 배포된다. 310연락소는 813연락소에서 나온 각종 인쇄물들과 삐라들을 기구를 통해 남한에 침투시키는 연락소로 개성과 해주에 각각 분포되어 있다. 이들은 통일전선부 조직원들과 달리 黨마크를 팔에 붙인 연락소 전투복을 착용하고 있는데, 이유는 전연지역(군사분계선)에 주둔하기 때문에 활동을 용이하게 하기 위해서라고 한다.

2) 정찰총국: 對南 사이버 공격 담당 기관

천안함 폭침의 배후조직으로 알려져 있는 정찰총국은 對南 군사첩보 수집과 무장공비 양성·남파, 요인 암살 및 테러, 주요 국가시설물 파괴 등이 주된 임무로 2009년 2월에 조직됐다. 정찰총국 산하에는 작전국(제1국, 간첩 침투 및 양성), 정찰국(제2국, 테러전문), 해외정보국(제3국, 舊 35호실) 등 총 6개의 부서가 있다.

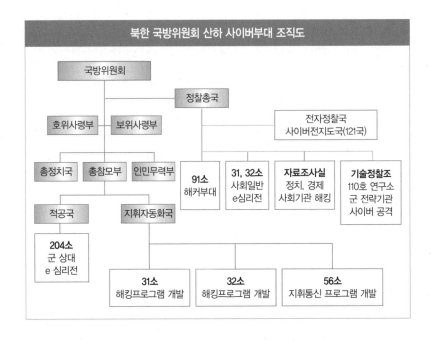

북한 국방위원회 산하 사이버부대 조직도

정찰총국은 전방 5개 군단에 각 500~600명 규모의 정찰대대를 운용하는 데, 해군에도 1개 정찰대대가 있다. 특히 해군부대 소속 잠수함과 잠수정 침투 공작부대는 고도의 침투·작전능력을 보유한 것으로 알려져 있다. 1996년 9월18일 강릉 해안가에 좌초되어 생포된 북한 잠수정 조타수 이광수는 인민무력부 정찰국 해상처 22전대 소속이었다.

1996년과 1998년 두 차례 동해안 잠수함 사건에서 보듯 정찰총국은 꾸준히 대남 테러공작을 시도했다. 1983년 발생한 버마 아웅산 묘역 폭탄 테러사건과 1997년 성혜림(김정일 전처)의 조카 이한영 암살 사건도 정찰총국의 소행이었다.

정찰총국은 북한 사이버 전력의 핵심조직으로 중국의 흑룡강성, 산동성, 요령성, 복건성, 요령성과 북경 인근 지역에 대남사이버전 수행 거점을 설치한 것으로 알려져 있다. 정찰총국 산하 사이버전 전담 조직(제6국)으로는 '전자정찰국 사이버전지도국(121국)'과 함께, 남한의 군 관련 기관 사이버 공격을 담당하고 있는 '110호 연구소', 전문 해커 요원을 양성하는 '414연락소', 전파교란 및 해외 정보당국 사이트 해킹을 담당하고 있는 '128연락소' 등이 존재한다. 121국은 해외 컴퓨터망에 침입해 비밀자료를 해킹하고 바이러스를 유포하는 전담부대로 소속인력만 3천여 명에 이르는 것으로 정보 당국은 추정하고 있다. 110호 연구소(기술정찰국)는 1990년대 초 평양 고사포사령부의 컴퓨터 명령체계와 적군 전파교란 등을 연구하던 인민무력부 산하 조직을 1998년부터 해킹과 사이버전 전담부대로 확대 개편한 조직이다. 110호 연구소 부대원들은 사이버 테러에 대한 교육훈련을 집중 이수한 후 2001년부터 중국 등 해외에서 사이버전 임무를 수행하고 있다. 주로 남한 내 군사관련 기관의 컴퓨터망에 침입해 비밀자료를 빼내거나 악성 바이러스를 유포하는 것이 이 기관의 주요 임무인 것으로 정보당국은 파악하고 있다. 2009년 정부 각 부처 홈페이지를 마비시킨 디도스(DDos·분산서비스거부)공격을 주도한 조직이 바로 110호 연구소로 알려져 있다.

3) 총참모부: 적공국 통해 對南 여론 교란

남한의 합참에 해당되는 북한의 총참모부는 예하에 '지휘자동화국'과 '적공국 204소'를 통해 사이버전을 실행한다. 지휘자동화국(2001년 조직)의 기본임무는 사이버전 수행에 필요한 전법, 사이버테러 전투조직, 사이버 정보전 수행을 위한 부대 간 협동작전, 북한군 전체의 디지털 정보 작전능력 강화이다. 이 부서에는 해킹 프로그램 개발을 전담하는 31소, 군 관련 프로그램을 개발하는 32소, 지휘통신 프로그램을 개발하는 56소가 있다.

적공국 204소에서 적공국은 '적군와해공작국'의 약어로 전시에는 말 그대로 적군와해(국군과 미군) 공작을 하고 평시에는 주로 인터넷을 통해 대남 선전·선동을 하는 조직이다.

적공국 204소는 여타 사이버전 수행 조직과 연계해 국군과 남한의 사회지도층, 대학생, 일반 국민들을 대상으로 허위정보 유출 및 여론을 교란시켜 염전사상을 확산시키고, 친북세력의 제도권 진출과 사회혼란 등을 조성하는 것을 기본임무로 하고 있다.

아래는 2004년 4월3일자 〈조선로동당 중앙군사위원회지시 제002호 전시사업세칙을 내옴에 대하여〉, 2012년 9월 공개된 〈조선로동당중앙위원회, 조선로동당군사위원회, 조선민주의 인민공화국 국방위원회, 조선인민군 최고사령부 공동명령 제002호〉에 반영된 적공국 관련 내용이다.

〈92. 적군에 대한 정치사업을 우리 당의 로선과 전략에 맞게 진공적으로 벌린다.

▲조선인민군 총정치국을 비롯한 각급 정치기관들은 모든 작전과 전투에서 적군에 대한 정치사업을 힘 있게 벌릴 수 있도록 력량을 편성하고 적군을 포섭전취하기 위한 조직, 선전공작을 적극 벌리며 군사적 타격과 배합하여 담판, 함화, 선동, 방송선전, 삐라살포, 유인, 기만활동을 적극 벌린다. ▲적공국은 우리 당의 전략적 방침과 적들의 사상 심리에 맞게 작전단계별로 적군을 조직 사상적으로 와해, 전취, 소멸하기 위한 대책을 조선인민군 최고사령부와 협동하여 맞물리며 방송차를 비롯한 대적기술기재들에 대한 공급과 지원(배속)을 실현하고 공작조들의 적후침투를 조직하며 그들의 활동을 지휘한다. ▲조선인민군 최고사령부와 공군, 해군, 전선군단사령부 참모부들은 공작원들의 지상과 공중, 해상침투를 보장하여 주며 삐라를 살포하는데 필요한 기동 및 수송수단들을 제때에 보장하고 적공국과 련계 밑에 적후에 침투한 공작원들과의 협동을 실현하도록 한다.

93. 적공군은 경애하는 최고사령관 김정일 동지의 위대한 조국통일전략사

상에 따라 군사적 타격과 배합하여 전략적 및 작전적인 여론전과 적군 및 적 구주민들에 대한 각성, 계발, 포섭쟁취활동을 활발히 벌려 도처에서 투항, 도주, 의거, 전투기피, 반전, 반미시위와 군인 폭동, 전민항쟁을 조직하여 전쟁의 승리를 보장한다.

94. 전시조건에 맞게 사업체계를 개편한다.

▲적공국의 기구편제를 전시체계에 맞게 개편한다. ▲공작원, 방송원양성 체계를 속성교육체계로 이전하여 전선에 요구되는 수요를 보장한다. ▲현 단계에서 대적선전수단들을 부단히 보강, 갱신한다.

95. 전시 적공사업은 다음과 같이 한다.

방어작전시기: ▲대적선전방송은 현재 있는 전연대적방송국들과 지방당, 정권기관들에서 가지고 있는 방송선전수단들을 적극 인입하여 진행한다. ▲적공국 기동방송대를 전투 서렬에 편입시킨다. ▲적공국 인쇄소와 도, 시, 군들에 있는 출판인쇄기관들에서 대적삐라를 만들어 현재 있는 대적출판물보급소들을 통하여 보급전투를 벌린다. ▲대적방송, 보급력량과 기재들을 갱도(은폐부)에 이동전개하고 임무를 수행한다.〉

4) 225국(舊 대외연락부): 남한 내 從北세력 관리 담당

통일전선부가 북한의 통일방안을 만드는 '두뇌'라면 225국은 통일전선부가 만드는 통일방안을 실행하는 '수족'이다. 225국은 남한 내 從北조직을 유지·확대하고 정당이나 사회단체에 침투하는 간첩을 관리하는 역할을 맡고 있다.

225국이 연계된 대표적 對南 공작원 및 지하당 관련 사건은 다음과 같다.

▲지하당 인민혁명당(인혁당) 사건(1964년) ▲동백림 사건(1967년) ▲지하당 통일혁명당(통혁당) 사건(1968년) ▲경남·부산지역 거점 간첩 강○○ 일당 사건(1974년 8월) ▲일본거점 간첩 진○○ 일당 사건(1974년 9월) ▲학원침

투 간첩 백OO 일당 사건(1975년) ▲지하당 남조선민족해방전선준비위원회 (남민전) 사건(1979년) ▲지도핵심 간첩 정OO 사건(1983년) ▲입북 자수간첩 오OO 사건(1986년) ▲지하당 남한조선노동당 중부지역당(중부지역당) 사건(1992년) ▲지하당 구국전위 사건(1994년) ▲부여 침투 간첩 김동식 사건(1995년) ▲부부간첩 최정남·강연정 사건(1997년), ▲지하당 민족민주혁명당 (민혁당) 사건(1999년) ▲대만 화교간첩 정OO 사건(2006년) ▲지하당 일심회 사건(2006년) ▲지하당 왕재산 사건(2011년)

그동안 민간을 상대로 대남 공작을 벌여온 225국은 최근 들어 중국과 일본 등지에 사이버전 거점을 구축해 국내에 확산시킬 선전·비방 내용 등을 지령 형태로 전달하고 있다. 특히 225국은 인터넷을 통해 보안 점검을 위한 국가적 차원의 법적 근거가 없는 사기업을 주요 타겟으로 삼고 있다. 225국은 최근 국내 모 대기업의 중국 현지 법인 직원을 포섭, 해당 기업의 국내 본사 전산망에 1년 동안 200여 차례 접속하기도 했다.

구체적으로 225국은 중국에서 대기업 계열 시스템통합업체(SI)인 A사의 전산망에 접속할 수 있는 ID와 패스워드를 확보한 뒤 최종적으로 정부 전산망 침투를 노렸던 것으로 알려졌다. A사는 청와대와 국방부의 전산 시스템 구축에 참여했던 업체였다. 당시 전문가들의 분석에 따르면 북한은 이 회사가 운영하는 국가기간시설 전산망을 공격하는 툴(tool)로 해킹자료를 이용했을 것이라고 보았다. 국내 IT기업의 상당수가 인건비 문제 등으로 중국행을 택하면서 현지직원 고용이 늘어나고 있는데, 이런 사업 관행이 역으로 국내 사이버 보안에는 毒(독)으로 돌아온 형국이 된 것이다.

5) 조선컴퓨터센터(KCC): 조총련의 지원으로 설립된 IT 연구기관

북한 사이버전 요원의 상당수는 조선컴퓨터센터(북한명: 조선콤퓨터쎈터,

KCC) 직원으로 위장해 활동한다. 평양 만경대 구역에 위치한 KCC는 소프트웨어산업총국의 산하기업으로 김정일의 명령으로 조총련의 지원으로 1990년 설립됐다. 현재 8개의 연구개발센터와 11개의 지역정보 센터로 이루어진 KCC는 명목상 소프트웨어 및 하드웨어 제품을 개발 및 생산하는데, 직원은 1200여명으로 알려져 있다. 연구개발 인력은 800여명으로 이들 가운데 100여명이 박사학위 소지자이다. KCC산하 8개 연구개발센터의 현황은 아래와 같다.

▲**오덕산정보쎈터**: '붉은별'을 비롯한 조선어판 윈도우(Window) 등을 개발한다. ▲만경정보쎈터: 전국적 인트라넷인 '광명망', 국가안전보위부 인트라넷인 '방패', 군내 인트라넷인 '금별', 국가보안성 인트라넷인 '붉은검' 등 각종 인트라넷을 개발, 설치한다. 제한적으로 ▲어은정보쎈터: 각종기관의 인트라넷의 보안 시스템과 보안 프로그램을 개발하는 부서이다. ▲삼일포정보쎈터: '우리', '목란', '하나', '고려펜' 등을 개발한 부서이다. ▲청봉정보쎈터: 공장 자동화 설비를 개발하는 부서이다. ▲소백수정보쎈터: 반도체 처리 체계 개발 ▲**밀영정보쎈터**: DNA반도체, 정보기술과 의료기기를 접목한 건강기기 개발 ▲**삼지연정보쎈터**: 게임과 멀티미디어 관련 제품 개발

KCC는 현재 독일과 중국, 시리아와 아랍에미리트 등의 국가에 지사와 합영회사를 두고 있는데, 독일지사는 2003년 독일인 얀 홀터만(Jan Holtermann)의 도움으로 베를린에 세워졌다. 비슷한 시기 홀터만은 평양에 인트라넷을 구축해 주었다.

'국경 없는 기자회'(Reporters Without Borders)는 당시 북한의 인트라넷 구축비용에 70만 유로화가 투입된 것으로 파악했다. 특히 홀터만은 반입이 금지된 민감한 기술을 보내기 위해 모든 데이터를 독일 소재의 서버를 통해 인공위성으로 북한에 보냈다.

이와 함께 홀터만은 처음으로 KCC가 개발한 IT기술을 2006년 하노버에

서 열린 유럽 IT전시회에 소개하기도 했다. 뿐만 아니라 북한은 현재 중국의 북경과 대련에 지사를 두고 활발한 활동을 벌이고 있다. 또 다른 북한의 컴퓨터 회사인 '실리은행'의 경우 2001년 중국을 경유해 전자 메일의 발송이 가능하도록 최초로 인터넷 서비스(ISP)를 실시한데 이어 2004년에는 중국의 선양에 소프트웨어 개발 회사인 '조선 6·15 심양 봉사소'를 설립했다.

북한 국내에서는 아직까지 전자 메일의 접속이나 인터넷 사용이 극도로 제한되어 있다. 그러나 북한은 '광명네트워크'라는 인트라넷, 즉 내부 컴퓨터 망이 구축, 최근 들어서는 이 네트워크가 발전해 북한 내부에서 인터넷 역할을 하고 있는 것으로 알려져 있다. 북한에서 인터넷을 사용하는 사람들은 연구소나 교육기관에서 일하는 관리들뿐이다.

이와 함께 북한은 〈우리민족끼리〉와 같은 인터넷 사이트를 통해 체제 선전에 열을 올리고 있다. 한국어·중국어·러시아어·일본어로 번역되어 있는 〈우리민족끼리〉는 주로 김정일의 신성한 출생과 김일성의 항일 투쟁 등을 소개하고 이를 찬양하는데 홈페이지 콘텐츠 대부분을 할애하고 있다. 북한 관영 〈조선중앙통신〉의 경우 일본 내 對南공작 조직인 조총련을 통해 한국어와 영어, 러시아어·스페인어로 된 자체 웹사이트를 운영하며 북한 뉴스를 매일 같이 게재하고 있다. 물론 대부분의 내용은 "김정일 국방위원장이 시리아 대통령에게 축하 메시지를 보냈다", "김정일 국방위원장의 저작이 멕시코에서 출판됐다", "캄보디아 국왕과 왕비가 프놈펜의 조선 대사관으로 화환을 보내왔다" 등으로 채워져 있다.

KCC는 조선어 버전의 리눅스 시스템을 비롯해 컴퓨터 게임을 제작하기도 했다. 놀라운 사실은 남한의 대기업에서나 개발할 수 있는 핸드폰용 소프트웨어를 북한도 제작하고 있다는 점이다. 북한의 컴퓨터 전문 인력들은 대개 중국·러시아·인도를 비롯해 일부는 세계 최고의 기술력을 자랑하는 남한 기술진에 의해 양성되고 있다. 북한의 전자전 능력에 대해 회의적인 학자들은 북한이 유사시 미국의 컴퓨터 방어망을 뚫지 못할 것으로 보고 있다. 이들은 또 북한이 한국과 일본 미국 등 IT선진국들의 정교화된 기술력을 확보하는 데는 상당한 시간이 걸릴 것으로 판단하고 있다. 그러나 KCC는 이전 보다 더 활발한 활동을 벌이고 있다. 북한의 IT개발은 중단 없이 진행되어 왔다. 아시아태평양안보연구센터(APCSS)의 알렉산드르 만수로프 박사는 "북한이 최근 들어 주민들에 대한 전체주의적 감시 및 통제를 강화하는 한편 정치 선전과 이데올로기 교육에도 열을 올리고 있다"고 지적했다. 그러면서 그는 "이 같은 북한의 정책이 IT산업에도 그대로 적용되고 있다. 북한의 IT 기술은 막강한 북한 군사력 증강에 큰 일조를 하고 있다"며 우려를 표명하기도 했다.

5

海外 從北

①

海外교포 공작

北 대남전략과 직결된 해외교포 공작

북한은 북한헌법과 국적법 등에서 해외동포를 북한의 公民(공민)으로 규정하고 있다. 2012년 4월 개정된 북한의 사회주의헌법 제15조는 "조선민주주의인민공화국은 해외에 있는 조선동포들의 민주주의적 민족권리와 국제법에서 공인된 합법적 권리와 리익을 옹호한다"고 밝히고 있다. 북한은 또 국적법 제7조에서 "무국적자 또는 다른 나라 공민은 청원에 의하여 조선민주주의인민공화국 국적을 취득할 수 있다"고 명시하고 있다.

그러나 해외교포들에 대한 북한의 법적 규정은 현재 일부 북한 국적 소지자들에게만 해당될 뿐 여타 지역의 교포들에게는 실질적인 의미를 갖지 못하고 있다. 이 때문에 북한은 자신들의 '조선공민화' 정책을 미국 등 해외 교포 사회까지 확산시켜 이들이 親北的 성향을 갖도록 하는데 주력해왔다. 결국 북한은 해외교포들을 의식화해 한반도 공산화를 수행하기 위한 외적 역량(국제적 혁명역량 강화)으로 이용하고 있는 것이다.

해외교포에 대한 공작지도는 북한의 대남전략과 직결되기 때문에 노동당과 내각에서 二元的(이원적)으로 수행한다. 그러나 실질적으로는 黨이 전반적으로 교포정책을 장악해 노동당 내 對南사업 부서인 통일전선부 산하 225국(舊대외연락부)이 모든 업무를 관장하고 있는 것으로 알려져 있다. 북한은 225국을 중심으로 해외 反정부 교포단체를 조직한 뒤, 民團(민단)을 비롯한 親韓단체의 와해공작 등을 직접 지도해 해외교포 사회 침투 및 교포의 對南공작 활동을 직접 지휘하고 있다.

북한의 해외교포 從北化(종북화) 대상은 4부류이다. 구체적으로 ▲남한에서 反정부·反체제 활동 후 해외로 도피한 종북·좌파 활동가들 ▲출생 또는 본적이 북한지역이면서 그곳에 가족이나 친지가 있는 사람들 ▲해외 거주국가의 국적을 가진 者로 북한 방문과 정치활동 전개에 법적 제약을 받지 않는 인원 ▲학계·언론계·종교계 등 교포사회에서 영향력 있는 지도급 인사들 등이다.

북한의 해외교포 공작 방법을 사례별로 보면 방북초청, 통일문제 심포지움, 각종 학습강연회, 영화감상회, 선전책자 배포, 선물우송 등이 있다. 이외에도 해외 교포들에게 자금을 지원해 해외에서의 從北활동을 적극적으로 사주하고 있는 것으로 알려져 있다.

현재 해외에서 활동하는 從北단체로는 핵심단체(30여개), 개별단체 및 연대체(150여개) 등 총 180여개의 조직이 활동 중인 것으로 알려져 있다. 대표적인 단체로 일본의 재일조선인총연합회(조총련), 재일한국민주통일연합(한민통), 중국의 재중조선인총협회(재중총련), 미국의 재미동포전국연합, 자주민주통일미주연합, 호주의 호주동포전국연합, 러시아의 국제고려인통일연합회, 유럽의 한민족유럽연대, 재독일동포협력회 등이 있다.

② 在일본조선인총연합회

'북한식 사회주의' 추구하는 세계 최대 從北단체

해외 從北단체 중 규모가 가장 큰 단체는 1970년 反국가단체로 규정된 재일본조선인총연합회(조총련, 일본 공안통계에 따르면 2012년 기준 회원 수 5만 명)이다. 1955년 결성된 조총련은 북한의 '재일본공민단체'를 자칭하는 일본 내 對南공작 거점이다. 조총련은 발족 당시부터 북한식 사회주의를 지향해왔다.

조총련은 크게 두 개의 목적을 설정하고 출발했다. 첫째는 재일조선인의 생활옹호이며, 둘째는 북한의 목적에 부합한 행동을 취하는 것이다. 이중에서도 가장 중요한 임무는 '북한의 목적에 부응해서 행동하는 것'이다. 이를 위해 조총련의 조직은 모든 공산주의 조직이 그렇듯이 매우 강력한 중앙집권체제로 움직여왔다.

조총련의 조직은 중앙기관(전체대회, 중앙위원회, 중앙상임위원회, 중앙본부)을 필두로 지방본부, 지부, 분회로 나누어져 있다. 중앙상임위원회의 산하 조직으로는 사무총국과 전문부서인 조직국, 선전문화국, 교육국, 권리복지

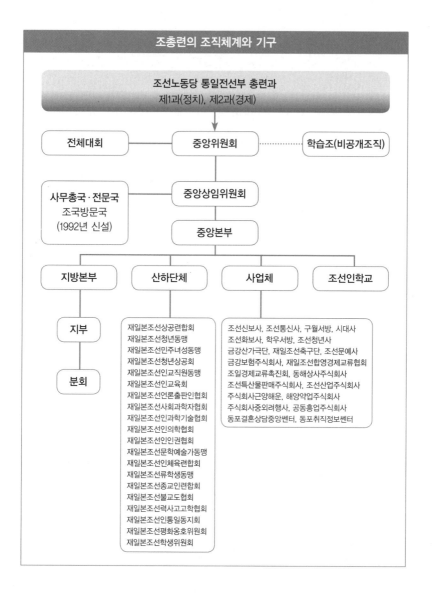

조총련의 조직체계와 기구

조선노동당 통일전선부 총련과
제1과(정치), 제2과(경제)

전체대회 — 중앙위원회 ·········· 학습조(비공개조직)

사무총국·전문국
조국방문국
(1992년 신설) — 중앙상임위원회

중앙본부

지방본부 — 산하단체 — 사업체 — 조선인학교

지부

분회

재일본조선상공련합회
재일본조선청년동맹
재일본조선민주녀성동맹
재일본조선청년상공회
재일본조선인교직원동맹
재일본조선인교육회
재일본조선언론출판인협회
재일본조선사회과학자협회
재일본조선인과학기술협회
재일본조선인의학협회
재일본조선인인권협회
재일본조선문학예술가동맹
재일본조선인체육련합회
재일본조선류학생동맹
재일본조선종교인련합회
재일본조선불교도협회
재일본조선력사고고학협회
재일본조선인통일동지회
재일본조선평화옹호위원회
재일본조선학생위원회

조선신보사, 조선통신사, 구월서방, 시대사
조선화보사, 학우서방, 조선청년사
금강산가극단, 재일조선축구단, 조선문예사
금강보험주식회사, 재일조선합영경제교류협회
조일경제교류촉진회, 동해상사주식회사
조선특산물판매주식회사, 조선산업주식회사
주식회사근양해운, 해양약업주식회사
주식회사중앙려행사, 공동흥업주식회사
동포결혼상담중앙쎈터, 동포취직정보쎈터

국, 경제국, 국제통일국, 재정국, 조국방문국, 총련중앙학원, 재일조선인력사
연구소, 조국방문 니이가다 출장소, 총련영화제작소 등을 두고 있다.

조총련은 또 일본의 행정구역인 都道府縣(도도부현)에 지방본부(총 47개)

와 함께 300여 개의 지부 및 1300여 개의 분회를 두고 있다.

조총련 산하 단체로는 재일본조선상공련합회, 재일본조선청년동맹, 재일본
조선민주녀성동맹, 재일본조선청년상공회, 재일본조선인교직원동맹, 재일본조
선인교육회, 재일본조선언론출판인협회, 재일본조선사회과학자협회, 재일본조
선인과학기술협회, 재일본조선인의학협회, 재일본조선인인권협회, 재일본조선
문학예술가동맹, 재일본조선인체육련합회, 재일본조선류학생동맹, 재일본조선
종교인련합회, 재일본조선불교도협회, 재일본조선력사고고학협회, 재일본조선
인통일동지회, 재일본조선평화옹호위원회, 재일본조선학생위원회 등이 있다.

조총련 산하 사업체로는 조선신보사, 조선통신사, 구월서방, 시대사, 조선
화보사, 학우서방, 조선청년사, 금강산가극단, 재일조선축구단, 조선문예사,
금강보험주식회사, 재일조선합영경제교류협회, 조일경제교류촉진회, 동해상
사주식회사, 조선특산물판매주식회사, 조선산업주식회사, 주식회사 근양해
운, 해양약업주식회사, 주식회사중외려행사, 공동흥업주식회사, 동포결혼상
담중앙쎈터, 동포취직정보쎈터 등이 존재한다.

노동당 前衛조직, 조총련 학습조

조총련은 내부적으로 북한의 대남공작 조직인 225국(舊대외연락부)의 지
도를 받으면서 대남공작 활동을 조직적으로 펼쳐왔다. 일례로 2009년 7월 북
한의 노동당은 225국을 통해 조총련 중앙본부에 당시 총선 승리가 예상되던
일본 민주당에 대한 '공략지령'을 내렸다. 당시 일본에 체류 중이었던 筆者(필
자)가 익명을 요구한 일본의 對北전문가를 통해 입수한 〈총련중앙위원회 제
21기 제3차 회의 보고문〉에 따르면 북한은 "2012년 강성대국의 대문을 열기
위해 민족사에 유례없는 격동적인 사변들이 연이어 일어나고 있다"면서 일본
의 정권 교체를 조총련 운동의 호기로 규정했다.

조총련은 조직 확대를 위한 이른바 '동포되찾기운동'을 중심으로 ▲조총련 내 사상교양사업의 강화 ▲〈조선신보〉를 포함한 조총련과 연계된 언론의 大衆(대중) 활동 강화 ▲조총련 관계자들에 대한 사상교양사업 및 선전사업의 강화 등을 향후 중점 과제로 제시했다.

조총련은 "6·15공동선언 및 10·4선언 고수관철을 위한 투쟁을 벌일 것"이라며 "오는 10월16일 도쿄에서 열리는 '6·15공동선언, 10·4선언 고수실천 해외동포대회를 대성황리에 개최해 조국통일과 민족단합의 기운을 고조시킬 것"이라고 밝혔다.

일본의 정권교체(자민당→민주당)와 관련해서는 "50여 년 동안 장기집권해온 자민당이 물러나고 민주당을 중심으로 하는 련립정권이 수립되게 되었다"면서 향후 "'조일관계개선'과 '국교정상화'를 촉구하는 사회적 여론을 크게 환기 시켜 나갈 것"을 촉구했다. 그러면서 "자민당 아소 정권 하에서 계속되어온 '만경봉호 입항금지'와 재일조선인의 재입국 규제, 조총련 관련시설에 대한 고정자산세감면철회와 수출입의 전면금지를 비롯한 제재조치를 철폐시키기 위한 투쟁을 완강하게 벌려나갈 것"이라고 밝혔다.

북한이 조총련에 대해 이처럼 영향력을 발휘 할 수 있는 이유는 '학습조'라고 하는 비밀 조직관리 체계가 있기 때문이다. 학습조는 1958년 김일성에 대한 충성과 조국통일을 위한 '혁명투사 집단양성'을 목적으로 조총련 산하에 결성된 비밀조직이다. 2000년대 초반까지 조총련 중앙본부와 지방본부, 산하단체, 사업체 등에 약 1천여 개 학습조가 활동했던 것으로 일본의 공안당국은 파악하고 있다.

학습조의 임무는 ▲한반도 공산화 공작 수행 ▲재일본대한민국민단(재일민단) 조직의 와해 ▲위장평화 공세에 의한 통일전선 수행 ▲동북아 지역의 북한정부 연락선 구축(잠수함 기지구축) ▲북한의 무기구입과 밀매 직·간접적 지원 ▲非합법적 또는 합법적 기업을 운영하면서 자금확보 등의 활동이다. 이러한 활동은 조총련 간부들과 상공인들 중심으로 추진되었으나 이들에 대한 직접적 지도는 학습조 내 간부가 실시하고 있는 것으로 알려져 있다.

학습조는 '학습지도위원회'를 정점으로 일본 내 각 縣(현)본부, 지부 및 산하단체와 사업체의 각 기관단위에 3~10명 이내로 세분화 되어 있고 상하수직적 관계로 관리된다. 학습조원들의 경우 가족에게도 학습조원이라는 것을 결코 말해서는 안 된다고 한다. 2002년 9월2일자 〈산케이신문〉 보도에 따르면 북한과 노동당에 절대적인 충성을 맹세하는 조직으로 알려진 학습조의 회원이 2천 명 정도라고 일본 공안은 파악하고 있다고 한다.

학습조와 함께 북한과 조총련을 연결시켜 주는 또 하나의 고리는 민족교육을 표방한 재일교포에 대한 철저한 '북한식 사회주의' 교육이다. 1990년대 초 일본 국내의 조총련계 각급 학교(조선학교)는 총 151개로 학생 수만 1만 9000여 명이었다. 이 가운데 초등학교가 83개에 8100명, 중학교가 55개에 5400명, 고등학교가 13개에 4500명의 재학생이 존재했다.

외국인 고등교육기관으로는 유일한 종합대학인 조선대학교의 경우 약 1000명의 학생이 등록되어 있었다. 그러나 최근 재일교포들의 조총련 탈퇴 현상이 심화되면서 조총련계 학교들이 존폐 위기에 놓이면서 조선학교가 100여 개로 감소했다. 학생 수는 2005년 기준 1만 2000여 명에서 현재는 1만 명을 밑돌고 있는 것으로 알려져 있다.

北核문제와 일본인 납치자 문제가 일본 사회에서 이슈화되면서 이 같은 현상은 더욱 가속화되고 있다. 조총련계 조선학교를 대표하는 조선대학교의 경우도 최소 학생 수인 1천명도 못 미치는 800여 명으로 줄었다.

조총련 주도 '재일교포 북송사업'

조총련은 1959년~1984년 기간동안 재일교포 북송사업을 주도해 총 9만

3000여 명의 재일동포를 北送(북송)했다. 이들 중에는 내 고향 땅에 가서 남은 삶을 살겠다는 老부부, 일제 때 징용으로 끌려왔다가 돌아가지 못한 막노동판 일꾼, 사회주의 조국에 가서 갖고 있는 이상을 맘껏 펼쳐보겠다던 공산주의자, 아버지의 조국에 공부하러 떠나는 대학생, 아무리 돈이 많아도 이국 땅에서 설움 받으며 살면 뭐하냐며 돈 가방을 챙긴 사업가 등 다양한 사람들이 포함되어 있었다. 어린 아이를 업고 조선인 남편을 따라나선 일본인 색시도 있었다.

그러나 北送船(북송선)에 올라탄 재일교포들의 꿈은 여객선이 뿜어대는 검은 연기와 함께 현해탄 하늘 위로 날아가 버렸다. 재산과 지위를 보장해 준다는 장밋빛 약속들이 새빨간 거짓말이었다는 걸 알기까지는 그리 오랜 시간을 필요로 하지 않았다. 성분조사 사업이라는 명분으로 한 명 두 명 불려가더니 돌아오지 않는 사람들이 많아졌다. 공안기관 사람들이 갑자기 들이닥쳐 가족을 모두 어디론가 끌고 가기도 했다. 그들이 어디로 갔는지, 그 이후 어떻게 되었는지는 들려오는 소문만으로 알 수 있을 따름이었다. '혁명화 구역으로 갔다더라', '간첩죄로 죽었다더라', '어디에 갇혀 있다더라'는 흉흉한 소문이 끊이질 않았다. 자고 일어나면 한 두 가족씩 사라지는 무서운 날들이 계속됐다. 끌려간 사람들은 가재도구도 모두 몰수당했다. 일본으로 보내는 편지가 모두 감시당하고 있다는 것을 알게 된 것도 이즈음이었다.

일본에 남아있는 가족들도 답답하기는 마찬가지였다. 처음에는 간간이 안부를 전하는 편지라도 날아오더니 나중에는 아예 연락이 끊긴 사람들이 많았고, 지상낙원이라는 그곳에서 전해온 소식은 식료품, 의류, 의약품, 그 밖의 생필품을 보내 달라는 아리송한 내용들이었다. '설마'하던 것이 차차 불안으로 바뀌었다. 조총련을 찾아가 가족을 만나게 해달라고 요구했지만 들어주지 않았다. 다시 돌려 보내달라는 요구 역시 거절당하기는 마찬가지였다. 그곳은 한번 갈 수는 있어도 다시 돌아올 수는 없는 곳이라는 것을 알게 되었다. 그리고 이제야 자신의 가족들이 지금 북한에 '인질'로 잡혀 있다는 것을 확실히 느낄 수 있었다.

1980년대에 들어서면서 北의 가족들은 생필품뿐만 아니라 엔화나 달러를 보내달라고 편지를 보냈다. 가족뿐 아니라 친지들, 조금만 안면이 있는 사람에게도 다 편지를 보내 돈을 요청했다. 편지를 받은 사람들은 내 가족을 살리자는 생각에 어떻게든 기를 써 그 돈을 보내 줘야만 했고, 북한과 조총련의 비위에 거슬리는 행동은 할 수 없었다.

재일교포 북송사업은 1955년 북한 외상 남일의 재일교포 귀환 추진 발언과 1958년 9월8일 '재일교포의 귀국을 환영한다'는 김일성의 성명을 계기로 시작됐다. 이러한 북한의 요구에 대해 1959년 2월 일본 의회에서 〈재일조선인 중 북조선 귀환희망자의 취급에 관한 건〉을 의결, 같은 해 8월13일 북한 적십자사와 일본적십자사간의 캘커타 북송협정에 의해 재일교포 북송이 처음 시작됐다. 그러나 1965년 대한민국 정부를 한반도의 유일정부로 인정하는 韓日국교정상화가 이루어지고, 북송교포의 비참한 생활상이 일본에 전해지면서 1967년 북한적십자사와 일본적십자사의 협정시한 연장회담이 결렬되어 북송사업은 막을 내렸다.

1959년부터 1967년까지의 기간 동안 북송선을 탄 숫자는 8만 8000여 명이며, 이후 자비부담으로 북한행을 택한 사람까지 포함하면 총 9만3000여 명이 거대한 인질의 수렁에 빨려 들었다. 재일교포 북송사업은 조총련이 주도 했던 사업 가운데 가장 대표적인 사업이다. (요약: 북한민주화네트워크, 〈조총련, 그 처참한 50년 역사〉, KEYS 2001년 3월호)

北 정권의 버팀목 조총련 對北헌금

조총련은 1990년대 초까지만 해도 일본 전역에 38개의 신용조합과 그 산하에 176개 점포를 갖고 있었다. 일례로 1992년을 기준으로 조총련 예금고는 日貨(일화) 2조 3500억 엔으로 추산되었으며, 조합원수는 20만 7000여 명으로 추정됐다. 같은 시기 재일조선신용조합협회(조신협) 외에 조총련계가 보유하고 있던 자산은 총 10조 엔 정도로 추산됐다. (인용: 남북문제연구소,《북한의 대남전략 해부》, 1996년, p. 276)

이 액수는 2013년 기준으로 한화 120조원에 달하는 막대한 금액이다. 조총련은 1990년대 중반까지 매년 평균 1000억 엔(1조 2000억 원) 이상을 북한으로 보낸 것으로 알려져 있다. 조총련은 또 2006년 7월 대포동-2호 미사일 발사 이후 일본 정부가 북한 선박의 일본 입항 금지조치를 취하기 전까지 북송선 등을 통해 핵과 미사일 등 대량파괴무기(WMD) 제작과 관련된 첨단장비를 북한으로 밀반출했다. 컴퓨터, 반도체 등 공장설비용 첨단장비가 공식 또는 비공식적으로 유출된 것만 해도 약 2억 5000만 달러(1980~1992년 사이) 상당이라고 일본의 공안당국은 보고 있다. 이러한 첨단장비와 기술의 북한 유출은 조총련 산하 재일본조선인과학기술협회(科協)가 주도했다. 科協은 일본의 제2차 세계대전 패전 이후 자연과학의 전공분야에 따라 조직된 과학자, 기술자 조직을 망라한 단체로 1959년 6월에 창립됐다.

1990년대 중반까지 800여 명의 과학자와 기술자들을 거느렸던 科協은 현재 북한 원사와 70여명의 학위·학직·명예호칭 소유자, 150여명의 일본 학위·학직 소유자가 소속되어 있다. 科協의 가장 중요한 임무 가운데 하나는 일본 내 과학기술 자료를 수집해 북한에 보내는 일이었다.

2001년 사라진 科協의 홈페이지에는 다음과 같은 내용이 게재되어 있었다.

〈일본을 비롯한 세계의 선진제국에서는 인터넷의 보급으로 과학기술문헌의 검색이 매우 편리하게 되었다. 과거에는 문헌을 입수하기 위해 국회도서관이나 특허청, 혹은 대학도서관을 찾아가서 문헌을 검색·복사했다. 그 기억이 아직 새롭다. 몇 건의 문헌을 입수하기 위해 교통비를 쓰고, 비싼 복사료를 지불하며 그 일에 하루를 소비했던 것이다. 자신의 연구에 필요한 문헌이라면 검색하는 데 익숙하지만, 공화국(북한)으로부터 의뢰된 문헌 등을 찾아야 하는 경우가 되면 정말 고생했던 회원도 적지 않았을 것이다. 그것이 근년에는, 자신의 컴퓨터로부터 풍부한 정보를 얻을 수 있고, 인쇄하지 않고도 보존해두는 것이 가능한 시대가 되었다. 지금까지 문헌 수집에 고생했던 사람들에게는 그 편리함에 놀랄 뿐이다.〉

북한의 첩보·공작 세계에서는 러시아어와 중국어가 제1외국어이며, 자연과학 분야에서는 일본어가 제1외국어이다. 조총련 계열의 오사카 經法(경법)대학의 경우 과거 평양외국어대학 일본어학과 학생들을 연수생들을 받아들였으며, 북한이 개발한 컴퓨터 운영체제(OS)가 나오기 전까지 일본어 OS가 사용됐다. 科協에 의해 북한으로 유입된 문헌의 양이 어느 정도 인지는 알 수 없으나 〈조선신보〉의 2001년 6월11일자 기사에는 아래와 같은 내용이 나온다.

〈1982년 인민대학습당 개관을 기해서 재일본조선인과학자협회가 중심이 되어 약 10만부의 서적을 기증했다. (중략) 현재까지 기증된 것은 수학, 물리학, 생물학을 비롯한 기초과학과 전력, 금속, 기계, 전자를 비롯한 운영공학의 각종 전문도서와 잡지류, 50여만 부에 달한다.〉

조총련은 현재 일본 경제의 장기불황과 조직적인 불법 대북송금 등에 대한 일본 정부의 압박과 제재를 받아 총체적 위기에 처해있다. 일례로 조총련의 자금난으로 조직 반세기 역사의 상징인 중앙본부 회관의 경우 강제매각 위기에 처해 있는 상태이다. 2009년에는 도쿄를 비롯해 오사카 등 주요 도시의 조총련 지방본부와 학교 등 29개 시설 가운데 9개 시설이 압류 또는 가압류됐다. 도쿄도, 서도쿄, 치바현, 아이치현, 사가현, 오사카 부의 각 본부가 압류된 상태이며, 미야기현 본부, 아이치현 조선중고급학교, 규슈 조선중고급학교 등도 가압류됐다.

그동안 북한 밖에서 북한 정권을 지원했던 유일한 세력이 조총련이었는데, 그런 조총련 세력이 점차 쇠퇴하고 있다. 대다수 조총련 교포들도 북한에 잡혀있는 인질 때문에 주저하고 있는 것이지, 진심으로 북한 정권을 지지·찬동하고 있는 것도 아닐 것이다. 따라서 조총련은 점점 더 그 세력이 약화되어 조직 자체가 사라지게 될 가능성이 매우 높다. 그러나 북한은 그들 스스로가 망하기 전에는 절대로 남한을 겨냥한 대남공작을 포기하지 않을 것이다.

대한민국 파괴 공작은 대남 직접공작과 조총련을 통한 우회공작 두 가지가 가장 큰 비중을 차지하고 있는데, 시대상황이 직접 침투공작을 어렵게 하고 있으므로 조총련 등을 통한 우회공작에 더 많은 비중을 둘 것임은 틀림없다. 따라서 이점을 분명히 인식해 감상적으로 북한을 바라보아서는 안 될 것이다. 그리고 조총련이 아직은 우리의 등 뒤에서 칼을 들이대고 있다는 사실도 잊어서는 안될 것이다.

북한과 조총련의 관계는 지금도 계속되고 있다. 〈조선중앙통신〉 2013년 4월13일자 보도에 따르면 북한의 김정은은 김일성의 101회 생일(4월15일)을 맞아 조총련에 재일교포 자녀들의 교육 원조비와 장학금으로 1억 9830만 엔(한화 22억 6000만 원)을 보냈다고 전했다. 통신은 김일성·김정일·김정은이 지금까지 보낸 재일교포 자녀들의 교육 원조비와 장학금은 모두 159차례에 걸쳐 471억 2335만 엔이라고 소개했다.

조총련과 접촉했던 민노·통진당 활동가들

2007년 1월17일 당시 민노당의 김은진(黨 최고위원)과 정연욱(민노당 지방자치부위원장) 등 당 관계자들은 조총련 관련 시설인 조선회관을 방문해 서만술(2012년 사망) 조총련 의장을 만났다.

당시 서만술은 이들을 만난 자리에서 "민노당이 진보정당으로서 남조선에서 통일운동과 노동운동에 앞장서 왔다"면서 "최근 더욱 악랄하게 감행되고 있는 일본 당국의 부당한 反공화국 적대시정책, 총련 탄압 책동 속에서도 애족애국활동을 줄기차게 벌이고 있다"고 말했다.

김은진은 서만술에게 "이국땅에서 총련이 민족교육사업을 비롯하여 민족성을 지키고 동포들의 권리옹호를 위해 오랜 동안 활동하고 있는 것은 대단히 존경스럽다"고 말했다.

김은진은 이어 "6·15시대를 맞으며 통일운동에서 해외동포들의 역할도 높아지고 있으며 민노당은 해외동포들에 대한 정책을 중요시 하고 있다"면서 "총련의 정당한 활동에 대해 남측 정부와 정당, 단체들이 고무격려 하도록 힘쓰며 앞으로 남·북·해외의 단합의 마당을 수많이 마련해나갈 것"이라고 밝혔다.

조총련 기관지 〈조선신보〉 보도에 따르면 민노당 일행은 〈조선회관〉 방문에 앞서 '도꾜 조선중고급학교'를 방문해 학교시설들을 돌아보는 한편 수업에도 참관해 학생들과 이야기를 나눴으며 학생들이 준비한 소공연도 관람했다고 한다.

2013년 11월에는 통진당(민노당 後身) 간부 출신의 전석렬이 북한 對南공작조직 225국과 조총련 공작원에게 국내 동향과 당내 정세 등을 보고한 혐의(국가보안법 위반)로 구속됐다.

전 씨는 통진당 대의원과 영등포구 통합선거관리위원장을 지낸 인물로 2015년 1월7일 항소심에서 징역 5년, 자격정지 5년형을 선고 받았다. 당시 재판부는 "2년에 걸쳐 북한 구성원과 회합하고 지령을 받아 국내에 잠입한 행위 등은 북한을 이롭게 하고 우리나라의 존립과 안전을 저해하는 것은 물론

사회분열과 혼란을 초래할 위험이 큰 범죄로 죄질이 무겁다"고 판단했다.

재판부는 "그런데도 전 씨는 범행을 뉘우치지 않고 계속 부인하고 있어 엄한 처벌이 불가피하다"고 밝혔다. 민족춤패 '줄'의 대표로 일본을 오가며 활동하던 전 씨는 재일본조선인총연합회 인사이자 북한이 심어놓은 공작원에게 포섭되어 2011년 3월 중국 상해로 건너가 225국 소속 공작원을 접촉한 혐의 등으로 구속기소됐다.

그는 김일성의 생일인 4월15일에 맞춰 인터넷 웹하드에 〈김일성 충성맹세문〉을 작성하고 조총련 출신 공작원에게 통진당의 당직선거와 관련한 계파 갈등 상황을 보고한 것으로 밝혔다.

③

在美동포전국연합

미국 내 親北로비 활동 단체

미국 내 從北단체로는 재미(在美)동포전국연합회(舊 재미동포전국협회),
재미경제인연합회, 북미주조선인친선협회, 재미실업인연합회, 재미동포과학
기술협회, 주미자주사상연구소, 미주동포전국협회, 자주민주통일미주연합
등이 있다.

이들 단체 가운데 1997년 뉴욕에서 결성된 재미동포전국연합회는 미국 내
에서 규모가 가장 큰 從北단체로 중앙 차원의 전국조직과 3개의 지역위원회
(동부, 서부, 중남부)로 구성되어 있다. 주로 정치 외적인 재미동포의 방북과
식량지원과 같은 이른바 인도적 활동에 치중하며 美정부에 대해 對北경제제
재의 완전해제와 같은 로비활동을 병행하고 있다. 재미동포전국연합회는 단
체의 설립취지와 강령에 따라 통일운동, 이산가족 상봉돕기, 朝美교류지원사
업, 북조선 바로알기, 북조선 인도적 지원, 코리아 평화운동 등 6가지 과제를
중심으로 활동을 하고 있다. 단체가 홈페이지에 공개한 일곱 가지 통일운동

의 과제는 아래와 같다.

▲첫째, 반공사상과 분열사상에 의한 폐단을 바로잡는 교육 사업을 펼친다. 반공사상으로 경사되어 있는 동포들을 홍보와 교육을 통해서 분단체제의 온갖 문제들을 올바로 알도록 돕는 것이다. ▲둘째, 민족의 화해와 평화를 위한 치유사업을 펼친다. 동족상잔의 전쟁과 이념투쟁으로 많은 사람들이 고통을 겪었는데 그 고통을 치유하는 프로그램을 시행하여 화해와 평화의 기반을 다지는 일이다. ▲셋째, 북부조국과 다리를 놓아 미국의 동포사회와 북부조국의 정부 및 사회단체들과 교류 사업을 하는 것이다. 종교인들 간의 교류, 과학자, 의사, 실업인들 간의 교류를 통해서 우리가 북부조국에 대해서 좀 더 정확히 이해하고, 또 북부조국이 우리 동포사회를 정확히 이해하도록 돕는 일이다. ▲넷째, 북부조국의 흩어진 가족 상봉 프로그램을 계속 추진한다. ▲다섯째, 북부조국의 대표와 재미동포들이 통일에 관한 여러 가지 입장들을 대화를 통해 나눔으로써 서로를 잘 이해하도록 돕는다. ▲여섯째, 북부조국과 문화 예술 분야의 교류행사를 추진하여 재미동포사회 내에서 우리 민족정서를 회복하고 발전시킨다. ▲일곱째, 미국정부의 코리아 정책이 조국의 평화통일을 지원하도록 로비활동을 펼친다.

"국보법 폐지되는 그날까지 투쟁할 것"

재미동포전국연합회를 중심으로 한 미국 내 친북단체들은 2004년 9월24일 '국가보안법은 완전히 폐지되어야 한다'는 제목의 성명을 발표했다. 당시 이들 단체는 성명에서 "국가보안법은 화해와 통일의 대상인 이북의 동족을 주적이자 반국가단체로 규정하여 반통일 독재정권이 평화로운 민족의 하나됨을 주장하는 모든 민족인사들을 무자비하게 탄압하는 데 이용되어 왔다"고 주장했다. 그러면서 "우리 미주동포들은 국가보안법으로 온갖 고문과 악형을 당하고 끝내 목숨까지 바치신 유명무명 열사들을 기억하며, 국가보안법이 완전히 폐지되는 그날까지 끝까지 투쟁할 것을 결의한다"고 밝혔다.

당시 성명에 참여했던 단체들은 남가주한인노동상담소, 노둣돌, 노래지기, 미주동포전국협회, 민들레, 민족통신, 민주노동당미주후원회, 북가주겨레사랑모임, 우리문화나눔터, 워싱턴공동행동, 6·15공동선언실현재미동포협의회, 자주민주통일미주연합, 재미민족운동단체협의회, 재미청년연대뉴욕위원회, 조국통일범민족연합재미본부, 조국평화통일불교협회미주본부, 통일맞이나성포럼, 풍물패한판 등(총19개 단체)이다.

재미동포전국연합회는 2012년 1월27일 美뉴저지 크라운 플라자 호텔에서 제8기 16차 총회 및 창립 15주년 기념강연회를 가졌다.

당시 행사에서 단체 고문인 선우학원은 축사를 통해 "김일성 주석 탄생 백주년을 맞이하면서 강성대국을 희망하면서 2012에 김정은 시대가 공식으로 출범케 된다"면서 "김정은 시대의 전망은 무엇보다도 김일성 주석의 '유훈관철'"이라고 말했다.

그는 또 "김일성 주석의 말대로 북한체제는 한 사람을 위주하지 않고 집단체제를 위주하기 때문에 김정은 정권은 미국과의 관계에서 평화협정체결을 중심으로 적극 추진할 것이고, 6자회담 역시 적극적으로 추진할 것이고, 남북대화에도 추진할 가능성이 매우 높다"고 주장했다.

당시 윤길상 재미동포전국연합회 회장은 인사말을 통해 "100년 전 4월15일 우리 땅에 탄생하신 김일성 주석께서는 모든 민족이 자주해야 한다는 사상을 창시하고 강자가 약자를 예속하고 지배하는 불의의 세계질서를 자주, 평화, 친선의 정의로운 상호이해, 상호존중과 상호수용을 바탕으로 하는 새 세계질서를 이룩하고자 평생을 헌신하신 세계사적인 인물"이라고 말했다.

윤 회장은 이어 "자주위업의 창시자 김일성 주석의 탄생 100돌을 맞이하면서 재미동포전국연합회는 미국의 對조선압살정책의 변화와 60년 지속된 휴전협정을 평화협정으로 바꾸어 전쟁을 종식하여 우리 모국반도의 남과 북은 6·15 공동선언과 10·4선언의 정신에 기초하여 상호이해 증진, 상호존중과 상호인정을 통한 민족화해를 이룩하면서 자주·평화·민족대단결의 원칙에 따라 통일을 이룩하여 공생공영의 새 나라건설의 날을 앞당겨 오도록 우리들의 힘을 함께 모아야 할 중요한 2012년"이라고 주장했다.

4

在中조선인총연합회

중국에서 활동하는 범민련 조직

북한 국적을 갖고 중국에 장기 거주하는 사람들(朝僑)의 단체인 재중(在中)조선인총연합회(재중총련, 회원수 3000~4000여 명)는 1991년 중국 요령성 선양에서 조직됐다.

재중총련의 양영동 의장은 2008년 1월11일자 인터넷 〈연변통신〉과의 인터뷰에서 다음과 같이 단체의 내력을 소개한 바 있다.

〈비상설적인 기구로서 활동하고 있었던 공민조직은 1991년 3월3일, 조국통일범민족련합(범민련) 재중조선인본부의 결성을 계기로 재중동포들의 운동단체로서 새로운 출발을 하게 되였다. 이듬해에는 재중조선인총련합회로 개칭되여 상설기구로서의 활동을 벌리게 되였다.

재중총련은 심양에 본부가 있고 7개 지구(료녕, 연변, 길림, 가목사, 목단강, 할빈, 중남)에 산하 협회를 두고 있다. 그리고 지구협회아래에 61개 지부가 있다. 재중조선경제인련합회, 재중조선청년련합회, 재중조선녀성위원회 등의 계층별조직도 꾸려져있다. 현재 전임일군은 심양의 본부에서 사업하는 7명이다. 양영동 의장은 재중총련의 활동목적에 대하여 "공민들을 묶어세워 조국통일과 조국의 강성대국건설에 이바지하며 朝中친선을 강화하는데 이바지하는 것"이라고 설명한다. 재중총련에서는 1998년부터 '모범지부쟁취운동'을 벌리고 있다. 각 지부의 역할을 강화하기 위한 운동은 ▲지부조직의 건설 ▲정규적인 학습 ▲다양한 행사운영 등을 주요목표로 상정하고 있다. 운동은 년간을 통해 진행되며 년말에 평가 사업이 있다. 지금까지 5개지부가 모범지부를 쟁취하였으며 길림시, 연길시, 심양시는 2중 모범지부를 쟁취하였다. 모범지부로 표창된 단위들에 대해서는 동포들이 집단적으로 조국을 방문할 기회가 차례지게 된다고 한다. 또 4월15일이나 2월16일을 비롯한 조국의 명절에는 중국각지의 공민들이 집결하여 특색 있는 행사를 진행하고 있다. 한편 조국의 소식과 각지 지구협회, 지부의 활동을 편집한 뷸레찐 '백두·한나'도 매달 발간하고 있다.〉

北 지휘하에 탈북자 색출 활동

재중총련의 양영동 의장은 2001년 조직 결성 10돌 기념보고대회에서 "재중총련이 지난기간에 거둔 성과들을 김정일 총비서의 영도와 사랑의 결과"라며 "앞으로도 장군님의 영도를 높이 받들고 통일애국 운동을 더욱 힘 있게 벌여 나갈 것"이라고 밝힌 바 있다.

국정원은 중국 내 북한 국적자들이 심양 주재 북한총영사관의 지휘 아래 親北여론 조성, 각종 親北선전간행물 배포 및 탈북자 색출 활동을 벌이고 있는 것으로 파악하고 있다. 이들은 주로 조선족 교포들의 한국 방문 동향과 한국인의 중국 방문 동향을 파악, 북한총영사관에 보고하고 있는 등 북한의 중국 내 친위대 역할을 담당하고 있다.

북한은 이들을 이용해 〈천리마〉, 〈조선문학〉, 〈노동신문〉, 〈금수강산〉 등
각종 간행물을 조선족 교포사회에 집중 배포하고 있으며 북한의 명승지 관광
단 모집, 연길 두만강 호텔 등 동북 3성 지역 주요도시에 숙박업 등 합작 투
자사업을 벌여왔다.

6

....

자료

① 범죄단체의 해산 등에 관한 법률안

정부는 헌법재판소의 통진당 해산 후속조치 차원에서 利敵단체, 反국가단체로 규정된 집단의 활동을 막는 법안의 국회통과를 추진 중이다.

利敵단체란 '국가의 존립, 안전이나 자유민주적 기본질서를 위태롭게 한다는 점을 알면서 反국가단체나 그 구성원 또는 그 지령을 받은 자의 활동을 찬양·고무·선전 또는 이에 동조하거나 국가변란을 선전·선동할 것을 목적으로 하는 단체(국보법 제7조 제3항)'를 말한다.

反국가단체는 '정부를 僭稱(참칭)하거나 국가를 변란할 것을 목적으로 하는 국내외의 결사 또는 집단으로서 지휘통솔체제를 갖춘 단체(국보법 제2조)'를 뜻한다. 여기서 '정부를 참칭한다'는 의미는 합법적 절차에 의하지 않고 임의로 정부를 조직해 진정한 정부인 것처럼 사칭하는 것을 뜻하며, '국가를 변란한다'란 대한민국 정부를 전복해 새로운 정부를 구성하는 것을 의미한다. 反국가단체의 구성요건을 충족하기 위해서는 그 구성된 결사나 집단의 공동목적으로서 정부를 참칭하거나 국가를 변란할 목적을 갖추어야 하고, 이는 강령이나 규약 뿐만 아니라 결사 또는 집단이 실제로 추구하는 목적이 무엇인가에 의하여 판단되어야 한다. 또 어느 구성원 한 사람의 내심의 의도를 가지고 그 결사 또는 집단의 공동목적이라고 단정해서는 안 된다.

1960년 이후 2015년 현재까지 대법원에서 利敵단체, 反국가단체 확정 판결을 받은 단체 가운데 8개 단체가 조직을 해산하지 않고 지금까지 활동하고 있는 것으로 공안당국은 파악하고 있다. 이들 단체는 ▲조국통일범민족연합 남측본부(범민련 남측본부) ▲조국통일범민족청년학생연합남측본부(범남본) ▲한국대학총학생회연합(한총련) ▲민족자주평화통일중앙회의(민자통) ▲한국청년단체협의회(한청) ▲6·15남북공동선언실천연대(실천연대) ▲우리민족연방제통일추진회의(연방통추) ▲청주통일청년회 등이다.

황교안 법무부 장관은 2014년 2월14일 〈동아일보〉와의 단독 인터뷰에서 "가령 利敵단체인 조국통일범민족연합남측본부 사람들이 법을 위반한다면 반복해서 처벌할 뿐 그 단체를 해산할 수 있는 규정이 없는 것이 법의 취약점"이라며 "이것이 利敵단체와 反국가단체가 많이 남아 있는 이유"라고 설명했다. 이 때문에 황 장관은 "反국가사범 관련 단체들을 그냥 방치하는 것은 非정상적인 관행 또는 부조리"라며 현존하는 反국가단체 및 利敵단체 해산에 적극 나설 뜻을 밝혔다.

북한·야당·종북단체의 반발로 국회 계류 상태

앞서 심재철 새누리당 의원은 정부가 利敵단체로 규정된 단체의 해산을 명령하고, 구성원의 利敵단체 미탈퇴 시 이행강제금을 부과하는 등의 내용을 골자로 하는 법률을 2013년 4월 대표 발의했다.

이 법안(범죄단체의 해산 등에 관한 법률안)은 ▲利敵단체, 反국가단체로 판명된 단체들에 대해 안행부 장관이 그 사실을 관보에 게재하고 해산을 통보해야 하며 ▲안행부 장관은 해당 단체가 해산통보 이후 자진해산하지 않을 경우 해산명령, 강제폐쇄조치, 재산국고귀속 등을 할 수 있도록 했다. 아울러 ▲해산된 범죄단체를 대신하는 대체조직의 설립을 금지하고 ▲해산된 범죄단체로 인식될 수 있는 유사 명칭 등의 사용을 금지했다. 이와 함께 법안은 ▲ 범죄단체 또는 그 대체조직의 활동을 찬양, 고무, 선전, 선동, 동조할 목적으로 문서, 동화 등 표현물을 제작·수입 등을 하지 못하도록 하는 등의 내용을 담고 있다.

그러나 이 법안은 북한과 야당, 從北단체의 반발로 여전히 국회 법제사법위원회에 계류 중인 상태다. 구체적으로 북한의 對南기구인 조국평화통일위원회(조평통)은 2013년 5월9일자 서기국 보도를 통해 "(범죄단체의 해산 등에 관한 법률 제정안)이 국회에서 통과되면 남한의 통일운동단체를 모두 강제 해산될 수 있다"면서 "새누리당은 통일운동단체들에 대해 범죄단체의 감투를 씌워 말살해버리려고 책동하고 있다"고 선동했다.

새정치민주연합의 전병헌 의원은 민주당 원내대표 시절인 2013년 11월7일 의원총회에서 "정부여당이 反민생 재벌특혜 법안들을 내놓으면서 한편으로는 '종북척결'이란 공작적 행태로 공안정국을 획책하고 있다"며 '범죄단체의 해산 등에 관한 법률안'에 반발했다.

舊통진당 또한 같은 날 논평을 통해 "통합진보당을 무력화한 다음 민주적인 시민사회단체들까지 '종북' 마녀사냥의 희생양 삼겠다는 의도"라며 "종북광풍과 공안 통치로 온 사회를 얼어붙게 해 장기집권의 안정적 토대를 마련하겠다는 속셈을 노골화한 것"이라고 주장했다.

利敵단체 범민련남측본부는 단체 성명을 통해 "새누리당의 심재철 의원이 발의한 '범죄단체 해산법'을 비롯해 '이석기 의원 제명안', '이석기 의원 방지법' 등의 입법화를 본격화하면서 다방면적인 탄압을 자행할 것이 예상된다"며 "박근혜·새누리당이 평화와 통일에 매진한 통합진보당을 상대로 벌이는 파쇼적인 해산시도와 종북몰이를 절대로 용납하지 않을 것"이라고 밝혔다.

범죄단체의 해산 등에 관한 법률안

(새누리당 심재철 의원 대표발의)

발의연월일 : 2013. 5. 6.

발의자: 심재철, 이만우, 조명철, 유기준, 박상은, 김태흠, 안효대·정우택·박창식, 김장실, 김명연, 고희선, 김학용, 길정우, 윤재옥, 정문헌, 송광호 의원(17인)

〈제안이유〉

국가보안법에 따라 반국가단체 또는 이적단체로 판결을 받은 '6·15 남북공동선언실천연대', '조국통일범민족연합' 등은 이를 해산할 수 있는 제도적 장치가 마련되어 있지 아니하여 이들 단체의 반국가적 활동이 계속되고 있음. 또한 반국가단체는 물론 형사특별법에서 정하는 범죄 목적 단체에 관하여도 이러한 단체들을 범죄단체로 규정하여 그 활동을 적극적으로 방지할 수 있도록 제도 개선이 필요한 실정임.

이에 법원에서 반국가단체 또는 범죄 목적 단체로 판명된 단체들에 대하여는 안전행정부장관이 해산을 명령하고, 해산에 응하지 않는 경우에는 강제해산 등의 조치를 취할 수 있도록 하려는 것임.

〈주요내용〉

가. 이 법은 반국가단체 또는 범죄 목적 단체를 포함하는 범죄단체에 대한 해산절차 등을 규정함으로써 국가안전보장과 사회질서 유지를 목적으로 함(안 제1조).

나. 이 법에서 범죄단체란 정부를 참칭하거나 국가를 변란할 것을목적으로 하고 지휘통솔체제를 갖춘 단체 또는 그 외에 범죄를 목적으로 하는 단체를 말함(안 제2조).

다. 범죄단체로 판명된 경우 안전행정부장관은 그 사실을 관보에 게재하고 해산을 통보하여야 함(안 제4조 및 제5조).

라. 안전행정부장관은 해당 단체가 해산통보 이후 자진하여 해산하지 아니하는 경우에 해산명령, 강제폐쇄조치, 재산국고귀속을 할 수 있음(안 제6조부터 제9조까지).

마. 이 법에 따라 해산된 범죄단체를 대신하는 대체조직의 설립은 금지되며 안전행정부장관이 이를 해산할 수 있음(안 제10조 및 제11조).

바. 이 법에 따라 해산된 범죄단체로 인식될 수 있는 유사명칭 등을 사용할 수 없도록 함(안 제12조).

사. 범죄단체 또는 그 대체조직의 활동을 찬양, 고무, 선전, 선동, 동조할 목적으로 문서, 도화 등의 표현물을 제작, 수입 등을 하지 못하도록 함(안 제13조).

〈범죄단체의 해산 등에 관한 법률〉

제1조(목적) 이 법은 국가의 존립·안전을 위태롭게 하거나 자유민주적 기본질서를 침해하는 단체 또는 사회질서를 교란하는 단체 등 범죄단체에 대한 해산절차 등을 규정함으로써 국가안전보장과 사회질서유지를 목적으로 한다.

제2조(정의) ① 이 법에서 "범죄단체"란 정부를 참칭하거나 국가를 변란할 것을 목적으로 하고 지휘통솔체제를 갖춘 국내외의 결사 또는 집단인 단체(「국가보안법」 제7조 제3항의 단체를 포함한다) 또는 범죄를 목적으로 하는 국내외의 결사 또는 집단으로서 「형법」 제114조의 단체 및 「폭력행위 등 처벌에 관한 법률」 제4조의 단체를 말한다.

제3조(범죄단체의 통보) 법무부장관은 국가보안법, 형법, 폭력행위 등 처벌에 관한 법률 등을 위반하여 범죄단체라는 법원의 판결이 확정된 경우 즉시 안전행정부장관에게 그 사실을 통보하여야 한다.

제4조(관보게재) 안전행정부장관은 법무부장관으로부터 제3조의 통보를 받은 즉시 해당 단체가 이 법에 따른 범죄단체라는 사실을 관보에 게재하여야 한다.

제5조(해산통보) 안전행정부장관은 범죄단체에 대하여 제4조의 관보게재가 있은 날로부터 60일 이내에 해산할 것을 통보하여야 한다.

제6조(해산명령) 안전행정부장관은 제5조의 해산통보가 있음에도 해당 범죄단체가

스스로 해산하지 아니할 경우 즉시 해산명령을 내려야 한다.

　제7조(사무실 등 강제폐쇄조치) 안전행정부장관은 제6조의 해산명령이 내려졌음에도 범죄단체가 이에 응하지 아니할 경우 범죄단체와 관련된 사무실, 인터넷 홈페이지 등 모든 활동 공간을 폐쇄하여야 하고 범죄단체의 구성원이 활동하는 집회, 시위 등을 제한할 수 있다.

　제8조(재산의 국고귀속) 안전행정부장관은 제6조의 해산명령을 내릴 경우 해당 단체의 재산은 국고로 귀속시킬 수 있다.

　제9조(채권자 이의신청) ① 제8조에 따라 해당 단체의 재산이 국고로 귀속될 경우 해당 단체 및 그 구성원에 대한 선의의 채권자는 60일 이내에 법원에 안전행정부장관을 상대로 이의신청을 할 수 있다.

　② 법원은 제1항에 따른 이의신청이 정당하다고 인정될 경우 안전행정부장관에게 그 반환을 명하여야 한다.

　제10조(대체조직 설립 등의 금지) 이 법에 따라 해산된 범죄단체를 대신하여 그 단체가 추구하는 목적을 수행하기 위한 일체의 조직(이하 이 법에서 "대체조직"이라 한다)의 설립, 결성 등은 허용되지 아니한다.

　제11조(대체조직의 해산) ① 제9조에 위반하여 대체조직이 설립된 경우 안전행정부장관은 즉시 대체조직에 대하여 해산명령을 내려야 한다.

　② 제1항의 경우 제7조부터 제9조까지의 규정을 준용한다.

　제12조(유사명칭 등 사용금지) 누구든지 이 법에 따라 해산(자진해산을 포함한다)된 범죄단체로 인식될 수 있는 유사 명칭·표지·기·휘장 등을 사용할 수 없다.

　제13조(찬양·고무 등 금지) 누구든지 범죄단체 또는 대체조직의 활동을 찬양·고무·선전·선동·동조할 목적으로 문서·도화 등의 표현물을 제작·수입·복사·소지·운반·반포·판매 또는 취득할 수 없다.

　제14조(벌칙) 다음 각 호의 어느 하나에 해당하는 자는 7년 이하의 징역 또는 5천만원 이하의 벌금에 처한다.

1. 제6조에 따른 안전행정부장관의 해산명령에 응하지 아니한 자

2. 제7조에 따른 안전행정부장관의 사무실 폐쇄 등을 방해한 자

3. 제12조를 위반하여 해산된 범죄단체로 인식될 수 있는 유사 명칭·표지·기·휘장 등을 사용한 자

4. 제13조를 위반하여 범죄단체 또는 대체조직의 활동을 찬양·고무·선전·선동·동조할 목적으로 문서·도화 등의 표현물을 제작·수입·복사·소지·운반·반포·판매 또는 취득한 자

제15조(다른 법률과의 관계) 이 법에서 규정한 사항에 관하여 다른 법률에 특별한 규정이 있는 경우에는 그 법에서 정하는 바에 따른다.

〈부 칙〉

제1조(시행일) 이 법은 공포 후 6개월이 경과한 날로부터 시행한다.

제2조(적용례) 이 법 시행 전에 범죄단체로 판결이 확정된 단체에 대하여도 이 법을 적용한다.

제3조(준비기획단의 구성) 이 법의 시행을 위하여 이 법 시행 이전이라 하더라도 안전행정부차관을 단장으로 하는 준비기획단을 구성하여 운영한다.

②

憲裁의 통합진보당 해산 결정문 요지

통합진보당 해산 청구 사건

(2013헌다1 통합진보당 해산, 2013헌사907 정당활동정지가처분신청)

선고

헌법재판소는 2014년 12월 19일 재판관 8(인용) : 1(기각)의 의견으로, 피청구인 통합진보당을 해산하고 그 소속 국회의원은 의원직을 상실한다는 결정을 선고하였다.

피청구인이 북한식 사회주의를 실현한다는 숨은 목적을 가지고 내란을 논의하는 회합을 개최하는 등 활동을 한 것은 헌법상 민주적 기본질서에 위배되고, 이러한 피청구인의 실질적 해악을 끼치는 구체적 위험성을 제거하기 위해서는 정당해산 외에 다른 대안이 없으며, 피청구인에 대한 해산결정은 비례의 원칙에도 어긋나지 않고, 위헌정당의 해산을 명하는 비상상황에서는 국회의원의 국민 대표성은 희생될 수밖에 없으므로 피청구인 소속 국회의원의 의원직 상실은 위헌정당해산 제도의 본질로부터 인정되는 기본적 효력이라고 판단한 것이다.

이에 대하여 정당해산의 요건은 엄격하게 해석하고 적용하여야 하는데, 피청구인에게 은폐된 목적이 있다는 점에 대한 증거가 없고, 피청구인의 강령 등에 나타난 진보적 민주주의 등 피청구인의 목적은 민주적 기본질서에 위배되지 않으며, 경기도당 주최 행사에서 나타난 내란 관련 활동은 민주적 기본질서에 위배되지만 그 활동을 피청구인의 책임으로 귀속시킬 수 없고 그밖의 피청구인의 활동은 민주적 기본질서에 위배되지 않는다는 재판관 김이수의 반대의견이 있다.

한편, 헌법재판소는 청구인이 신청한 정당활동정지가처분신청은 기각하였다.

2014. 12. 19.

헌법재판소 공보관실

사건의 개요 및 심판의 대상

사건의 개요

– 청구인은 2013. 11. 5. 피청구인의 목적과 활동이 민주적 기본질서에 위배된다고 주장하면서 피청구인의 해산 및 피청구인 소속 국회의원에 대한 의원직 상실을 구하는 이 사건 심판을 청구하였다.

심판의 대상

– 피청구인의 목적이나 활동이 민주적 기본질서에 위배되는지 여부

– 피청구인에 대한 해산결정을 선고할 것인지 여부와 피청구인 소속 국회의원에 대한 의원직 상실을 선고할 것인지 여부

※피청구인의 전신이라 할 수 있는 민주노동당의 목적과 활동은 피청구인의 목적이나 활동과의 관련성이 인정되는 범위에서 판단의 자료로 삼을 수 있으나, 민주노동당의 목적이나 활동 자체가 이 사건 심판의 대상이 되는 것은 아니다.

청구의 적법성 - 적법

　- 대통령이 직무상 해외 순방 중인 경우에는 국무총리가 그 직무를 대행할 수 있으므로, 국무총리가 주재한 국무회의에서 이 사건 정당해산심판 청구서 제출안이 의결되었다고 하여 그 의결이 위법하다고 볼 수 없다.

　- 국무회의에 제출되는 의안은 긴급한 의안이 아닌 한 차관회의 심의를 거쳐야 하나, 의안의 긴급성에 관한 판단은 정부의 재량이므로, 피청구인 소속 국회의원 등이 관련된 내란 관련 사건이 발생한 상황에서 제출된 이 사건 정당해산심판청구에 대한 의안이 긴급한 의안에 해당한다고 본 정부의 판단에 재량의 일탈이나 남용이 있다고 단정하기 어렵다.

정당해산심판제도의 의의와 정당해산심판의 사유

정당해산심판제도의 의의

　정당해산심판제도는 정당 존립의 특권 특히 정부의 비판자로서 야당의 존립과 활동을 특별히 보장하고자 하는 헌법제정자의 규범적 의지의 산물로 이해되어야 한다. 그러나 이 제도로 인해서 정당 활동의 자유가 인정된다고 하더라도 민주적 기본질서를 침해해서는 안 된다는 헌법적 한계 역시 설정되어 있다.

정당해산심판의 사유

　정당의 목적이나 활동 중 어느 하나라도 민주적 기본질서에 위배되어야 한다.
　헌법 제8조 제4항의 '민주적 기본질서'는, 개인의 자율적 이성을 신뢰하고 모든 정치적 견해들이 상대적 진리성과 합리성을 지닌다고 전제하는 다원적 세계관에 입각한 것으로서, 모든 폭력적·자의적 지배를 배제하고, 다수를 존중하면서도 소수를 배려하는 민주적 의사결정과 자유와 평등을 기본원리로 하여 구성되고 운영되는 정치적 질서를 말한다.

민주적 기본질서를 부정하지 않는 한 정당은 다양한 스펙트럼의 이념적 지향을 자유롭게 추구할 수 있다.

민주적 기본질서 위배란 민주적 기본질서에 대한 단순한 위반이나 저촉을 의미하는 것이 아니라 정당의 목적이나 활동이 민주적 기본질서에 대한 실질적 해악을 끼칠 수 있는 구체적 위험성을 초래하는 경우를 가리킨다.

강제적 정당해산은 핵심적인 정치적 기본권인 정당 활동의 자유에 대한 근본적 제한이므로 헌법 제37조 제2항이 규정하고 있는 비례의 원칙을 준수해야만 한다.

피청구인의 목적이나 활동이 민주적 기본질서에 위배되는지 여부 – 위배

피청구인의 목적

정당의 강령은 그 자체로 다의적이고 추상적으로 규정되는 것이 일반적이고, 피청구인이 지도적 이념으로 내세우는 진보적 민주주의 역시 그 자체로 특정한 내용을 담고 있다고 보기 어렵다.

진보적 민주주의는 이른바 자주파에 의해 피청구인 강령에 도입되었다.

자주파는 이른바 민족해방(National Liberation, NL) 계열로 우리 사회를 미 제국주의에 종속된 식민지 半(반)봉건사회 또는 半(반)자본주의사회로 이해하고 민족해방 인민민주주의혁명이 필요하다고 주장하고 있다. 이들은 한국 사회를 신식민지 국가독점자본주의 사회로 파악하고 계급적 지배 체제의 극복을 중시했던 민중민주(People's Democracy, PD) 계열 또는 평등파와 구별된다.

진보적 민주주의 실현을 추구하는 경기동부연합, 광주전남연합, 부산울산연합의 주요 구성원 및 이들과 이념적 지향점을 같이하는 당원 등 피청구인 주도세력은 자주파에 속하고 그들의 방침대로 당직자 결정 등 주요 사안을 결정하며 당을 주도하여 왔다.

피청구인 주도세력은 과거 민혁당 및 영남위원회, 실천연대, 일심회, 한청 등에서 자주·민주·통일 노선을 제시하면서 북한의 주장에 동조하거나 북한과 연계되어 활동하고, 북한의 주체사상을 추종하였다. 이들은 북한 관련 문제에서는 맹목적으로 북한을 지지하고 대한민국 정부는 무리하게 비판하고 있으며, 이석기가 주도한 내란 관련 사건에도 다수 참석하였고 이 사건 관련자를 적극 옹호하고 있다.

피청구인 주도세력은 우리나라를 미국과 외세에 예속된 천민적 자본주의 또는 식민지 반자본주의 사회로 인식하고 있고, 자유민주주의 체제가 자본가 계급의 정권으로서 자본가 내지 특권적 지배계급이 국가권력을 장악하여 민중을 착취 수탈하고 민중의 주권을 실질적으로 강탈한 구조적 불평등사회로 인식하고 있다.

피청구인 주도세력은 이러한 자유민주주의 체제의 모순을 해소하기 위해 민중이 주권을 가지는 민중민주주의 사회로 전환하여야 하는데 민족해방문제가 선결과제이므로 민족해방 민중민주주의 혁명을 하여야 한다고 주장한다. 그런데 피청구인 주도세력은 자유민주주의 체제에서 사회주의로 안정적으로 이행하기 위한 과도기 정부로서 진보적 민주주의 체제를 설정하였다. 한편, 피청구인 주도세력은 연방제 통일을 추구하고 있는데, 낮은 단계 연방제 통일 이후 추진할 통일국가의 모습은 과도기 진보적 민주주의 체제를 거친 사회주의 체제이다.

피청구인 주도세력은 우리 사회가 특권적 지배계급이 주권을 행사하는 거꾸로 된 사회라는 인식 아래 대중투쟁이 전민항쟁으로 발전하고 저항권적 상황이 전개될 경우 무력행사 등 폭력을 행사하여 자유민주주의 체제를 전복하고 헌법제정에 의한 새로운 진보적 민주주의 체제를 구축하여 집권한다는 입장을 가지고 있다. 이들의 이러한 입장은 이석기 등의 내란 관련 사건으로 현실로 확인되었다.

피청구인의 활동

이석기를 비롯한 내란 관련 회합 참가자들은 경기동부연합의 주요 구성원으로서 북한의 주체사상을 추종하고, 당시 정세를 전쟁 국면으로 인식하고 이석기의 주도 아래 전쟁 발발 시 북한에 동조하여 대한민국 내 국가기간시설의 파괴, 무기 제조 및 탈취, 통신 교란 등 폭력 수단을 실행하고자 회합을 개최하였다.

내란 관련 회합의 개최 경위, 참석자들의 피청구인 당내 지위 및 역할, 이 회합이 피청구인의 핵심 주도세력에 의하여 개최된 점, 회합을 주도한 이석기의 경기동부연합의 수장으로서의 지위 및 이 사건에 대한 피청구인의 전당적 옹호 및 비호 태도 등을 종합하면, 이 회합은 피청구인의 활동으로 귀속된다.

그밖에 비례대표 부정경선, 중앙위원회 폭력 사태 및 관악을 지역구 여론 조작 사건 등은 피청구인 당원들이 토론과 표결에 기반하지 않고 비민주적이고 폭력적인 수단으로 지지하는 후보의 당선을 관철시키려고 한 것으로서 선거제도를 형해화하여 민주주의 원리를 훼손하는 것이다.

피청구인의 진정한 목적과 활동

피청구인 주도세력은 폭력에 의하여 진보적 민주주의를 실현하고 이를 기초로 통일을 통하여 최종적으로 사회주의를 실현한다는 목적을 가지고 있다. 피청구인 주도세력은 북한을 추종하고 있고 그들이 주장하는 진보적 민주주의는 북한의 대남혁명전략과 거의 모든 점에서 전체적으로 같거나 매우 유사하다.

피청구인 주도세력은 민중민주주의 변혁론에 따라 혁명을 추구하면서 북한의 입장을 옹호하고 애국가를 부정하거나 태극기도 게양하지 않는 등 대한민국의 정통성을 부정하고 있다. 이러한 경향은 이석기 등 내란 관련 사건에서 극명하게 드러났다.

이러한 사정과 피청구인 주도세력이 피청구인을 장악하고 있음에 비추어 그들의 목적과 활동은 피청구인의 목적과 활동으로 귀속되는 점 등을 종합하여 보면, 피청구인의 진정한 목적과 활동은 1차적으로 폭력에 의하여 진보적 민주주의를 실현하고 최종적으로는 북한식 사회주의를 실현하는 것으로 판단된다.

피청구인의 목적이나 활동이 민주적 기본질서에 위배되는지 여부

북한식 사회주의 체제는 조선노동당이 제시하는 정치 노선을 절대적인 선으로 받아들이고 그 정당의 특정한 계급노선과 결부된 인민민주주의 독재방식과 수령론에 기초한 1인 독재를 통치의 본질로 추구하는 점에서 우리 헌법상 민주적 기본질서와 근본적으로 충돌한다.

피청구인은 진보적 민주주의를 실현하기 위해서는 전민항쟁이나 저항권 등 폭력을 행사하여 자유민주주의 체제를 전복할 수 있다고 하는데, 이는 모든 폭력적·자의적 지배를 배제하고, 다수를 존중하면서도 소수를 배려하는 민주적 의사결정을 기본원리로 하는 민주적 기본질서에 정면으로 저촉된다.

내란 관련 사건, 비례대표 부정경선 사건, 중앙위원회 폭력 사건 및 관악을 지역구 여론 조작 사건 등 피청구인의 활동들은 내용적 측면에서는 국가의 존립, 의회제도, 법치주의 및 선거제도 등을 부정하는 것이고, 수단이나 성격의 측면에서는 자신의 의사를 관철하기 위해 폭력·위계 등을 적극적으로 사용하여 민주주의 이념에 반하는 것이다.

피청구인이 북한식 사회주의를 실현한다는 숨은 목적을 가지고 내란을 논의하는 회합을 개최하고 비례대표 부정경선 사건이나 중앙위원회 폭력 사건을 일으키는 등 활동을 하여 왔는데 이러한 활동은 유사상황에서 반복될 가능성이 크다. 더구나 피청구인 주도세력의 북한 추종성에 비추어 피청구인의 여러 활동들은 민주적 기본질서에 대해 실질적 해악을 끼칠 구체적 위험성이 발현된 것으로 보인다. 특히 내란 관련 사건에서 피청구인 구성원들이 북한에 동조하여 대한민국의 존립에 위해를 가할 수 있는 방안을 구체적으로 논의한 것은 피청구인의 진정한 목적을 단적으로 드러낸 것으로서 표현의 자유의 한계를 넘어 민주적 기본질서에 대한 구체적 위험성을 배가한 것이다.

이상을 종합하면, 피청구인의 위와 같은 진정한 목적이나 그에 기초한 활동은 우리 사회의 민주적 기본질서에 대해 실질적 해악을 끼칠 수 있는 구체적 위험성을 초래하였다고 판단되므로, 우리 헌법상 민주적 기본질서에 위배된다.

비례의 원칙에 위배되는지 여부

피청구인은 적극적이고 계획적으로 민주적 기본질서를 공격하여 그 근간을 훼손하고 이를 폐지하고자 하였으므로, 이로 인해 초래되는 위험성을 시급히 제거하기 위해 정당해산의 필요성이 인정된다.

대남혁명전략에 따라 대한민국 체제를 전복하려는 북한이라는 반국가단체와 대치하고 있는 대한민국의 특수한 상황도 고려하여야 한다.

위법행위가 확인된 개개인에 대한 형사처벌이 가능하지만 그것만으로 정당 자체의 위헌성이 제거되지는 않으며, 피청구인 주도세력은 언제든 그들의 위헌적 목적을 정당의 정책으로 내걸어 곧바로 실현할 수 있는 상황에 있다. 따라서 합법정당을 가장하여 국민의 세금으로 상당한 액수의 정당보조금을 받아 활동하면서 민주적 기본질서를 파괴하려는 피청구인의 고유한 위험성을 제거하기 위해서는 정당해산결정 외에 다른 대안이 없다.

정당해산결정으로 민주적 기본질서를 수호함으로써 얻을 수 있는 법익은 정당해산결정으로 초래되는 피청구인의 정당활동 자유의 근본적 제약이나 민주주의에 대한 일부 제한이라는 불이익에 비하여 월등히 크고 중요하다.

결국, 피청구인에 대한 해산결정은 민주적 기본질서에 가해지는 위험성을 실효적으로 제거하기 위한 부득이한 해법으로서 헌법 제8조 제4항에 따라 정당화되므로 비례의 원칙에 어긋나지 않는다.

피청구인 소속 국회의원의 의원직 상실 여부 – 상실

국회의원의 국민대표성과 정당 기속성

국회의원은 국민 전체의 대표자로서 활동하는 한편, 소속 정당의 이념을 대변하는 정당의 대표자로서도 활동한다. 공직선거법 제192조 제4항은 비례대표 국회의원에 대하여 소속 정당의 해산 등 이외의 사유로 당적을 이탈하는 경우 퇴직된다고 규정하고 있는데, 이 규정의 의미는 정당이 자진 해산하는 경우 비례대표 국회의원은 퇴직되지 않는다는 것으로서, 국회의원의 국민대표성과 정당 기속성 사이의 긴장관계를 적절히 조화시켜 규율하고 있다.

정당해산심판제도의 본질적 효력과 의원직 상실 여부

엄격한 요건 아래 위헌정당으로 판단하여 정당 해산을 명하는 것은 헌법을 수호한다는 방어적 민주주의 관점에서 비롯된 것이므로, 이러한 비상상황에서는 국회의원의 국민 대표성은 부득이 희생될 수밖에 없다.

해산되는 위헌정당 소속 국회의원이 의원직을 유지한다면 위헌적인 정치이념을 정치적 의사 형성과정에서 대변하고 이를 실현하려는 활동을 허용함으로써 실질적으로는 그 정당이 계속 존속하는 것과 마찬가지의 결과를 가져오므로, 해산 정당 소속 국회의원의 의원직을 상실시키지 않는 것은 결국 정당해산제도가 가지는 헌법 수호 기능이나 방어적 민주주의 이념과 원리에 어긋나고 정당해산결정의 실효성을 확보할 수 없게 된다.

이와 같이 헌법재판소의 해산결정으로 해산되는 정당 소속 국회의원의 의원직 상실은 위헌정당해산 제도의 본질로부터 인정되는 기본적 효력이다.

재판관 김이수의 반대의견의 요지

※이 사건 심판청구의 적법성, 그리고 정당해산심판제도의 의의와 정당해산심판의 사유에 대하여는 법정의견과 의견을 같이 함.

정당해산 요건의 엄격한 해석, 적용의 요구

정당해산 요건을 해석함에 있어서는 그 문언적 의미를 제한적으로 이해하여야 하고, 정당의 목적이나 활동의 내용을 판단할 수 있는 자료 내지 근거를 선별함에 있어서는 당해 정당과의 관련성을 정밀하게 살펴야 한다.

정당의 목적이나 활동의 판단자료는 대부분 표현행위이므로 그 의미는 가능한 한 객관적이고 보편적으로 수용 가능한 해석 방법론에 의하여 확정되어야 한다. 또 정당해산의 요건을 해석하고 적용함에 있어서는 어떤 논리적 오류나 비약도 있어서는 안 된다. 피청구인에게 '은폐된 목적'이 있다는 점 자체가 엄격하게 증명되어야 할 사항 가운데 하나임에도 불구하고, 청구인의 논증은 이를 당연한 것으로 전제하고 있다.

피청구인은 당비를 납부하는 진성 당원의 수만 3만여 명에 이르는 정당인데, 그 대다수 구성원의 정치적 지향이 어디에 있는지 논증하는 과정에서 구성원 중 극히 일부의 지향을 피청구인 전체의 정견으로 간주하여서는 안 된다. 피청구인의 일부 구성원이 민주적 기본질서에 위배되는 사상을 가지고 있으므로 나머지 구성원도 모두 그러할 것이라는 가정은 부분에 대하여 말할 수 있는 것을 전체에 부당하게 적용하는 것으로서 성급한 일반화의 오류이다.

자주파가 주축이 된 피청구인의 목적이 1차적으로 폭력에 의하여 진보적 민주주의를 실현하고 최종적으로 북한식 사회주의를 실현하는 데 있다는 법정의견의 판단이 정당해산심판 사유를 엄격하게 해석, 적용한 결과인지 의문이다.

피청구인의 목적 – 민주적 기본질서에 위배되지 않음

피청구인의 강령이나 이를 구체화하는 문헌들을 종합해 볼 때, "일하는 사람이 주인 되는 자주적 민주정부를 세우고, 민중이 정치경제 사회 문화 등 사회생활 전반의 진정한 주인이 되는 진보적인 민주주의 사회를 실현하겠다."는 피청구인의 선언은, 일하는 사람, 민중에 해당하는 계급과 계층의 이익을 중심으로 우리 사회의 모순들을 극복해 실질적 민주주의를 구현하겠다는 것이라고 볼 수 있다.

피청구인의 강령상 '진보적 민주주의'의 구체적인 내용은 이른바 진보적 정치세력들에 의하여 수십 년에 걸쳐 주장되고 형성된 여러 논리들과 정책들을 선택적으로 수용하고 조합한 것으로서 실질적으로 광의의 사회주의 이념으로 평가될 수 있으나, 민주적 기본질서에 위배되는 내용을 담고 있지는 않다. 또 법정의견이 보는 것처럼 피청구인이 북한식 사회주의 추구를 위한 전제조건으로서 '진보적 민주주의'를 도입하였다고 볼 수 있는 증거도 없다.

한편 자주파의 대북정책이나 입장이 우리 사회의 다수 인식과 동떨어진 측면이 있고 자주파가 친북적 성향을 가지고 있었다고 할지라도, 자주파 전체가 북한을 무조건 추종하고 북한식 사회주의를 추구한다고 볼 수 있는 증거는 없다. 민주노동당에서 피청구인에 이르는 분당과 창당 및 재분당 과정을 통하여 피청구인은 민주노동당보다 인적으로 축소된 상태이고 자주파나 이에 우호적인 사람들의 비중이 커졌다고 볼 수 있으나, 민주노동당 구성원 가운데 종북 성향을 가진 사람만이 피청구인에 남았다고 볼 수도 없다.

청구인은 민혁당 잔존세력이 피청구인을 장악하였다고 주장하나, 피청구인 구성원 가운데 민혁당 조직원이나 하부 조직원 또는 관계자였던 것으로 인정할 수 있는 사람은 직접 유죄판결을 받았거나 판결에서 조직원으로 언급된 단지 몇 명에 불과하고, 경기동부연합이 과거 민혁당 또는 민혁당 조직원 등에 의하여 의사결정이 좌우되는 상태에 있었다는 점이나, 경기동부연합,

광주전남연합, 부산울산경남연합이 어떤 이념을 공유하거나 지지하여, 통일적으로, 단결하여 활동하고 있다는 점도 입증되었다고 볼 수 없다.

피청구인이 우리 사회의 문제를 구조적인 것으로 인식하여 구조적이고 급진적인 변혁을 추구하고 있다고 하더라도, 단순히 확립된 질서에 도전한다는 것만으로는 민주 국가에서 금지되는 행위가 되지 않는다. 피청구인이 표방하는 '일하는 사람들이 주인 되는 사회'나 외세로부터 자유로운 '자주적 정부'는 오래된 정치철학적 전통 속에 있는 주장으로 각국의 다양한 진보정당들이 같은 취지의 주장을 개진하고 있으며 피청구인이 독창적으로 구성하여 제기한 것이 아니다. 피청구인이 현존하는 정치·경제 질서에 부정적 의사를 표시하고, 선거를 통한 집권 이외에 예외적으로 헌법질서가 중대하게 침해받는 경우에는 저항권에 의한 집권이 가능하다고 언급하고 있다는 사정만으로, 폭력적 수단이나 민주주의 원칙에 반하는 수단으로 변혁을 추구하거나 민주적 기본질서의 전복을 추구하고 있다는 점이 구체적으로 입증되었다고 볼 수 없다.

피청구인이 사회주의적 요소를 내포하는 강령을 내세우고 있고, 북한도 적어도 대외적·공식적으로는 사회주의 이념을 내세우고 있으므로, 피청구인의 주장이 북한의 주장과 일정 부분 유사한 것은 자연스런 현상이다. 피청구인이 북한을 추종하기 때문에 위와 같은 유사성이 나타났다고 보는 것은 지나치게 단순한 해석이다. 정부와 권력에 대한 비판적 정신과 시각이 북한과의 연계나 북한에 대한 동조라는 막연한 혐의로 좌절되는 일이 재발하지 않도록 하기 위해서는 북한의 주장과 유사하다는 점만으로 북한 추종성이 곧바로 증명될 수 있다고 보아서는 안 된다.

피청구인의 활동 – 민주적 기본질서에 위배되지 않음

피청구인의 지역조직인 경기도당이 주최한 2013. 5. 10. 및 5. 12. 모임에서 이루어진 이석기 등의 발언은, 전쟁이 벌어졌을 때 남의 자주세력과 북의 자주세력이 힘을 합쳐서 적인 미국과 싸운다거나 대한민국의 국가기간시설을 공격한다는 발상을 담고 있어 국민의 보편적 정서에 어긋나는 것일 뿐만 아니라, 이러한 모임을 되풀이하거나 구체적 실행으로 나아갈 개연성 등을 고려하면 민주적 기본질서에 위배된다. 그러나 피청구인의 지역조직인 경기도당 행사에서 이루어진 위와 같은 활동은 비핵평화체제와 자주적 평화통일을 추구하는 피청구인 전체의 기본노선에 반하여 이루어진 것으로서, 피청구인이 이를 적극적으로 옹호하거나 그로부터 기본노선에 영향을 받고 있다고 인정하기에는 부족하므로 이를 피청구인의 책임으로 귀속시킬 수 없다. 즉, 이석기 등의 그와 같은 발언은 피청구인의 기본노선과 현저하게 다르고, 이 사건 모임 참석자들이 피청구인 전체를 장악하였다고 할 수 없으며, 나아가 피청구인이 이 사건 모임 또는 모임에서의 발언을 승인하였다고 볼 수도 없으므로, 이 사건 모임이나 그 모임에서 이루어진 구체적 활동으로 인한 민주적 기본질서 위배의 문제를 피청구인 정당 전체의 책임으로 볼 수는 없다.

비례대표 부정경선 사건이나 중앙위원회 폭력 사건, 야권단일화 여론조작 사건과 같은 피청구인 일부 구성원의 개별 활동이 당내 민주주의를 훼손하거나, 민주적 의사결정 원리를 존중하지 않았거나, 실정법을 위반한 사실은 인정된다. 그러나 피청구인 전체가 민주적 기본질서에 위배되는 목적을 위하여 조직적, 계획적, 적극적, 지속적으로 위와 같은 활동을 한 것은 아니다.

위와 같은 활동들을 제외하면 피청구인은 다른 정당들과 마찬가지로 일상적인 정당활동을 영위하여 온 점, 그간 우리 사회가 산발적인 선거부정 행위나 정당 관계자의 범죄에 대하여는 행위자에 대한 형사처벌과 당해 정당의 정치적 책임의 문제로 해결하여 온 점 등을 고려하면, 위와 같은 활동들이 피청구인의 정치적 기본노선에 입각한 것이거나 거꾸로 피청구인의 기본노선에 중대한 영향을 미치는 것으로서 민주적 기본질서에 실질적 해악을 끼칠 구체적 위험이 있다고 보기에는 부족하다.

또한 피청구인이 민주적 기본질서에 위배되는 목적의 추구를 위하여 적극적, 의도적으로 국가보안법 위반 전력자를 기용하였다고 볼 수도 없다.

결국 피청구인의 활동은 민주적 기본질서에 위배되지 아니한다.

비례원칙 충족 여부 – 해산의 필요성 인정되지 않음

피청구인에 대한 해산결정은 그것을 통해 달성할 수 있는 사회적 이익이 통상적인 관념에 비해 크지 않을 수 있다. 그 반면 피청구인의 해산결정으로 인해 초래될 사회적 불이익은 민주 사회의 순기능에 장애를 줄 만큼 크다. 강제적 정당해산은 민주주의 체제의 가장 중요한 요소인 정당의 자유 및 정치적 결사의 자유에 대한 중대한 제약을 초래한다. 피청구인에 대한 해산결정은 우리 사회가 추구하고 보호해야 할 사상의 다양성을 훼손하고, 특히 소수자들의 정치적 자유를 심각하게 위축시킬 수 있다. 나아가 피청구인에 대한 해산결정은 우리 사회의 진정한 통합과 안정에도 심각한 영향을 준다.

민주노동당 시절부터 지금까지 피청구인이 한국 사회에 제시했던 여러 진보적 정책들이 우리 사회를 변화하게 만든 부분이 있음을 부인하기 어렵고, 이는 피청구인에 소속된 대다수 당원들이 이 당의 당원이 되고자 결심하도록 만든 큰 이유가 되었을 것이다. 그럼에도 불구하고 이석기 등 일부의 당원들이 보여준 일탈 행위를 이유로 피청구인을 해산해 버린다면, 이 노선과 활동을 지지해 온 대다수 일반 당원들(피청구인 전체 당원 수는 10만여 명에 이른다)의 정치적 뜻을 왜곡하고 그들을 위헌적인 정당의 당원으로 만듦으로써 그들에게 사회적 낙인 효과를 가하게 될 것이다. 이는 피청구인 자체를 반국가단체로, 그리고 당원 전체를 반국가단체의 구성원으로, 피청구인을 지지한 국민을 반국가단체 지지자로 규정하는 것이다. 과거 독일에서 공산당 해산 심판이 청구되고 해산 결정이 이루어진 후 다시 독일공산당이 재건되기까지, 12만 5천여 명에 이르는 공산당 관련자가 수사를 받았고, 그 중 6천~7천 명이 형사처벌을 받았으며, 그 과정에서 직장에서 해고되는 등 사회 활동에 제약을 받는 문제가 발생하였던 것에 비추어 보면, 이 결정으로 우리 사회에서 그러한 일이 나타나지 않으리란 보장이 없다.

피청구인 소속 당원들(이석기 등 내란 관련 사건의 관련자들) 중 북한의 대남혁명론에 동조하여 대한민국의 민주적 기본질서를 전복하려는 세력이 있다면, 형법이나 국가보안법 등을 통해 그 세력을 피청구인의 정책결정 과정으로부터 효과적으로 배제할 수 있다. 그 세력 중 일부가 국회의원이고 그 지위를 활용하여 국가질서에 대한 공격적인 시도를 더욱 적극적으로 행하고 있다면, 국회는 이를 스스로 밝혀내어 자율적인 절차를 통해 그들을 제명할 수 있는 길도 열려 있다(헌법 제64조 제3항).

정당해산제도는 비록 그 필요성이 인정된다고 하더라도 최대한 최후적이고 보충적인 용도로 활용되어야 하므로 정당해산 여부는 원칙적으로 정치적 공론(선거 등)의 장에 맡기는 것이 적절하며, 2014. 6. 4. 치러진 제6회 지방선거 결과(광역 비례대표 정당득표율 4.3%)와 최근 여론조사 결과에서도 알 수 있듯이 우리 사회의 정치적 공론 영역에서 피청구인에 대한 실효적인 비판과 논박이 이미 이루어지고 있다.

위와 같은 사정들을 종합적으로 고려할 때, 피청구인에 대한 해산은 정당해산의 정당화 사유로서의 비례원칙 준수라는 헌법상 요청을 충족시키지 못한다.

따라서 이 사건 심판청구는 기각되어야 한다. 이는 피청구인의 문제점들에 대해 면죄부를 주고 피청구인을 옹호하기 위해서가 아니라, 바로 우리가 오랜 세월 피땀 흘려 어렵게 성취한 민주주의와 법치주의의 성과를 훼손하지 않기 위한 것이고, 또한 대한민국 헌정질서에 대한 의연한 신뢰를 천명하기 위한 것이며, 헌법정신의 본질을 수호하기 위한 것이다.

인용 및 참고자료

김명규, 《공산주의: 이론과 혁명의 표리》, 명신출판, 1984년 2월28일

김성욱·김필재, '통일애국열사 묘역에 묻힌 간첩 빨친산들 면면', 인터넷 미래한국신문, 2005년 11월20일

김정익 《수인번호 3179》, 국민일보 출판국, 1989년

김용규, '북한의 對國軍 와해공작 전술', 북한연구소, 1991년

김필재, 《북한의 사이버 남침》, 백년동안, 2014년 8월15일

김필재, 《대한민국의 敵》, 조갑제닷컴, 2014년 3월31일

김필재, '親北利敵 성향의 民勞黨이 큰 富者 정당임을 아십니까', 〈한국논단〉, 2006년 5월호, pp. 24~35

김필재, '반값등록금 투쟁의 몸통은 김정일', 〈한국논단〉, 2011년 8월호, pp. 104~111

김필재, '경기동부연합과 통합진보당의 실체', 자유민주연구학회, 2012년 5월23일,

김필재, '종북세력 실체 및 대응책', 한국안보포럼, 2012년 8월29일, pp. 7~46

김필재, '국정원 해체 선동 3대 세력 해부', 〈월간충호〉, 2013년 8월호, pp. 16~19

김필재, '2013년 종북세력의 동향 및 전망', 〈월간충호〉, 2013년 1월호, pp. 24~27

김필재, '2015년 좌경세력 활동 전망', 〈월간충호〉, 2015년 2월호, pp. 10~13

김필재, '통진당의 진보적 민주주의, 실체는 무엇인가', 〈자유마당〉, 2013년 12월호

김필재, '한국 진보정당의 변신과 현주소', 〈자유마당〉, 2013년 9월호

김필재, '중·고교 역사담당 교사 좌경화 메커니즘', 세종연구원 발간 〈국가전략연구〉 2011년 가을호, pp. 254~273

김필재, '김정은의 남침은 사이버전(Cyberwarfare)으로 시작된다', 조갑제닷컴, 2014년 1월27일

남시욱, 《한국 진보세력 연구》, 도서출판 청미디어, 2009년

리처드 파이프스(Richard Pipes) 著·이종인 譯, 《공산주의》, 도서출판 을유문화사, 2006년 5월

민주이념연구소, 《급진 운동권 용어: 해설집》, 1989년

북한문제연구소, 《북한 365일》, 2004년

수원지방검찰청, '통합진보당 국회의원 이석기 내란음모 사건 중간수사결과', 2013년 9월

여영무, '북한의 용어혼란전술 막아야', 코나스넷, 2009년 7월3일

우정, 《분단시대 민족주의》, 도서출판 다나, 1996년 5월6일

유동열·제성호 共著, 《한반도 통일과 재야단체 통일론의 실체》, 자유기업원, 2007년

유석렬, 《南北韓統一論》, 도서출판 법문사, 1994년

양동안, '한국 좌익혁명세력의 계보와 실세', 인터넷 한국발전연구원 홈페이지

윤상환, 《제2의 한국전: 가상시나리오》, 도서출판 메드라인, 2005년

윤원구, 《공산주의의 본질》, 건국이념보급회 출판부, 2014년 11월10일

이도형 外, 《북한의 대남전략 해부》, 남북문제연구소, 1996년

이기봉, 《김일성의 화전전략 검증》, 도서출판 다나, 1993년

전두열, 《마르크스 · 레닌주의의 붕괴: 공산주의의 총활적비판》, 도서출판 신문화사, 1968년 9월

조갑제닷컴 편집부, 《가이드북 한국 사회단체 성향분석》, 조갑제닷컴, 2009년

조갑제닷컴 편집부, 《우리시대의 妄言錄》, 조갑제닷컴, 2010년

조갑제닷컴 편집부, 《從北백과사전》, 조갑제닷컴, 2012년 6월11일

중앙정보부, 《북한대남공작사 (제2권)》, 1973년

편집부 엮음, 《통혁당: 역사 · 성격 · 투쟁 · 문헌》, 도서출판 대동, 1989년

허종호, 《주체사상에 기초한 남조선혁명과 조국통일이론》, 평양 사회과학출판사, 1975년

한국정신문화연구원 編, 《북한의 실상》, 도서출판 고려원, 1986년

헌법재판소, 《통합진보당 해산 결정문》, 2014년

日本経営者団体連盟, 《職場における左翼勢力の実態とその対策》, 1972년

沢田洋太郎, 《どう変わる共産主義と資本主義》, エール出版社, 1990년

참고사이트

국가기록원 http://www.archives.go.kr/next/viewMain.do

국가정상화추진위원회 http://crnn.org/home/

동아닷컴 http://www.donga.com/

문화일보 www.munhwa.com/

신동아 http://shindonga.donga.com/

인터넷 한겨레 http://www.hani.co.kr/

월간조선 http://monthly.chosun.com/

조갑제닷컴 http://www.chogabje.com/

조선닷컴 www.chogabje.com/

조인스닷컴 www.joinsmsn.com/

팩트파인딩넷 www.factfinding.net/

핵인종 네트워크

펴낸이 | 趙甲濟
펴낸곳 | 조갑제닷컴
초판 1쇄 | 2015년 7월6일

주소 | 서울 종로구 내수동 75 용비어천가 1423호
전화 | 02-722-9411~3
팩스 | 02-722-9414
이메일 | webmaster@chogabje.com
홈페이지 | chogabje.com

등록번호 | 2005년 12월2일(제300-2005-202호)
ISBN 979-11-85701-27-1-03300

값 15,000원